Martin Hauff

Dass die Worte die Seele berühren

AF002359

Martin Hauff

Dass die Worte die Seele berühren

Predigten, Ansprachen und geistliche Besinnungen
aus Württemberg

Fromm Verlag

Impressum / Imprint

Bibliografische Information der Deutschen Nationalbibliothek: Die Deutsche Nationalbibliothek verzeichnet diese Publikation in der Deutschen Nationalbibliografie; detaillierte bibliografische Daten sind im Internet über http://dnb.d-nb.de abrufbar.
Alle in diesem Buch genannten Marken und Produktnamen unterliegen warenzeichen-, marken- oder patentrechtlichem Schutz bzw. sind Warenzeichen oder eingetragene Warenzeichen der jeweiligen Inhaber. Die Wiedergabe von Marken, Produktnamen, Gebrauchsnamen, Handelsnamen, Warenbezeichnungen u.s.w. in diesem Werk berechtigt auch ohne besondere Kennzeichnung nicht zu der Annahme, dass solche Namen im Sinne der Warenzeichen- und Markenschutzgesetzgebung als frei zu betrachten wären und daher von jedermann benutzt werden dürften.

Bibliographic information published by the Deutsche Nationalbibliothek: The Deutsche Nationalbibliothek lists this publication in the Deutsche Nationalbibliografie; detailed bibliographic data are available in the Internet at http://dnb.d-nb.de.
Any brand names and product names mentioned in this book are subject to trademark, brand or patent protection and are trademarks or registered trademarks of their respective holders. The use of brand names, product names, common names, trade names, product descriptions etc. even without a particular marking in this work is in no way to be construed to mean that such names may be regarded as unrestricted in respect of trademark and brand protection legislation and could thus be used by anyone.

Verlag / Publisher:
Fromm Verlag
ist ein Imprint der / is a trademark of
OmniScriptum GmbH & Co. KG
Heinrich-Böcking-Str. 6-8, 66121 Saarbrücken, Deutschland / Germany
Email: info@frommverlag.de

Herstellung: siehe letzte Seite /
Printed at: see last page
ISBN: 978-3-8416-0562-7

Copyright © 2015 OmniScriptum GmbH & Co. KG
Alle Rechte vorbehalten. / All rights reserved. Saarbrücken 2015

Inhaltsverzeichnis

		Seite
	Dass die Worte die Seele berühren *Sechs homiletische Vorbemerkungen eines Gemeindepfarrers*	3
	Vorbilder (Theophil Askani) *Geistliche Besinnung 10.05.2003*	9
	Da es aber jetzt Morgen war, stand Jesus am Ufer *Predigt anlässlich 30. Todestag Theophil Askani, 30.03.2012*	11
	Ein Mann der Weite – Karl Hartenstein *Gemeindeblatt Urach April 2002*	17
	Die Zeit des aufstrahlenden Lichts *Predigt über Jesaja 9,1-6; Christvesper, 24.12.2011*	19
	Gegen Ausgrenzung *Ansprache Weihnachtskonzert, 20.12.2012*	26
	Aufbruch ins Künftige – unter Gottes Geleit *Predigt über 2. Mose 13,20-22, Altjahrsabend, 31.12.2011*	30
	Todeshauch und Lebensduft *Predigt über Matthäus 26,1-13, Palmsonntag, 13.04.2014*	37
	Das schief gedrückte Kreuz *Predigt über Matthäus 27,31-56, Karfreitag, 18.04.2014*	44
	Über das Grab hinaus *Predigt über Matthäus 27,61-66; 28,1-15, Ostersonntag, 20.04.2014*	53
	Dass die Lebenden nicht vor ihrer Zeit sterben... *Predigt über Lukas 24,36-47; Ostermontag, 25.04.2011*	61
	Ostern damals und heute *Geistliche Besinnung „Angedacht" für Südwestpresse, 21.04.2001*	69
	Auffahren mit Flügeln wie Adler *Predigt über Jesaja 40,26-31, Quasimodogeniti, 27.04.2014*	71
	Geleitet vom Engel Gottes *Predigt über Tobias 5,23, Konfirmation, 29.04.2012*	78
	Der lebendige Herr der Kirche *Predigt über Apostelgeschichte 1, 1-14, Exaudi, 27.05.2001*	84
	Wunder, die der Heilige Geist bewirkt *Predigt über Apostelgeschichte 2, 1-23.32-33, Pfingstsonntag, 23.05.2010*	90
	Pfingst-Wirkungen *Predigt über Apostelgeschichte 2, 14.22.23.32.33.36-41,* *Pfingstsonntag, 08.06.2014*	98
	Grenzdurchbruch *Predigt über Apostelgeschichte 10, 21-35, 7. Sonntag nach Trinitatis,* *14.07.2013*	104

	Die Geburtsstunde der Kirche in Europa *Predigt über Apostelgeschichte 15,36-16,15 i.A., 4. Sonntag nach Trinitatis, 08.07.2001*	111
	Gott lässt nicht los *Taufansprache zur Jona-Gestalt auf dem Taufstein der Uracher Amanduskirche, 08.07.2001*	117
	Man darf's schon hier in dieser Welt ein Stückchen schön haben… *Predigt über 1. Johannes 4, 16b-21, 1. Sonntag nach Trinitatis, 13.06.2004 (Kommunal- und Europa-Wahlsonntag)*	119
	Erlösung! *Predigt über Jesaja 43,1, 5. Sonntag nach Trinitatis, 20.07.2014*	126
	Dein Gott ist mein Gott *Predigt über Römer 11, 25-32, 10. Sonntag nach Trinitatis (Israelsonntag), 08.08.2010*	131
	Wem viel vergeben wurde, der zeigt viel Liebe *Predigt über Lukas 7, 36-50, 11. Sonntag nach Trinitatis, 22.08.2004*	138
	Auf festem Grund *Predigt über 1. Korinther 3, 9-15, 12. Sonntag nach Trinitatis, 07.09.2014*	146
	Unterwegs mit Gottes Reisesegen *Predigt über 1. Mose 28, 10-19a, 14. Sonntag nach Trinitatis, 01.09.2013*	153
	Durch den Glauben fielen die Mauern *Predigt über Hebräer 11, 1.30; Drittletzter Sonntag im Kirchenjahr, 09.11.2014 (25 Jahre Mauerfall)*	158
	Wir werden bei dem Herrn sein allezeit *Predigt über 1. Thessalonicher 4, 13-18 (Württ. Reihe zum Gedenktag der Entschlafenen), Toten- und Ewigkeitssonntag, 20.11.2011*	164
	Die Wonnen des Friedens hochschätzen *Ansprache bei der Toten- und Gefallenen-Gedenkfeier auf dem Friedhof Langenau, 23.11.2014*	169
	Ewigkeits-Menschen *Geistliche Besinnung „Auf ein Wort" im Reutlinger General-Anzeiger, 08.07.2000*	173
	Marriage-Sermon about 1 Corinthians 13:4-8.13 *Wedding ceremony for Dagmar Masson née Rettich and Toby Masson on 19th september 2014*	175
	500 Jahre Predigt von der Amanduskanzel *Vortrag fürs Amanduskirchen-Jubiläum, Bad Urach 2001*	181
	Sternstunden evangelischer Predigt in der Langenauer Martinskirche	194
	Fotonachweis	199

Dass die Worte die Seele berühren…

Sechs homiletische Vorbemerkungen eines Gemeindepfarrers

Predigen aus Leidenschaft, so beschreibe ich diese für mich zentrale Aufgabe meiner pastoralen Existenz als Gemeindepfarrer. Die Leidenschaft für die Predigt ist der rote Faden meines Pfarrerseins. Und in der Leidenschaft steckt beides: Predigen macht Freude, wie es Rudolf Bohren immer wieder von neuem betont hat.[1] Und zugleich kann der Weg zur Predigt unwahrscheinlich mühselig sein – auch nach 25 Jahren im Amt. Aber der schwäbische Dichter und Pfarrer Albrecht Goes spricht mir aus dem Herzen, wenn er seine Marginalien „Auf dem Weg zur Predigt" mit dem Bekenntnis schließt: „War es Mühe, so wollen wir es ‚felix onus' heißen, glückselige Last."[2]

Das Sakristei-Gebet unmittelbar vor dem Gottesdienst und damit vor der Live-Performance der Predigt ist für mich weit mehr als eine traditionsverhaftete Übung. Es macht bewusst, dass jenseits aller menschlichen Mühe beim Predigtgeschehen immer auch mit dem Unverfügbaren zu rechnen ist. Es macht bewusst, dass es der Herzensöffnung durch Gott selber bedarf, damit das menschliche Wort der Predigt zum Ziel kommt, *dass die Worte die Seele berühren*, so wie es nach dem Bericht des Lukas bei der ersten Predigt auf europäischem Boden geschah: „Der Lydia tat der Herr das Herz auf, sodass sie darauf Acht hatte, was von Paulus geredet wurde."[3]

Dennoch gilt es aus meiner Sicht, sechs Dimensionen zu beachten, damit der Weg zur Predigt und der Weg von der Predigt in die Herzen von der menschlichen Seite her gelingen kann.

1. In der Predigt geschieht direkte Anrede einer konkreten Gemeinde zu einer bestimmten Zeit. Zwei Erfahrungen von jeweils begnadeten Predigern waren und sind mir hierzu hilfreich. „Der Weg auf die Kanzel ist ein Stück des Weges in der Seelsorge", so verstand **Rudolf Daur** (1892-1976), langjähriger Pfarrer an der Stuttgarter Markuskirche, seine Predigtarbeit. Und **Theophil Askani** (1923-1982), zuletzt Prälat in Reutlingen und unvergessener Prediger an der dortigen Marienkirche, umreißt die Predigtaufgabe so: „In jedem Gottesdienst geht es auch um

---
[1] Rudolf Bohren, Predigtlehre, München 1980, S. 17
[2] Albrecht Goes, Auf dem Weg zur Predigt. Marginalien, Hamburg 1993, S. 22
[3] Apostelgeschichte 16,14

das Du, um die ungeheure Behauptung, dass wir Du sagen dürfen zu Gott, und um die ungeheure Gabe, dass er Du sagt zu uns. Jedem Prediger wird es so gehen, dass er mit der Bitte auf die Kanzel tritt, dass die Worte das Du erreichen, dass sie nicht ins Allgemeine über die Bänke gehen, wie man sie von hier aufgereiht sieht, sondern dass sie haltmachen bei dir und mir, so wie ein Freund vor uns inne hält, uns in die Augen schaut und uns die Hand reicht: Du." [4] Damit die Predigt das Du erreichen kann, ist also eine möglichst genaue Kenntnis der Gemeinde und ihrer bunten Vielfalt an Menschen mit je individuellen Lebenswegen und vielfältigen Erfahrungen nötig. Wer seelsorgerlich predigen will, muss die Woche durch Seelsorge üben und die Menschen der Kirchengemeinde in ihren vielfältigen Lebensbezügen kennen lernen. *Ich habe deshalb in den hier vorgelegten Predigten, soweit es Gemeindepredigten sind, sehr bewusst die ganz konkreten Orts- und Zeitbezüge stehen lassen.* Und mein Wunsch ist, dass wir in Zeiten von Pfarrplänen und Stellenreduktionen dennoch „die Kirche im Dorf lassen"[5], d.h. keine Riesengebilde schaffen, die ein wirkliches Kennenlernen und Begleiten der Gemeindeglieder durch die Pfarrpersonen strukturell verunmöglichen. *Also: Es gilt, die konkrete Gemeinde vor Ort wahrzunehmen.*

2. Jede Predigt ist explizit oder implizit auf den gekreuzigten und auferstandenen Herrn Jesus Christus ausgerichtet. Neben den beiden Erfahrungen von Rudolf Daur und Theophil Askani ist mir für meine Predigtarbeit auch ein Bild, *das* grundlegende Bild der reformatorischen Kirche, wichtig: Die Darstellung des Predigtgeschehens auf der Predella des Wittenberger Reformationsaltars in der dortigen Stadtkirche aus der Werkstatt Lucas Cranachs d.Ä. (1472-1553)[6]. Am linken Bildrand ist die hörende Gemeinde dargestellt – allesamt klar erkennbare Gesichter damaliger Wittenberger Bürgerinnen und Bürger aller Altersgruppen. Der Prediger Martin Luther steht nicht im Zentrum, sondern ist ganz an den rechten Bildrand

---

[4] Theophil Askani, Predigt über Augsburger Bekenntnis (Artikel 10 und 13), Marienkirche Reutlingen, 15.06.1980, in: ders., Da es aber jetzt Morgen war, stand Jesus am Ufer. Predigten, Reutlingen1981, S. 110-117, dort S. 116
[5] Vgl. dazu: Christian Möller, Lasst die Kirche im Dorf. Gemeinden beginnen den Aufbruch, Göttingen 2009
[6] Vgl. dazu: Albrecht Steinwachs, Der Reformations-Altar von Lucas Cranach d. Ä. in der Stadtkirche St. Marien, Lutherstadt Wittenberg, Spröda 1998, insbes. S. 15-17; Ilse Junkermann, Mein Blick auf die Predella des Wittenberger Reformationsaltars, in: EKD – Das Magazin zum Themenjahr 2015, „Reformation – Bild und Bibel", S. 81

gerückt. Seine linke Hand ruht auf der aufgeschlagenen Bibel, d.h. Predigt schöpft aus dem reichen Schatz biblischer Überlieferung, die im Prozess des Predigens nun aber an der Mitte, Jesus Christus, zu messen und zu gewichten ist. Und dementsprechend weist der Prediger Martin Luther mit der rechten Hand zur Mitte, in der der gekreuzigte Jesus Christus mit vom Heiligen Geist bewegtem Lendentuch zu sehen ist – eindrückliche Visualisierung des Zentrums evangelischer Predigt: „Wir aber predigen den gekreuzigten Christus. Einen anderen Grund kann niemand legen als den, der gelegt ist, welcher ist Jesus Christus." [7] *Also: Es gilt, im Prozess der Vorbereitung als auch bei der Performance der Predigt sich in die Bewegung hinein zu begeben, die schon seit den frühen Tagen des Christentums die Gottesdienste geprägt hat:* „Deinen Tod, o Herr, verkünden wir und deine Auferstehung preisen wir, bis du kommst in Herrlichkeit."

3. Die Arbeit an der eigenen Predigt wird befruchtet in Aufnahme und Abgrenzung von Predigten früherer Predigerinnen und Prediger. Predigen lernt man an anderen und mit anderen zusammen, konnte Theophil Askani einmal sagen. Ich bin nicht der erste, der über einen bestimmten biblischen Text predigt, in aller Regel gibt es schon Predigten von Predigern, die sich vor mir mit diesem Text auseinander gesetzt haben. Sich berühren lassen von Predigern, die vor mir den Text erkundet und Brücken in ihre Gegenwart geschlagen haben, kann auf dem Weg zur eigenen Predigt ungemein beflügeln.

Ich persönlich habe viel gelernt insbesondere von zwei begnadeten Predigern, auf deren seelsorgerliche Langzeitwirkung ich an den Orten stieß, an denen ich als Pfarrer tätig war:

Einer meiner Vorgänger im Pfarramt in Bad Urach und auf der Kanzel der Amanduskirche war ***Karl Hartenstein*** (1894-1952), der dort in ganz jungen Jahren für dreieinhalb Jahre sein erstes Pfarramt innehatte, ehe er zum Direktor der Basler Mission und später zum Prälaten von Stuttgart berufen wurde. Er hat das Buch der Offenbarung als Trostbuch für die Gemeinde wiederentdeckt und es in seinem bedeutendsten Werk „Der wiederkommende Herr" kommentiert und ausgelegt, hat

---

[7] 1. Korinther 1,23; 3,11

unzählige Bibelarbeiten und Predigten angesichts der Grenzsituation des Zweiten Weltkriegs gehalten und hat das Abendmahl wieder neu ins Zentrum gottesdienstlichen Lebens in Württemberg geholt.

Noch persönlich als Vorsitzenden des Landesverbandes für Kindergottesdienst Anfang der 1980er Jahre erlebt habe ich **Theophil Askani** (1923-1982), dem in Württemberg bis heute der Ruf nacheilt: „Das war ein wahrhaft seelsorgerlicher Prediger!" Ein gutes Jahrzehnt nach seinem Weggang aus Reutlingen kam ich als Pfarrvikar an die dortige Marienkirche, die in seinen letzten Lebensjahren sein viel beachteter Predigtort geworden ist. Aus Gesprächen mit Gemeindegliedern über den Prediger Askani wurde ich sehr darin ermutigt, davon auszugehen, wie viel die Predigthörerinnen und –hörer auch heute von einer wahrhaft evangelischen Predigt erwarten – an Wegweisung, Trost und Ermutigung.

Beide Prediger haben mich in meinem eigenen Predigen stark beeinflusst. Deshalb stehen zu Beginn der Predigtsammlung Beiträge über Theophil Askani und Karl Hartenstein. Gedanken aus ihren Predigten ziehen sich wie ein roter Faden durch die gesamte vorliegende Sammlung. *Also: Es gilt, Predigttraditionen wahrzunehmen und sich von Predigten markanter Prediger inspirieren zu lassen.* [8]

4. Predigt geschieht immer an einem konkreten Ort. In den Jahren 1996 bis 2007 war dies für mich hauptsächlich die Kanzel der Uracher Amanduskirche, seit 2007 ist es hauptsächlich die Kanzel in der Martinskirche und in der Leonhardskirche in Langenau. Auf den Kanzeltreppen addieren sich die Spuren aller Vorgänger, in der Kanzel verdichtet sich die örtliche Kirchen- und Reformationsgeschichte. Beiträge zur Geschichte und Ausgestaltung beider Predigtorte beschließen deshalb die vorliegende Predigtsammlung. *Also: Es gilt, den Predigtort wahrzunehmen.*

5. Predigt wird befruchtet durch Künste. Literatur, Kunst und Film bilden die Gegenwart ab, nehmen sie auf und setzen sich mit ihr auseinander. Dichter, Künstler und Regisseure befruchten auf ihre Weise die Arbeit derer, die auf dem Weg zur

---

[8] Hilfreich in diesem Zusammenhang waren mir auch die Hinführungen zu großen Predigern und ihrer Art des Predigens, wie sie Christian Möller in zwei anregenden Bänden vollzogen hat: Christian Möller, Die homiletische Hintertreppe. Zwölf biografisch-theologische Begegnungen, Göttingen 2007; Michael Heymel/Christian Möller, Sternstunden der Predigt. Von Johannes Chrysostomus bis Dorothee Sölle, Stuttgart 2010.

Predigt sind. Mir liegt vor allem die aktuelle Literatur als Sehhilfe für die Gegenwart nahe, was sich immer wieder in den Predigten zeigt. *Also: Es gilt, die Künste als Dialogpartner in den Prozess der Predigtarbeit mit einzubeziehen.*

6. Die Arbeit des Gemeindepfarrers an der Predigt wird befruchtet durch die Wahrnehmung der Bemühungen in der Praktischen Theologie um die Predigt, insbesondere in der Homiletik. Meinem Doktorvater *Christian Möller* (Heidelberg) verdanke ich die Sensibilisierung für seelsorgliches Predigen.[9] Der Einzelne kommt in den Blick, ihm wird der weite Raum des Erbarmens Gottes eröffnet, vor dem auch Abgründigkeiten und Sünde nicht vertuscht werden müssen. Der Blick auf Christus, der alle Abgründigkeiten und Sünden auf sich genommen hat, befreit, gibt Trost, d.h. Ermutigung von Grund auf, und lässt getrost in den Alltag der Welt hineingehen.

Martin Nicol und *Alexander Deeg*, die in ihrer Konzeption der „Dramaturgischen Homiletik" den Hörerinnen und Hörern Texträume öffnen, vermitteln in ihren Kursen Pfarrerinnen und Pfarrern neue Freude daran, „im Sprachspiel öffentlicher Rede mit einer Gemeinde zur sonntäglichen Exkursion in die fremde Heimat Bibel aufzubrechen."[10] Der Prediger inszeniert Worte, Bilder und Geschichten der Bibel als offene Texträume, in die die Hörenden sich einladen lassen.

Birgit Weyel bestimmt die Predigt als öffentliche religiöse Rede, die auf die freie Zustimmung der Hörenden zum christlichen Glauben zielt. Ihr ist die Predigerin und der Prediger wichtig, der auf eine sinnvolle Predigtintention hin befragbar sein muss, so dass deutlich wird: Das hat sie oder er gesagt, dazu kann ich als Hörer mich verhalten.[11]

---

[9] Vgl. dazu Christian Möller, Seelsorglich predigen. Die parakletische Dimension von Predigt, Seelsorge und Gemeinde, Göttingen 1983 (1990²); ders., Für die Seele sorgen, in: Lars Charbonnier, Konrad Merzyn und Peter Meyer (Hg.), Homiletik. Aktuelle Konzepte und ihre Umsetzung, Göttingen 2012, S. 34-49

[10] Mit großem Gewinn habe ich vom 15. bis 19. September 2008 im Pastoralkolleg in Meißen den von Martin Nicol und Alexander Deeg geleiteten Kompaktkurs „Dramaturgische Homiletik" besucht, vom 29. September bis 1. Oktober 2014 den „Aufbaukurs Dramaturgische Homiletik" im Atelier Sprache im Theologischen Zentrum Braunschweig. Eine kurze Darstellung dieses homiletischen Ansatzes findet sich in: Lars Charbonnier, Konrad Merzyn und Peter Meyer (Hg.), Homiletik. Aktuelle Konzepte und ihre Umsetzung, Göttingen 2012, dort: Martin Nicol / Alexander Deeg, Einander ins Bild setzen, S. 68-84.

[11] Ebenfalls mit großem Gewinn habe ich das Liturgisch-homiletische Sommerkolleg in Esslingen vom 28. August bis 2. September 2011 besucht, bei dem Birgit Weyel wesentliche Impulse zum Öffentlichkeits-Charakter der Predigt gab. Ihren Ansatz stellt sie kurz dar in: Lars Charbonnier, Konrad Merzyn und Peter Meyer (Hg.), Homiletik. Aktuelle Konzepte und ihre Umsetzung, Göttingen 2012, dort: Birgit Weyel, Sich über Religion verständigen, S. 231-246. Ihre Anfragen an das Konzept der Dramaturgischen Homiletik

Praktisch-theologisch gesehen stehen die beiden zuletzt genannten Konzepte in einer Spannung. Aspekte aus beiden Konzeptionen und konkrete Predigten der jeweiligen Protagonisten vermögen jedoch die Woche für Woche erneut aufzunehmende praktische Arbeit auf dem Weg zur Sonntagspredigt im Gemeindepfarramt anzuregen und zu beflügeln. Für diese wöchentliche Aufgabe kann man gar nicht genug Anregungen bekommen. Denn: „Was wir auf den Sonntagmorgen hin tun, ist das schönste und lohnendste ‚Werk', das in dieser Welt getan werden kann."[12]

Also: Es gilt, Anregungen aus der homiletischen Arbeit in den Prozess konkreter Predigtgestaltung einzubeziehen. Und umgekehrt sind all diejenigen Begegnungsplattformen und –foren überaus gewinnbringend, auf denen Homiletik Lehrende und auf Gemeindekanzeln Predigende ins Gespräch kommen und Einsichten aus Instituten, Forschungsstätten und homiletischen Ateliers mit Erfahrungen aus der Predigtpraxis in Gemeinden sich gegenseitig konfrontieren und befruchten.

Ein Dank und eine Widmung zum Abschluss dieser Anmerkungen:

Pfarrer Dr. Richard Mössinger, Heilbronn, verantwortet seit über 25 Jahren die Predigtmeditationen im offiziellen Mitteilungsblatt der Ev. Landeskirche in Württemberg, „Für Arbeit und Besinnung". Jahr für Jahr organisiert er eine inspirierende Tagung für Predigtmeditatoren in Löwenstein. Seit er mich vor 15 Jahren zum ersten Mal um eine Meditation bat, hat er immer wieder neu unwahrscheinlich großes Zutrauen in mich gesetzt. Vielen Dank!

Ich widme diese Predigtsammlung zweien unserer Söhne: Johannes Martin Hauff – die Predigt, die bei seiner Konfirmation 2012 gehalten wurde, ist Teil dieser Sammlung, und Lukas Andreas Hauff – die Predigt, die 2001 bei seiner Taufe gehalten wurde, ist in diesen Band mit aufgenommen.

Langenau, 29. Dezember 2014   Martin Hauff

---

skizziert Birgit Weyel in: dies., Der Hörer steckt im Text? Skizze zu einer theologisch-homiletischen Kontroverse, in: Lutz Friedrichs / Wilhelm Gräb (Hg.), Freude am Predigen. 40 Jahre Predigtstudien 1968-2008. Zeitschrift der Gemeinsamen Arbeitsstelle für gottesdienstliche Fragen der EKD, 02/2009, S. 41-48

[12] Theophil Askani, Aus der Werkstatt eines Predigers, zitiert bei Martin Hauff, Theophil Askani, S. 217

Vorbilder

Geistliche Besinnung „Auf ein Wort" im Reutlinger General-Anzeiger, 10.05.2003

Fast am Schluss des Neuen Testaments, im Hebräerbrief, findet sich die bemerkenswerte Aufforderung: „Gedenkt an eure Lehrer, die euch das Wort Gottes gesagt haben; ihr Ende schaut an und folgt ihrem Glauben nach." In diesem Bibelwort artikuliert sich die Erfahrung, dass der Glaube von Person zu Person weitergegeben wird. Gott verweist uns nicht an eine Leuchtschrift am Himmel. Vielmehr vertraut er seine gute Nachricht Menschen an, die mit ihren Erfahrungen, ihren Stärken und Schwächen, ihren Hoffnungen und Zweifeln andere das Wagnis des Glaubens lehren.

„Gedenkt an eure Lehrer!" An einen, der für mich persönlich zu den Vorbildern für das Wagnis des Glaubens gehört, denke ich in diesen Tagen besonders. Vor kurzem, am 27. April, wäre der frühere Reutlinger Prälat Theophil Askani 80 Jahre alt geworden. „Wäre", denn vor über 20 Jahren, am 2. März 1982, starb er im Alter von nicht einmal ganz 59 Jahren an einer schweren Krebskrankheit. Er war ein wahrhaft seelsorgerlicher Prediger, der glaubwürdig vom Trost Gottes und von der christlichen Hoffnung redete.

Unvergesslich bleibt mir, wie Askani sich in der Stuttgarter Liederhalle auf der Landeskonferenz der württembergischen Kinderkirch-Mitarbeitenden verabschiedete, für die er sich jahrelang engagiert hatte. Der einst stattliche Mann gelangte, von seiner Krankheit sichtlich gezeichnet, nur mit Mühe zum Rednerpult. Aber dann sprach er mit einem Leuchten im Gesicht von der Hoffnung trotz allem, die ihre Quelle in Gottes Liebe hat und die ein Menschenleben umfängt und trägt. Dabei erzählte er die kleine Geschichte, die sich im Schwarzwald zugetragen hat: Ein Pfarrer steht vor einem mickrigen Kirschenbäumlein. Er wiegt ungläubig den Kopf hin und her angesichts des mehr als kümmerlich aussehenden Gewächses. Und er fragt den dabeistehenden Bauern: „Meinet Se denn au, dass der no Kirsche kriegt?" Daraufhin gab der Bauer zur Antwort: „Hano, Herr Pfarrer, blüht hat'r net, aber mr hofft halt!"

Er habe sich, so Askani, schon oft an der fröhlichen Unlogik dieses schwäbischen Bauern gefreut. Da seien Verschmitztheit und Trotz herauszuhören, aber gerade in der Unlogik weise die Antwort auf eine Grundstruktur christlicher Hoffnung hin: Dass Gottes Möglichkeiten weiter reichen als die harten Realitäten unserer Tage. Dass die Hoffnung der Christen selbst an der Horizontlinie des Todes nicht endet. Dass das Leben bei Gott stärker ist als der zerstörerische Tod. Nicht nur ich bin damals bewegt von Stuttgart nach Hause gefahren.

„Gedenkt an eure Lehrer!" Damit ruft der Hebräerbrief nicht zum Personenkult auf, wohl aber zur dankbaren Erinnerung an die Menschen, die uns zu geistlichen Müttern und Vätern, zu Lehrern und Vorbildern im Glauben geworden sind und uns den Weg zur Gestalt Jesu Christi gewiesen haben. Solche Vorbilder zeigen uns, dass das Wagnis des Glaubens und die ehrliche Auseinandersetzung mit letzten Fragen sich lohnen – auch heute.

Da es aber jetzt Morgen war, stand Jesus am Ufer

Predigt über Johannes 21, 4 anlässlich des 30. Todestags von Theophil Askani (27.04.1923-02.03.1982), des Predigers und Seelsorgers aus Passion[13], bei der Eröffnung der Frühjahrs-Synode des Kirchenbezirks Ulm, Freitag, 30.03.2012, Martinskirche Langenau

Liebe Synodalinnen und Synodale, liebe Gemeinde!

Noch heute bekommen viele Württemberger glänzende Augen, wenn sie von Theophil Askani hören. Er hat mit seinen Predigten aus der Nachkriegszeit bis 1982 ihre Seele berührt, weil er ein wahrhaft seelsorgerlicher Prediger war. Er war ein Prediger und Seelsorger aus Passion – in des Wortes doppeltem Sinn: er predigte und übte Seelsorge *mit aller Leidenschaft*, und in seinen letzten Jahren tat er dies zunehmend vor dem Hintergrund eigenen Krankheits-*Leidens*, das ihn getroffen hatte – jenes Leiden, das ihn in ganz besonderer Weise in jene Bewegung mit hineinnahm, die der Apostel Paulus so beschrieb: „…. Wir trösten, die in allerlei Trübsal sind, mit dem Trost, mit dem wir selber getröstet werden von Gott." Vor 30 Jahren, am 2. März 1982, ist er in seiner Heimatstadt Stuttgart im Alter von knapp 59 Jahren gestorben – Anlass, uns heute in diesem Gottesdienst an den Prediger und Seelsorger und v.a. an sein Predigtwerk zu erinnern.

Eine riesige Trauergemeinde fand sich am darauf folgenden Montag, 8. März, auf dem Fangelsbachfriedhof neben der Stuttgarter Markuskirche ein. Theophil Askani wird im elterlichen Grab auf dem Fangelsbachfriedhof im Schatten des Markus-Kirchturms beerdigt - dem Ort seiner Kindheit und Jugend, dem Ort seines ersten Pfarramts auch. In der anschließenden Trauerfeier in der Markuskirche hielt Theophil Askanis Jugendfreund seit Kindertagen, der Ulmer Prälat Helmut Aichelin, die Predigt. Er hob darin auf Theophil Askanis tiefe Freude am Evangelium ab, die ihm als Mensch und Prediger seine große Ausstrahlung gab und die seinen Predigten Überzeugungskraft und Vollmacht verlieh: „Auf dieser Kanzel ist er gestanden - als junger Pfarrer der Markusgemeinde, wie später auf der Kanzel der [Stuttgarter]

---

[13] Zu Biografie und Predigtwerk von Theophil Askani vgl.: Martin Hauff, Theophil Askani, Prediger und Seelsorger aus Passion, Stuttgart 1998

Brenzkirche, als Ulmer Dekan auf der Münsterkanzel[14], als Reutlinger Prälat auf der Kanzel der Marienkirche. Aber je weiter auch die Bereiche der Verantwortung wuchsen, die Freude am Evangelium, in dem sein offenes, strahlendes Menschentum seine tiefen Wurzeln hatte, strahlte auch auf die vielen aus, die ihm begegnet sind..." In diesen Worten des Freundes tritt eines der markanten Profile Theophil Askanis hervor: Predigt und Seelsorge waren ihm Herzensanliegen, genauer: seine unvergessenen Predigten hatten, wie es Axel Denecke einmal sagt, eine „seelsorgerliche Langzeitwirkung."

Den seelsorgerlichen Prediger Askani haben seinerseits eine Reihe bedeutender Stuttgarter Prediger geprägt – *solche*, die in der Grenzsituation der letzten Kriegsjahre mit ihren Predigten den Trost, der nicht trügt, sondern trägt, an ihre Hörer weitergaben, wie Theophil Wurm, Karl Hartenstein und Helmut Thielicke, *aber auch solche*, die in der Predigt von der leidenschaftlichen Sorge um den Einzelnen bewegt waren, wie der Dichterpfarrer Albrecht Goes. Der für Askani anregendste und prägendste Prediger war Rudolf Daur (1892-1976), mit dem er sechs Jahre gemeinsam an der Stuttgarter Markuskirche wirkte und bei dem er Predigt als Zwiesprache mit den Hörenden erlebte, tröstend und einen weiten Horizont eröffnend, ein frommer und zugleich weitherziger Liberaler, der aus der Tiefe der Schrift zu den Menschen geredet hat, aufgeschlossen für Ökumene, Frieden, Tiefenpsychologie – mit weiter Ausstrahlung (Daur-Läufer-Kartei!). Ich habe Ihnen ein Foto kopiert, das Rudolf Daur und Theophil Askani gemeinsam vor der Stuttgarter Markuskirche zeigt.

Askanis eigene Predigtpraxis ist von der Überzeugung getragen: **Der Weg auf die Kanzel ist ein Stück des Weges in der Seelsorge.** Denn durch intensive Seelsorge-Besuchs-Arbeit als Pfarrer an der Markus- und später an der Brenzkirche lernt er eine Vielfalt von Lebensgeschichten kennen, die seine Predigtarbeit befruchten.

---

[14] Speziell zum Ulmer Wirken Askanis: vgl. Artikel Askani, Theophil, in: Frank Raberg, Biografisches Lexikon für Ulm und Neu-Ulm 1802-2009, Ulm 2010, S. 18f

Und so vergewissert uns dieser biografische Zug: Seelsorge, das ist eine Grundaufgabe der Pfarrerinnen und Pfarrer - in der Gemeinde, auf spezialisierten Sonderstellen, wir werden heute auf der Synode Näheres davon hören. Und wenn das so ist, dann helfen Sie, liebe Synodale, dazu mit, dass Zeit für diese Basisaufgabe bleibt – auch angesichts immer neuer Pfarrplanrunden! Die seelsorgerliche Tiefe von Askanis Predigten jedenfalls wäre gar nicht denkbar ohne diese intensive Seelsorgetätigkeit, die zu seinem Wirken als Stuttgarter Pfarrer gehört.

Auf der Trauerfeier am 8. März vor 30 Jahren wurde mehrfach an eine Predigt Theophil Askanis erinnert, in der - einem Konzentrat gleich - der ganze Askani enthalten ist. Es war in der Osterzeit 1981. Askani hielt eine Rundfunkpredigt über den kostbaren Abschnitt aus dem 21. Kapitel des Johannesevangeliums. Dieser Abschnitt erzählt davon, wie sieben Jünger Jesu nach dem Tod Jesu an den See Tiberias in Galiläa zurückgekehrt sind. Als desillusionierte Heimkehrer nach ihren Jahren mit Jesus haben sie wieder angefangen, in ihrem alten Beruf als Fischer zu arbeiten. Sie treten am Abend ans Ufer, steigen ins Boot, das noch so daliegt, wie sie es einst verlassen haben. Sie werfen die Netze aus, Stunde um Stunde, die ganze Nacht hindurch – „und in dieser Nacht fingen sie nichts." Große Mühe, null Erfolg. Viel Einsatz, vergeblich.

„Kennen wir das?", fragt Askani seine Hörer und lässt diesen Satz der Geschichte transparent werden für eigene Vergeblichkeitserfahrungen: „Die vergeblichen Nächte und die vergeblichen Tage gehören zum Leben. Und es kann sein, dass wir leichter und barmherziger miteinander umgehen, wenn wir es uns selber eingestehen und einander eingestehen. Denn wer nur Glück hat, kann ein harter Mann werden, und wem alles gelingt, bei dem ist u.U. wenig Raum für einen anderen."

Was sind solche Vergeblichkeitserfahrungen? Der Prediger konkretisiert mit modellhaften Erfahrungen: „Da fragt sich die Mutter, was geblieben ist von dem Glück der ersten Schritte mit dem Buben? Dort geht er jetzt hin, allein und ganz anders, als sie es sich gewünscht hat, und braucht niemand mehr. Da legt einer seine Arbeit aus der Hand, und es ist, wie wenn er aus einem Traum erwacht: was ist denn geblieben von der Mühe, von der Hetze, vom vollen Kalender? Kann das sein, dass tausend kleine Erfolge unter dem Strich ein leeres Netz ergeben?"

Und ich merke, wie dieser Satz mich 30 Jahre später noch trifft und anfragt:
Ja, wie ist das mit meinen gefüllten Wochen – behalte ich bei all den vielen verschiedenen Baustellen das Gespür fürs Wesentliche, habe ich Zeit und Geduld für den Menschen, der nicht mehr kann, habe ich das hörende Ohr und noch die Spannkraft, „mit den Müden zu reden zur rechten Zeit", wie es der Predigttext für kommenden Sonntag sagt?
Tausend kleine Erfolge unter dem Strich und doch ein leeres Netz – ja, wie ist das mit uns als Kirche? Schämen wir uns vor lauter Reformstress und einander sich jagenden Projekten vor dem ganz Normalen eines gewöhnlichen Sonntagsgottesdienstes ohne Extras oder eines unscheinbaren Hausbesuchs?
Und dieser Tage bewegt uns ganz besonders: Die vielen Stunden Verhandlungen des Gesamtbetriebsrats für die 11.000 SCHLECKER-Mitarbeiterinnen – da war viel Einsatz, viel Mühe, viel Kampf um den Erhalt der Arbeitsplätze. Doch dann kam die enttäuschende Nachricht: Vergeblich! Es gibt keine Transfer-Gesellschaft. „Und in dieser Nacht fingen sie nichts."

Aber nun lenkt Askani den Blick und das Ohr auf den Fortgang der Geschichte: Als die Jünger nach der arbeitsreichen, vergeblichen Nacht im ersten Morgenlicht ans Ufer zurückgefahren sind, haben sie den auferstandenen Jesus am Ufer stehen sehen und sind auf ihn zugefahren. „Da es aber jetzt Morgen war, stand Jesus am Ufer". Eine reichhaltige württembergische Auslegungstradition markiert das Zentrum der Geschichte in genau diesem Satz: „Da es aber jetzt Morgen war, stand Jesus am Ufer." Karl Hartenstein etwa schreibt dazu – und Askani kannte seine Auslegung: Jedes einzelne Christenleben geht auf diese Morgenstunde zu, da Jesus am Ufer steht. Ja, die Kirche insgesamt, die in diesem Bild vom Boot, vom Schiff, symbolisiert ist, fährt über das Meer der Zeit dem Ufer entgegen, an dem Jesus steht und alles im Blick hat.

Askani greift diese Auslegungstradition auf und macht etwas Neues, Eigenes daraus. Wichtig ist ihm die sprachliche Beobachtung, dass der auferstandene Herr nicht eben erst ans Ufer getreten ist, sondern dass er schon lange da steht – und die Jünger, die meinten, sie seien allein, als sie die Netze leer aus dem Wasser zogen, waren in Wirklichkeit die ganze Zeit im Blickfeld Jesu.

Schön, wie Askani an dieser Stelle seiner Predigt den angefochtenen Einzelnen anspricht und ihn seelsorgerlich mitnimmt in die Hör- und Trostgemeinschaft der Gemeinde: „Liebe Hörerinnen und Hörer, mag sein, dass *einer* angefochten ist in seinem Herzen durch die Vergeblichkeit der Nächte und der Tage. Mag sein, dass *einer* auch denkt: das Schlimmste dabei ist, dass *ich* alleine bin. – Nun, so wollen *wir* miteinander hören, dass jene Ostergeschichte vom See, die wie ein Transparent ist auch für unser Leben, es anders weiß. Die lange Nacht ist vor seinen Augen, so wie der Tag es war. Und den, der da heimkehrt mit leeren Händen und traurigem Herzen, empfängt der Herr."

Und dann erleben wir als Hörende mit, wie sich nun eine Sternstunde der Predigt ereignet (um den Titel des gleichnamigen wunderschönen Predigtbuchs von Christian Möller und Michael Heymel aufzugreifen). Askani entfaltet das Trostpotenzial dieses kostbaren Verses – vor der Erfahrung seiner schweren Krebserkrankung und dem Wissen um eigene Todesnähe:

„Da es aber jetzt Morgen war, stand Jesus am Ufer. Eine Nacht, von der man das weiß, ist anders, / ein Tag, von dem man ahnt, dort steht er am Ufer, ist anders. Vielleicht ist auch einmal die letzte Nacht, die ein jeder noch vor sich hat und durchschreiten muss, die Nacht des Todes, anders, wenn einer weiß, wenn's Morgen ist, steht Jesus am Ufer. Gewiss ist sie anders."

Kurz vor seinem Tod sprachen zwei Freunde, Wolfgang Lipp und Jörg Zink, mit Theophil Askani über die Herausgabe seiner Predigten. Mit leuchtenden Augen bestand Askani darauf, dass der Predigtband den Titel bekommen sollte: „Da es aber jetzt Morgen war, stand Jesus am Ufer." Aus dieser Wirklichkeit des Auferstandenen lebte er, aus ihr kam ihm die von Menschen allein nicht aufzubringende Kraft, das ihm auferlegte Leiden so zu tragen, wie er es trug. - Wenig später, im Januar 1982, verlieh ihm die Ev.-Theol. Fakultät der Universität Tübingen die Ehrendoktorwürde mit der Begründung, diese Würde werde zuerkannt „praelato benemerito ecclesiae evangelicae virtembergensis / verbi divini ministro / pastori pastorum / afflictionibus probato consolatori afflictorum." (dem wohlverdienten Prälaten der evangelischen württembergischen Kirche, dem Diener am göttlichen Wort, dem Hirten der Hirten, ***dem in Anfechtungen bewährten Tröster der Angefochtenen.***)"

Über seinen Tod hinaus wirkt das Vermächtnis seiner Predigten. Immerhin ein Predigtzitat wurde als Zwischentext in unser Gesangbuch aufgenommen [15] – Sie werden's nachher entdecken. Nicht nur mir, vielen anderen auch hat Askani dieses kostbare Wort aus Johannes 21 lieb gemacht. „Da es aber jetzt Morgen war, stand Jesus am Ufer."

So schließe ich mit Worten aus Askanis Abschiedspredigt im Ulmer Münster am 13. April 1975, in der er auch Joh 21 ausgelegt hatte: „'Da es aber jetzt Morgen war, stand Jesus am Ufer' – im 21. Kapitel des Johannesevangeliums ist kein Wort zufällig, auch dieser Satz nicht. Er gilt, für alle Morgen. Er macht einen Tag, wie immer die Nacht war, und wie immer die Schritte sein mögen, zu einem Tag mit dem Namen ‚Misericordias Domini (Barmherzigkeit Gottes)' Es ist gut, in einen solchen Tag hineinzuleben. Haben nicht Menschen und Dinge ein anderes Gesicht? Es ist gut zu wissen, dass die Nächte so enden, auch die letzte Nacht. Verliert nicht die Angst ihren Stachel?" Amen.

---

[15] Evangelisches Gesangbuch, Ausgabe für die Ev. Landeskirche in Wüttemberg, Stuttgart 2007², S. 1169

Ein Mann der Weite

Theologe Karl Hartenstein (1894-1952) war Stadtpfarrer in Urach

Beitrag für das Gemeindeblatt des Evang. Kirchenbezirks Bad Urach, Ausgabe 2, April / Mai 2002

Vor 50 Jahren verstarb Prälat D. Karl Hartenstein, einer der bemerkenswertesten Theologen der jüngeren württembergischen Kirchengeschichte.[16] Hartensteins Lebensweg führte ihn von der Kirche in die ökumenische Weite der Mission und von der Mission wieder in die Kirche. Von 1923 bis 1926 wirkte er als Stadtpfarrer in Urach, bis er, gerade erst 32 Jahre alt, zum Direktor der Basler Mission berufen wurde. 1941 bis zu seinem frühen Tod am 1. Oktober 1952 war er Prälat in Stuttgart. Er war nach der Evakuierung des Oberkirchenrates aus Stuttgart nach Großheppach im Remstal einziger Vertreter der Kirchenleitung in Stuttgart und war ganz maßgeblich am Wiederaufbau der Stuttgarter Kirchengemeinden beteiligt.

Gerade in der Konfrontation mit der Grenzsituation ständiger Todesbedrohung[17] hat Hartenstein als seelsorgerlicher Prediger und als unermüdlicher theologischer Lehrer wieder neu die Hoffnung auf den wiederkommenden Herrn nahe gebracht.

Unter seinen zahlreichen Bibelarbeiten und Predigten findet sich auch die 1950 erschienene Auslegung des Osterkapitels Johannes 21, die schon vielen zum Brunnquell des Trostes und der Ermutigung geworden ist. Johannes 21 berichtet, wie der auferstandene Jesus einigen Jüngern am See Tiberias begegnet, die müde und resigniert nach einem vergeblichen nächtlichen Fischfang zurückkehren. Für Hartenstein wird diese Ostergeschichte zum Bild der Gemeinde, die unterwegs ist auf dem Meer der Zeit, hin zum Ufer der Ewigkeit, an dem Jesus sie erwartet. Hartenstein schreibt:

„'Da es aber jetzt Morgen war, stand Jesus am Ufer. Aber die Jünger merkten nicht, dass es Jesus war.' (Johannes 21,4) Wer einmal dieses Wort gehört und entdeckt hat mit seiner tiefen, unerschöpflichen Kraft, der ist getröstet für ein ganzes

---

[16] Vgl. zu Hartenstein: Martin Hauff, Theophil Askani, Prediger und Seelsorger aus Passion, Stuttgart 1998, S. 105-107

[17] Hermann Ehmer, Karl Hartenstein und Helmut Thielicke. Predigt in der Grenzsituation, in: Rainer Lächele / Jörg Thierfelder (Hg.), Das evangelische Württemberg zwischen Weltkrieg und Wiederaufbau, Stuttgart 1995, S. 71-88

Menschenleben und für ein Menschensterben. Denn immer und in jeder Stunde zwischen Geburt und Grab dürfen wir uns in diesem Wort stärken: ‚Da es aber jetzt Morgen war, stand Jesus am Ufer.' Dieses Wort enthält den Schlüssel zur Lösung aller Geheimnisse der Geschichte und aller Ängste und Nöte unserer Seelen.

Wir gehen dem Morgen entgegen. Wir wissen um den Tag, der alles klar macht, da alle Lasten von uns fallen. Und dann wird Jesus am Ufer stehen. Unser ganzer Lebensweg durch alle Dunkelheiten, Zweifel und Anfechtung hindurch ist der Weg durch die Nacht dem Morgen Gottes entgegen. ... Was heißt Christsein? Dem Tag entgegengehen, dem Tag, da Jesus am Ufer steht. Siehe, er hat das Meer der Zeit, die Finsternisse der Welt und die Unruhe des Lebens hinter sich. Der Strand Tiberias dort wird zum Gestade der großen Ewigkeit, das uns jeden Morgen, wenn es tagt, ganz nahe ist, wenn wir es nur schauen können, nahe jedem, der glaubt.

Ich weiß von einem Sterbenden, dem in der schwersten Stunde dieses Wort zugerufen wurde als der größte Trost. Und wir können dieses Wort nur jedem, der ehrlich dient und tapfer kämpft, der geduldig leidet und ohne Ermüden wartet, zurufen: ‚Da es aber jetzt Morgen war, stand Jesus am Ufer.'"[18]

Im Oktober dieses Jahres wird zum Gedenken an den 50. Todestag Karl Hartensteins in Bad Urach ein mehrteiliges Gemeindeseminar zum Leben und Werk Hartensteins stattfinden, das insbesondere auch seine geistlich-theologischen Impulse für uns heute herausarbeiten wird.

---

[18] Karl Hartenstein, Da es nun Morgen war. Eine Auslegung von Johannesevangelium Kapitel 21, Stuttgart 1950, S. 13f

Die Zeit des aufstrahlenden Lichts

Predigt über Jesaja 9, 1-6 am 24.12.2011, Martinskirche Langenau

¹ Das Volk, das im Finstern wandelt, sieht ein großes Licht, und über denen, die da wohnen im finstern Lande, scheint es hell. ² Du weckst lauten Jubel, du machst groß die Freude. Vor dir wird man sich freuen, wie man sich freut in der Ernte, wie man fröhlich ist, wenn man Beute austeilt. ³ Denn du hast ihr drückendes Joch, die Jochstange auf ihrer Schulter und den Stecken ihres Treibers zerbrochen wie am Tage Midians. ⁴ Denn jeder Stiefel, der mit Gedröhn dahergeht, und jeder Mantel, durch Blut geschleift, wird verbrannt und vom Feuer verzehrt. ⁵ Denn uns ist ein Kind geboren, ein Sohn ist uns gegeben, und die Herrschaft ruht auf seiner Schulter; und er heißt Wunder-Rat, Gott-Held, Ewig-Vater, Friede-Fürst; ⁶ auf dass seine Herrschaft groß werde und des Friedens kein Ende auf dem Thron Davids und in seinem Königreich, dass er's stärke und stütze durch Recht und Gerechtigkeit, von nun an bis in Ewigkeit. Solches wird tun der Eifer des HERRN Zebaoth.

Liebe Gemeinde!

„Wir freuen uns riesig über die Geburt unserer Tochter, unseres Sohnes...", so kann man es auf liebevollen, oft originell gestalteten Geburtsanzeigen lesen - und wird zur Mitfreude eingeladen. Freude und Jubel über die Geburt eines Kindes kommen uns auch aus unserem Predigttext entgegen. Er ist eine Geburtsanzeige, uns allen zur Mitfreude heute Abend gegeben. Eine Geburtsanzeige besonderer Art freilich: Lauter Jubel und große Freude quellen hervor, als sich die Nachricht von der Geburt des königlichen Kindes ausbreitet, des Kindes mit seinen vier geheimnisvollen Thronnamen, von denen uns vielleicht der 'Friedefürst' am ehesten im Gedächtnis geblieben ist.

Die Christenheit hat seit alters in diesen Worten aus dem Jesajapropheten die Geburtsanzeige Jesu gesehen. Sie hat seit alters in diesen Worten die Weihnachtsgeschichte abgebildet und kommentiert gesehen. „Uns ist ein Kind geboren, ein Sohn ist uns gegeben... und er heißt Friedefürst." Gott hat sich aufgemacht und ist im Kind in der Krippe in diese Welt gekommen. Um diese freudige Nachricht geht es heute Abend. Diese Worte aus dem Jesajapropheten leugnen Finsternis und Dunkelheit nicht, die zu dieser Welt und zu unserem Leben gehören, und ziehen uns doch aus der Finsternis ins Licht: „Das Volk, das im Finstern wandelt, sieht ein großes Licht, und über denen, die wohnen im finstern

Land, strahlt das Licht auf." Aufstrahlendes Licht tut uns gut in dieser dunkelsten Zeit des Jahres. Aufstrahlendes Licht, wie lange hält es an?

Vor zwei Monaten wurde Eugen Ruges Roman „In Zeiten des abnehmenden Lichts" mit dem Deutschen Buchpreis ausgezeichnet. „In Zeiten des abnehmenden Lichts" ist ein bewegender Deutschland-Familienroman, der von den fünfziger Jahren über das Wendejahr 1989 bis zum Beginn des neuen Jahrtausends reicht. „In Zeiten des abnehmenden Lichts" ist ein Roman, der davon erzählt, wie die Strahlkraft der politischen Utopie des Sozialismus in der DDR sich von Generation zu Generation verdunkelt. Im Mittelpunkt stehen drei Generationen:

Die **Großeltern** haben den Kommunismus als aufstrahlendes Licht erlebt. Durch ihn haben sie Chancen für ihr Leben gewonnen. In der kommunistischen Partei haben sie Respekt und Anerkennung erfahren. Sie kehren aus dem mexikanischen Exil in die junge DDR heim, um dort ihren Anteil am Aufbau der neuen Republik zu leisten.

Ihr **Sohn**, als junger Mann vor den Nazis nach Moskau emigriert und dann in ein sibirisches Lager verschleppt, tritt die Reise vom anderen Ende der Welt, dem Ural, an. Er kehrt mit seiner russischen Frau zurück in eine Kleinbürgerrepublik, als die er die DDR erlebt. Ihn plagen erste Zweifel an der Idee des Sozialismus. Seine Strahlkraft hat sich verdunkelt. Aber der Sohn hofft auf einen menschlichen Sozialismus, glaubt an die Veränderbarkeit der DDR.

Für den **Enkel**, Alexander, sind die sozialistischen Programme und Parolen in der DDR leere Worthülsen, ohne jegliche Strahlkraft. Ihr Licht ist erloschen. Am 1. Oktober 1989 geht Alexander in den Westen. Es ist pikanterweise der 90. Geburtstag des Familienpatriarchen. Während wie Alexander bereits tausende Ausreisewillige die DDR über Ungarn verlassen, erhält der kommunistische Großvater noch den vaterländischen Verdienstorden in Gold.

Dieser bewegende und lesenswerte Roman „In Zeiten des abnehmenden Lichts" lehrt uns, dass menschliche Ideen und Programme aufleuchten, sich überleben, veralten und verlöschen. Weihnachten nun erzählt uns von einer Geschichte, deren Strahlkraft gleich ursprünglich bleibt und die zu allen Zeiten aufs Neue mit ihrem Licht Menschenherzen erhellt. Es ist jene Geschichte, die nicht aus den Zusammenhängen dieser Welt hervorgeht, sondern die ihren Anfang nimmt in jener anderen, größeren Wirklichkeit Gottes. Nicht wir müssen dieses Licht entfachen und am Leuchten halten, nein, es kommt aus Gottes Welt auf uns zu. Martin Luther hat das in seinem Weihnachtslied unübertroffen in Worte gefasst: „Das ewig Licht geht da herein, gibt der Welt ein' neuen Schein; es leucht' wohl mitten in der Nacht und uns des Lichtes Kinder macht." (EG 23,4)

Die vielen Lichter und Kerzen, die wir an Weihnachten entzünden und die uns so gut tun, sind Hinweise darauf, dass das ewige Licht hereinkommt in die Dunkelheiten der Welt, immer wieder aufs neue, auch dieses Jahr. Das ewige Licht bricht herein in diese Welt, weil der große ewige Gott nicht unerreichbar fern für sich bleibt, sondern im verletzlichen Jesuskind in diese Welt kommt. Und wir sind gefragt: Sind wir bereit, dem Kind in der Krippe Raum zu geben in unserem Leben?

Ich denke an einen der Filme aus der Serie „Oh Gott, Herr Pfarrer" von Felix Huby. Dort wird der Weinhändler Wilhelm Dörnach geschildert, der einen Hass auf die Kirche und die Pfarrer hat. Es geht ihm gesundheitlich nicht gut. Pfarrer Hermann Wiegandt sucht den Weinhändler in seinem Laden auf. Als der Pfarrer den Laden betritt, sagt der Weinhändler zu seiner Frau: „Der hat mir gerade noch gefehlt." Und dann kommt es über dem Einkauf des Pfarrers zum Gespräch: „Sie braucht keiner... Und ich brauche Sie schon gleich gar nicht!" Geistesgegenwärtig kontert der Pfarrer: „Stimmt schon, dass Sie mich wahrscheinlich nicht brauchen. Aber würden Sie das auch von Gott sagen?" Dörnach erwidert: „Jetzt bin ich dann bald achtzig Jahre alt. Aber wenn ich einmal einen Gott gebraucht hätte, war er scheint's jedesmal gerade auf Urlaub."

Weihnachten erinnert uns von neuem: Gott hat sich nicht zurückgezogen. Er flüchtet nicht vor dem Dunkel der Welt. Er hat sich nicht in den Urlaub abgesetzt. Er will mit dieser Welt und mit unserem Menschenleben zu tun haben. Aber bereit sein, offen sein für ihn müssen wir schon. Weihnachten will uns auch dieses Jahr bereit machen für Jesu Einkehr bei uns. Geben wir ihm Raum in unserem Herzen? Wo Jesus Christus, der Herr und Bruder unserer Schicksale, uns nahe ist, da fällt neues Licht auf ein Leben. Die Evangelien, die dem Weg des erwachsenen Jesus nachgehen, berichten davon. Das Leben Jesu hat eine Leuchtspur der Hoffnung in diese Welt gezeichnet, die nicht mehr verlöscht.

Der arme blinde Bettler Bartimäus etwa, der ohne festen Wohnsitz am Straßenrand von Jericho auf die Spendenbereitschaft der Vorüberziehenden angewiesen war; einer, der buchstäblich zum Volk zu gehörte, das im Finstern wandelt - als Jesus vor ihm stehenbleibt, wird es hell für ihn, und er gewinnt neue Hoffnung und neuen Mut. „Würden Sie das auch von Gott sagen, dass Sie ihn nicht brauchen?", so fragte Pfarrer Wiegandt den Weinhändler Dörnach. Dabei ist die eigentliche Würde des Menschen doch, Gottes zu bedürfen. Gott brauchen - das macht die Würde des Menschen aus. Wir alle brauchen Gott, der als Kind in der Krippe in diese Welt gekommen ist. Denn dieses Kind in der Krippe bringt mit sich den Frieden. „Uns ist ein Kind geboren, ein Sohn ist uns gegeben, und er heißt Friedefürst."

Beim Kind in der Krippe ist Frieden zu finden. Frieden für getriebene, gehetzte Leute. Gott ist Mensch geworden und ist uns so näher als unsere Angst und Dunkelheit. Er zerbricht den Stecken des Treibers. Gottes Erbarmen ist uns näher als das erbarmungslose Treiben unseres eigenen Herzens und bringt uns so Befreiung, Freude und Friede.

Aber indem Gott zur Welt und zum Menschen kommt, bringt er nicht nur den inneren Frieden, den Herzensfrieden, den Seelenfrieden. Die große Freude, die Befreiung, der Friede, die uns tief im Innersten berühren und umgestalten, die haben's in sich, dass sie auch nach außen dringen, hineinwirken in diese Welt, diese Erde wandeln.

„Ehre sei Gott in der Höhe und *Friede auf Erden* bei den Menschen seines Wohlgefallens", so singen es die Engel in der Heiligen Nacht. Und die Geburtsanzeige beim Jesajapropheten macht deutlich, dass der Friede, der mit dem Kind in der Krippe in diese Welt kommt, auch die ganz praktischen Schritte aufeinander zu bedeutet.

Unserem Predigttext ist noch abzuspüren, dass er ursprünglich in eine ganz konkrete Situation erfahrener Befreiung von Fremdherrschaft hineinredete. Er ist ursprünglich ein Danklied für die erfahrene Befreiung der Israeliten von der assyrischen Fremdherrschaft. Jahrzehntelang war das Volk Israel unter dem Stecken dieses Treibers geknechtet. Aus unserem Text spricht die Dankbarkeit, dass Gott die Wende heraufgeführt hat. Über Nacht haben sich die Invasionstruppen zurückgezogen, ohne dass es zu gewalttätigen Auseinandersetzungen gekommen ist. Die zurückgelassenen Reste assyrischer Militärmacht, Stiefel und blutverschmierte Mäntel, werden verbrannt. Das drückende Joch der Fremdherrschaft ist zerbrochen. Über denen, die wohnen im finstern Lande, ist das Licht aufgestrahlt. Jubel und Freude machen sich breit.

Erfahrungen solcher Befreiungsnächte stehen auch uns vor Augen.
Da ist jene unvergessliche Befreiungsnacht des 9. November 1989, als in Berlin die Mauer sich öffnete, die vor 50 Jahren die Teilung der Stadt festzubetonieren schien. Menschen aus Ost und West konnten wieder zusammenkommen, Bilder voller Jubel und Freude.
In diesem Jahr hat uns der arabische Frühling bewegt, die Völker Nordafrikas rangen um ihre Freiheit und stürzten ihre Diktatoren vom Thron. Bilder des Jubels und der Freude.

Freilich, irdische Befreiungserfahrungen, irdischer Friede erstrecken sich noch nicht „von nun an bis in Ewigkeit", wie es unser Danklied aus Jesaja 9 vor Augen stellt. Irdische Freiheit und irdischer Friede sind verletzlich.

Uns ist schmerzlich bewusst geworden, dass nach der Euphorie des 9. November 1989 neue Konfliktherde diese Welt in Unruhe versetzten. Dass im wiedervereinigten Deutschland das Gefühl, Wendeverlierer zu sein, das Potenzial in sich barg, sich zum Nährboden für Rechtsextremismus zu entwickeln, bis hin zu der Terrorspur des Zwickauer Trios, die sich in diesem Jahr in ihrer ganzen Hässlichkeit offenbart hat.

Was aus dem arabischen Frühling wird, ist offener denn je. An vielen Stellen dieser Erde gehen nach wie vor Stiefel mit Gedröhn daher, wird Menschen Leid und Schmerz zugefügt. Vermutlich haben wir alle in diesem Jahr den Abschnitt aus der Weihnachtsgeschichte besonders aufmerksam gehört, wo es heißt: „Und diese Schätzung war die allererste und geschah zur Zeit, da Quirinius Statthalter in **Syrien** war." Syrien, das Land, das eine Schlüsselstellung in der ältesten Geschichte des Christentums hatte. Syrien, das Land, in dem das Regime von Baschar al Assad in aller Härte und Brutalität gegen die eigene Bevölkerung vorgeht, die ihre Freiheit sucht. O Herr, rufen wir, gebiete der Gewalt dort Einhalt, lass auch dort Friede werden!

Und wie verletzlich der Friede ist, merken wir ja schon im Kleinen, wenn wir an die offenen Rechnungen und die Reibeflächen in unserem unmittelbaren Umfeld denken. Dennoch ist Weihnachten. Weihnachten markiert den Anfang der Friedensinitiative Gottes für unsere Welt. In Jesus Christus sind Gottes Friede und Liebe in dieser Welt aufgestrahlt. „Friedefürst" steht in der Geburtsanzeige Jesu und umreißt das Regierungsprogramm Jesu Christi. Christen hoffen in Gewissheit, dass der Tag kommt, an dem Gott dieses Programm vollständig einlösen wird. Im Licht von Weihnachten können wir schon jetzt nach diesem Regierungsprogramm leben und Schritte auf dem Weg des Friedens tun. So, dass es unter uns wenigstens etwas friedlicher zugehen kann. An einer Betonwand hatte ein offenbar nachdenklicher Sprayer den Graffito-Spruch angebracht: „Mach's wie Gott, werde Mensch!" Was Menschen Menschen an Bösem tun können, wie wir es uns einander schwer machen können, das wissen wir nur zu gut. Wie Menschen einander zu Wölfen werden können, bekommen wir frei Haus auf die Bildschirme geliefert. Weihnachten möchte uns weiter bringen, so, dass wir wahrhaft menschlich miteinander umgehen.

Ich denke an den französischen Offizier Étienne Bach und den deutschen Bürgermeister. Nach dem ersten Weltkrieg hatten die Franzosen das Rheinland besetzt, und Étienne Bach musste mit dem deutschen Bürgermeister der Stadt zusammenarbeiten. Es war schwierig. Misstrauen auf beiden Seiten. Da kam Weihnachten. Auch in der Kirche in jener Stadt wurde Gottesdienst gehalten mit Abendmahl. Die Menschen kamen nach vorne zum Altar, neben dem die Krippe aufgebaut war. Étienne Bach und der deutsche Bürgermeister waren beide entsetzt, als sie auf einmal merkten, dass sie unbeabsichtigt nebeneinander standen. Die Weihnachtskrippe vor Augen wollte aber keiner umdrehen. Miteinander empfingen sie das Abendmahl. Miteinander hörten sie das Wort vom Licht, das über dem Volk aufgeht, das im Finstern wandelt. Miteinander hörten sie vom Jesuskind, dem Friedefürsten. Da gaben sie einander die Hand, und von jetzt an ging es besser mit ihnen beiden. Es ging wirklich menschlich zu. „Mach's wie Gott, werde Mensch - und nicht zum Wolf für den anderen."

Was ist mit uns? Uns von der Weihnachtsfreude in Bewegung setzen lassen, fängt's nicht damit an, dass ich den Menschen sehe, der gerade *mich* jetzt braucht? „Mach's wie Gott, werde Mensch!" wo wir das beherzigen, tragen wir das Licht weiter, das auch in diesem Jahr in der Weihnachtsgeschichte aufstrahlt.
Amen.

Gegen Ausgrenzung

Ansprache beim Weihnachtskonzert des Robert-Bosch-Gymnasiums, 20.12.2012, Martinskirche Langenau; Ursula Krechel, Landgericht, und Johannes 1,11

Liebe Schulgemeinschaft des Robert-Bosch-Gymnasiums!
Liebe Schüler/innen, Lehrer/innen, Eltern und Angehörige!

Verstörend, abgründig und zutiefst bewegend, so begegnet uns das Buch der Schriftstellerin **Ursula Krechel** mit dem Titel „Landgericht", das vor wenigen Wochen mit dem Deutschen Buchpreis 2012 ausgezeichnet wurde. Verstörend, abgründig und zutiefst bewegend ist die Lebensgeschichte, die darin erzählt wird. 1948 kommt der jüdische Richter Dr. Richard Kornitzer nach zehnjährigem Exil aus Havanna auf Kuba zurück. Er hatte vor den Nationalsozialisten fliehen müssen und kehrt in ein Land zurück, das so schnell wie möglich wieder zur Normalität zurückfinden möchte und in dem er erneut nicht erwünscht ist. Je weiter man ins Buch hineinliest, desto mehr erfährt man vom Schicksal Richard Kornitzers und seiner Familie. Richard Kornitzer ist 1903 geboren, studiert Jura und wird Richter am Landgericht in Berlin. 1930 heiratet er Claire Pahl. Claire ist Geschäftsführerin einer Firma für Kinowerbung. Beruflich und privat läuft bei Kornitzers alles bestens. Richard und Claire bekommen 1932 den Sohn Georg.

Als 1935 die Tochter Selma geboren wird, ist das Dritte Reich längst angebrochen und das Leben der Kornitzers bereits existentiell bedroht. Da Richard jüdischer Abstammung ist, treffen ihn und seine Familie die Gesetze zur Ausgrenzung und Entrechtung der Juden mit voller Härte, die gleich nach der Machtergreifung 1933 erlassen werden. Rasch verliert Richard Kornitzer sein **Richteramt** und wird zwangsweise in den Ruhestand versetzt. Bis in die **Freizeit** hinein reichen die ausgrenzenden Gesetze: Da hatten die Kornitzers den Sommer 1933 genutzt, um mit dem kleinen Georg oft zum Wannsee zu fahren und hier Stunden familiären Glücks zu erleben. Dieser Sommer ist noch nicht zu Ende, da wird verordnet, dass ab sofort am Wannsee Juden das Betreten der Badeanstalt verboten ist. *„Kornitzer las die Verordnung, las sie zweimal, dreimal, fassungslos über die Demütigung, fassungslos,* *dass dies das letzte Sommerglück gewesen war."* (S. 235) Und es kommt noch dicker: Im September 1935 treten die Nürnberger Gesetze in Kraft, die Ehen zwischen Juden und Staatsangehörigen deutschen Bluts für nichtig erklären. Aber da zeigt Claire, was für eine starke Frau sie ist: Sie, die Protestantin, die einen geborenen, aber nicht gläubigen Juden geheiratet hatte, steht zu ihrem Mann und lässt sich nicht scheiden. Man spürt, wie die Luft zum Atmen schwindet. Da wird Würde mit Füßen getreten. Da wird die Familie auseinandergerissen: Richard und Claire vertrauen ihre beiden Kinder einem Kindertransport nach England an, wo sie von Pfarrhaus zu Kinderheim zu Bauernhof weitergereicht werden. Auf der kubanischen Botschaft erhalten sie *ein* Visum, mit dem Richard sich nach Havanna in Sicherheit bringt; Claire bleibt in Deutschland, Repressalien und Enteignung ihrer Firma inclusive.

1948 kehrt Richard Kornitzer zurück nach Deutschland und trifft sich mit Claire in ihrem Zufluchtsort Lindau am Bodensee. Bewegend wird erzählt, wie sie in der Bahnhofshalle zusammentreffen und sich schüchtern annähern nach den vielen Jahren erzwungener Trennung: *„Die noch einsame, knapp zehn Jahre lang den Ehepartner entbehrende Hand bewegte sich, zuckte, streichelte, ja umschlang und wollte nicht mehr loslassen."* (S. 10) Aber der Versuch, die Familie wieder zusammenzuführen, scheitert. Georg und Selma, die inzwischen fast erwachsen sind, sind ihren Eltern total entfremdet, wollen lieber bei der englischen Pflegefamilie bleiben und besuchen Vater und Mutter nur widerwillig. Zu lange war die Trennung. Beruflich scheint der Wiedereinstieg zu gelingen: Richard Kornitzer wird am Landgericht Mainz als Richter eingesetzt. Aber er kann nicht wirklich Tritt fassen, denn am Mainzer Landgericht ist er von alten Nazi-Kollegen umgeben, die ihr Fähnlein hurtig in den neuen Wind der Besatzungsmächte hängen. Und er trifft mit Einheimischen zusammen, für die nur das eigene Elend in der zerstörten Stadt gilt. Was ihm und seiner Familie widerfuhr, zählt nicht. In dieser Atmosphäre von Gleichgültigkeit und Abwehr beginnt Richard Kornitzer immer verbitterter um Entschädigung und Gerechtigkeit zu kämpfen. Kornitzer zerbricht, als er den Kampf um die Wiederherstellung seiner Würde verliert. Es war eine tragische Heimkehr, ohne wirkliche Ankunft.

Richard Kornitzers Lebensgeschichte schärft den Blick für Entwürdigung und Ausgrenzung, und sie ist eine Anklage gegen das Verdrängen und Vergessen in den frühen Jahren der Bundesrepublik. Die Autorin Ursula Krechel selber nennt ihren Roman ihren persönlichen Beitrag zur unvollständigen Wiedergutmachung an den Opfern des Nationalsozialismus, und erinnert zugleich an das Schicksal von Flüchtlingen in der Gegenwart: „Die Grenzen Europas werden dicht gemacht."

Ursula Krechel hat ihrem Roman nach dem Titelblatt Leitsätze vorangestellt. Einer dieser Leitsätze hat mich regelrecht elektrisiert, weil er die Brücke zum Weihnachtsgeschehen schlägt. Ursula Krechel zitiert aus dem Beginn des Johannes-Evangeliums: *„Er (d.h. Jesus Christus) kam in sein Eigentum, aber die Seinen nahmen ihn nicht auf."* Und da ist es wieder: das Verstörende, Abgründige und zutiefst Bewegende: Jesus Christus, der nach Johannes die Welt mitgeschaffen hat, kommt zur Welt, in sein Eigentum, nicht als Eindringling, sondern als der, der zurückgewinnen will, was ihm ohnehin schon zu eigen ist. Aber auch er erlebt das Nichtaufgenommen-Werden, das Ausgegrenzt-Werden, schließlich das gewaltsame Beiseite-Geschafftwerden.

Ja, auch das ist die Weihnachtsgeschichte: Geburt nicht im sauberen Kreißsaal, sondern abseits im Stall; Flucht vor dem grausamen König Herodes; mehrjähriges Exil in Ägypten. Später erfährt Jesus Ablehnung von den führenden Repräsentanten Jerusalems und endet am Römerkreuz. Und dennoch verbürgt Jesus Christus die Liebe Gottes in aller Konsequenz, bis ans Ende, und wird von Gott ins Recht gesetzt – Auferstehung! Und das heißt: **Schon mit seiner Geburt beginnt eine Spur der Hoffnung, die nicht mehr zu tilgen ist:** Die Wehrlosigkeit der Liebe und Barmherzigkeit, die Christus verkörpert, hat den längeren Atem als Hass und Gewalt. *Christi Liebe, die an Weihnachten aufleuchtet, gibt Menschen Kraft und Stärke, sich* *für andere einzusetzen.* Gegen Ausgrenzung und Entwürdigung anzukämpfen, wie es unserer Schule ja wichtig ist: Schule gegen Rassismus, mit Courage. Christi Liebe, die an Weihnachten aufleuchtet, gibt Menschen Stärke, sich für andere einzusetzen.

Im nächsten Jahr, 2013, jährt es sich zum 100. Mal, dass Albert Schweitzer, bewegt von den Worten und der Kraft Jesu Christi, ausgereist ist nach Äquatorialafrika und dort sein Urwaldspital gegründet hat. Auf einer Bootsfahrt hat er den Schlüsselbegriff seiner Kulturphilosophie gefunden: Ehrfurcht vor dem Leben.

Nicht ausgrenzen, sondern aufnehmen, nicht entwürdigen, sondern zur Würde verhelfen – dazu mahnt Krechels Roman, dafür stärkt die Weihnachtsbotschaft, dazu ermächtigt uns der, von dem wir eben gesungen haben: „Es ist der Herr Christ, unser Gott, / der will euch führn aus aller Not, / er will eu'r Heiland selber sein, / von allen Sünden machen rein."

Aufbruch ins Künftige – unter Gottes Geleit

Predigt über 2. Mose 13, 20-22, Ökumenischer Silvestergottesdienst (Altjahrsabend-Gottesdienst), Samstag, 31.12.2011, Martinskirche Langenau

[20] Die Israeliten zogen aus von Sukkot und lagerten sich in Etam am Rande der Wüste.
[21] Und der HERR zog vor ihnen her, am Tage in einer Wolkensäule, um sie den rechten Weg zu führen, und bei Nacht in einer Feuersäule, um ihnen zu leuchten, damit sie Tag und Nacht wandern konnten.
[22] Niemals wich die Wolkensäule von dem Volk bei Tage noch die Feuersäule bei Nacht.

Liebe Gemeinde!

In wenigen Stunden überschreiten wir die Schwelle vom alten zum neuen Jahr. An solch einem Übergang melden sich zwei schlichte, aber gewichtige Fragen: „Was bleibt?", lautet die eine; „Was kommt?", heißt die andere.

„Was bleibt vom Jahr 2011?" – um diese Frage kreisen seit Tagen Jahresrückblicke im Fernsehen, in Sonderheften und in den Beilagen der Tageszeitungen.

Kurt Kister, Chefredakteur der Süddeutschen Zeitung, schreibt: „2011 wird wohl eines jener Jahre werden, die für einen großen Umbruch, eine Zäsur in der jüngeren Geschichte stehen." Denn 2011 sei jenes Jahr, in dem sich die Menschen in Ägypten, Tunesien und Libyen von ihren eigenen Diktaturen befreit haben. Mit dem arabischen Frühling haben sie ein Fanal der Freiheit gesetzt, das auch andere Diktaturen in Nordafrika und im Nahen und Mittleren Osten das Fürchten lehrt. Und weiter: Staatsschuldenkrise in Europa, Atomunfall in Fukushima in Japan und Atomausstieg in Deutschland, die erschütternden Nachrichten über die Neonazi-Mörderbande – diese wenigen Stichworte machen uns bewusst: Es war eines der besonders dichten Jahre. Ja, was bleibt von diesem Jahr? Und in welcher Richtung werden begonnene Prozesse sich weiterentwickeln, gerade auch in Ägypten?

„Was bleibt *mir* vom Jahr 2011?", da wird's persönlich. Manche Situation des zu Ende gehenden Jahres wird noch einmal vor meinem inneren Auge stehen. Und ich versuche zu bilanzieren: Was ist fertig geworden, was versäumt und was verfehlt?

An der Schwelle, am Übergang, schiebt sich dann aber die andere Frage nach vorne: *„Was kommt?"* Was kommt im neuen Jahr auf mich zu? Was will ich erreichen in den Tagen des neuen Jahres, das noch wie ein weites Land vor mir liegt - wie unter einer dicken, noch ganz unberührten Schneedecke? Selbstverständlich haben wir schon Fixtermine in den Kalender des Jahres 2012 eingetragen, haben diesen oder jenen Plan gefasst. Aber welchen Verlauf der Weg durch das neue Jahr für uns im Einzelnen nehmen wird, können wir jetzt von der Schwelle aus noch nicht absehen.

Im Predigttext für diesen letzten Abend des Jahres werden uns Menschen vor Augen gestellt, die ebenfalls an einer bedeutenden Schwelle stehen. Wir sehen vor uns das Volk Israel. Eben ist das Volk Israel in aller Eile aufgebrochen, ausgezogen aus Ägypten, aus der drückenden Knechtschaft. Sie sind losgezogen auf dem Weg in die Freiheit. Ohne von ägyptischen Soldaten zurückgehalten zu werden, haben sie die Grenzstadt Sukkot passiert und waren bis nach Etam am Rande der Wüste gelangt. Aufatmen. Erleichterung. Ein großes Ziel hatte Gott seinem Volk durch Mose vor Augen gestellt: das Land, in dem Milch und Honig fließen. Das verheißene Land, das Land Kanaan.
Der Weg dorthin führt freilich durch die Wüste, die weit und unbekannt vor dem Volk Israel liegt. So stehen die Israeliten in Etam am Rande der Wüste, an der Schwelle in eine unbekannte Zukunft. Aber sie ziehen nicht allein los. Gott selber zieht dem Volk voran, hören wir im Predigttext. Bei Tag in einer Wolkensäule, bei Nacht in einer Feuersäule - Zeichen der Gegenwart Gottes, Zeichen der Orientierung und des Schutzes. Durch die Zeichen der Wolken- und der Feuersäule sagt Gott seinem Volk: „Ihr müsst den Weg nicht alleine gehen. Ich ziehe euch voran. Ich gebe euch das Geleit."

Das Geleit geben: In früheren Zeiten spielten Geleits**grenzen** eine wichtige Rolle. Es war genau festgelegt, bis zu welcher Wegbiegung die Reiter der einen Herrschaft einem Kaufmannszug das Geleit zu geben hatten - und dafür bezahlt wurden -, und ab welcher Wegbiegung die andere Herrschaft das Geleit übernahm. Drunten im Filstal zwischen Göppingen und Geislingen – in der Gegend, aus der ich herkomme – gab es unmittelbar vor der Reformation einen langwierigen Rechtsstreit, bis zu welchem Bach genau die Reiter der freien Reichsstadt Ulm die Kaufmannszüge geleiten dürfen und wo sie das Geleit an die Reiter des Herzogs von Württemberg übergeben müssen. Zur Untermauerung der eigenen Ansprüche ließ die Reichsstadt Ulm ihren berühmten Stadtmaler Martin Schaffner 1535 die Filstal-Landschaft zwischen Göppingen und Geislingen zeichnen. Die brillante und detailgetreue Wiedergabe der Landschaft und der einzelnen Orte änderte nichts an der Tatsache, dass Ulm bei den damaligen Verhandlungen gegenüber dem Herzogtum Württemberg den Kürzeren zog. [19]

In unserem Predigttext hören wir, wie Gott sein Volk *über* die Grenzen hinweg geleitet – ins neue, unbekannte Land. Ihn halten keine Geleitsgrenzen auf. Die losgelöste und frei wandernde Wolken- und Feuersäule bezeugt, dass Gott nicht an einen Ort und nicht an eine Grenze gebunden ist, sondern sein Volk aus Ägypten heraus geleitet, hinein in die Wüste und das Ziel für sein Volk weiß. Gott geht uns voran und gibt uns das Geleit - diese elementare Urerfahrung Israels mit seinem Gott, der um Jesu willen auch unser Gott und Vater ist, wird uns heute Abend an der Schwelle zum neuen Jahr 2012 zugerufen. Gott geht uns voran und gibt uns das Geleit.

Aber hat sich die Wolkensäule nicht längst aufgelöst, die dem Volk Israel als Zeichen der Gegenwart Gottes voran zog? Ist die Feuersäule nicht längst erloschen, die dem Volk Israel in beneidenswerter Eindeutigkeit den Weg wies? Und wo sich eindeutige Signale melden, künden sie Unheil an. Die in die Höhe schießenden Wolkensäulen über den geborstenen Reaktorgebäuden von Fukushima haben den Irrglauben zerstört, die Restrisiken der Kernenergie ließen sich in einem Hochtechnologieland sicher beherrschen. Die Feuerpilze über Kirchen in Nigeria an den Weihnachtsfeiertagen werfen ein düsteres Licht auf den Zustand der

---

[19] Vgl. Manfred Akermann, Ein Grenzstreit im Filstal. Beschreibung und Entstehung der ältesten Darstellung der Landschaft zwischen Göppingen und Geislingen/Steige, Göppingen 1960; Walter Ziegler, Das Filstalpanorama; Zoll und Geleit, in: Walter Ziegler, Karl-Heinz Ruoß, Anton Hegele (Hgg.), Die Fils. Fluss – Landschaft – Menschen, Göppingen 20122, S. 100-121

Religionsfreiheit, der in vielen Teilen der Welt eben nicht gegeben ist, und stattdessen herrschen Rechtsunsicherheit, Angst, Verfolgung von Christen, aber auch Einschüchterung gemäßigter und gesprächsbereiter Muslime.

Und dennoch: Auch dort, wo wir stolpern und tasten, wo wir die Orientierung verloren haben und uns in finsterer Nacht wähnen, hört Israels Gott – der um Jesu willen auch unser Gott ist - nicht auf, sein Menschenvolk zu erleuchten und es zum Weg durch die Wüste tüchtig zu machen. Wir müssen uns nicht selber leuchten. Auch in der Nacht von Schwachheit, Schmerz und Tod geht unser Gott uns voraus. Er weicht nicht von uns, weil er an Weihnachten seinem aufmüpfigen und widerspenstigen Menschenvolk noch näher gekommen ist als damals dem Volk Israel in Wolke und Feuerglanz. In der Gestalt Jesu ist Gott in die Schwachheit und Armseligkeit gegangen. So begegnet er dem Menschen: die Stärke wird entlarvt, und in Schwachheiten wird er mächtig – wie die neue Jahreslosung für das Jahr 2012 sagt: „Meine Kraft ist in den Schwachen mächtig." Die Feuersäule der unvergänglichen, ewigen Gottesliebe ist in dem armen Jesus zur Flamme des brennenden Erbarmens geworden, die auch den Asbestpanzer unserer stolzesten Selbstverfallenheit aufschweißt. So steht seit der Christnacht fest: ***Der Gott vor uns ist zum unsrigen geworden.*** [20]

So geht das ewige Licht da herein und gibt der Welt ein' neuen Schein. Im Hören auf sein Wort und in der Feier des Abendmahls, der Eucharistie, kann es geschehen, dass dieses Licht unter uns aufleuchtet. So hat Martin Luther über unseren Altjahrsabend-Text gepredigt: „Gott gibt uns auch heute das Geleit. Die Wolkensäule und die Feuersäule sind Hinweise auf die Predigt des göttlichen Wortes und die Einladung zum Abendmahl - beides leuchtet und scheint so für uns, dass wir den Weg in der Wüste finden und zum ewigen Leben geleitet werden."

Das biblische Wort und das Abendmahl sind unsere Wegzehrung. Biblisches Wort und Abendmahl stärken und vergewissern uns: Unsere Wege verlieren sich nicht in

---
[20] Vgl. Jörg Baur, Wort im Zeitenwechsel. Predigten 1989-1995, Stuttgart 1996, S. 90-97

der Wüste. Gott geleitet uns bis ans letzte Ziel, bis wir heimkehren ins Vaterhaus Gottes, in dem Jesus Christus uns schon den Platz bereitet hat. Wir, die wir unterwegs sind als Wanderer von einem Jahr zum anderen, haben ein ewiges, unzerstörbares Zuhause bei Gott. Bis wir dort sind, geleitet Gott uns über Schwellen und Grenzen hinweg.

Dabei führt er uns auch Wege, die wir zunächst nur als rätselhafte Umwege verstehen. Ich persönlich muss daran denken, wie nach zwei Jahren Theologiestudium in Tübingen der Wechsel an eine andere Universität anstand. Nach langen Überlegungen und vielen Erkundungen kristallisierte sich München heraus. Durch Vermittlung eines Studenten bekam ich die Zusage für ein Zimmer in der großen Stadt München. Drei Wochen, bevor das Semester beginnen sollte, schickte mir der Münchener Vermieter eine Absage. Da stand ich nun - wie hinaus gestoßen in die Wüste, fernab vom Ziel. Was tun? Ohne Zimmer brauchte ich in München gar nicht erst anzukommen. Über die Bekanntschaft von einer christlichen Sommerfreizeit konnten meine Eltern für mich ein Zimmer in Zürich ausfindig machen. Ganz kurzfristig stellte ich alle Planungen um, traf auf offene Türen. Es wurden zwei überaus gewinnbringende Semester in Zürich. Mir wurde im Rückblick staunend und dankbar deutlich, wie dieser Umweg mich an eine ganz entscheidende Lebensstation geführt hatte.

Gott gibt uns das Geleit, darum können wir dankbar zurückblicken auf die Zeichen seiner Güte und Freundlichkeit, die wir im Jahr 2011 erfahren haben. Und darum können wir ihm abgeben, was nicht gelöst werden konnte, was unser Herz unruhig und traurig gemacht hat, was momentan ausweglos vor uns steht.

„Sag meinen Kindern, dass sie weiterziehn", so heißt die spannende Biografie von Klaus-Peter Hertzsch, Pfarrer und Theologie-Professor in Jena, einem wichtigen Zeitzeugen aus dem Osten Deutschlands. Ihn hat die Geschichte vom Auszug Israels aus Ägypten auch sehr beschäftigt. Im Jahr 1989, kurz vor dem damals noch nicht absehbaren Ende der DDR, nahm dort die Konfrontation zwischen Staatsmacht und Kirche zu. Hertzsch erzählt, wie die evangelischen Christen in der DDR sich im Volk Israel wieder erkannten, das durch die Wüste gezogen war und jetzt vor dem Schilfmeer stand: vor ihnen die Zukunft - Welle auf Welle drängen die Gefahren heran; und in ihrem Rücken die feindseligen Heere des Pharao - die Vergangenheit, die sie in Kürze einzuholen droht. Da schreit Israel vor Angst. Und Hertzsch erzählt: „Und auch uns DDR-Leuten saß die Angst in den Gliedern. Aber nun spricht in diesem Text Mose im Auftrag Gottes zum Volk, zum wandernden Gottesvolk: ‚Fürchte dich nicht! Seht zu, was für ein Heil der Herr heute noch an euch tun will!' Und Gottes Aufforderung an Mose in einem der nächsten Sätze traf uns unmittelbar: ‚Sag meinen Kindern, dass sie weiterziehn!' Und dann ziehen sie in die Fluten. Das war keine Geschichte von gestern, sondern der dort sprach: sprach zu uns: ‚Fürchte dich nicht!' und ‚Sag meinen Kindern, dass sie weiterziehn.' Wir sind weitergezogen und sind trockenen Fußes am anderen Ufer angekommen und haben Erstaunliches erlebt."

Mitten in dieser politisch aufgeheizten Zeit des Jahres 1989 heiratet die Patentochter von Klaus-Peter Hertzsch in Eisenach. Deren Vater schrieb ihm: „Kannst du uns nicht ein Lied für unseren Trauungs-Gottesdienst mitbringen?" In Eisenach angekommen, überlegte Hertzsch am Vorabend der Trauung einen Liedtext. Trauung, so überlegte er sich, da geht es um Aufbruch ins Künftige, Aufbruch unter Gottes Aufruf und Zusage, so wie es schon die Menschen aus dem Volk Israel erlebt haben. Am Vorabend der Hochzeit verfasste Hertzsch das Lied, das noch in der Nacht auf einfachen Blättern vervielfältigt wurde: „Vertraut den neuen Wegen, auf die der Herr uns weist, weil Leben heißt: sich regen, weil Leben wandern heißt. Seit leuchtend Gottes Bogen am hohen Himmel stand, sind Menschen ausgezogen in das gelobte Land." (EG 395) Andertags im Traugottesdienst in der Eisenacher Annenkirche sangen die Verwandten und Freunde aus Ost und West begeistert dieses neue Lied. Zuhause verbreiteten sie es weiter. Rasch wurde es an vielen Stellen gern gesungen, weil es eben nicht nur dem Trautext entsprach, sondern zugleich dem Lebens- und

Zeitgefühl jenes bewegten Jahres der Wende. Zu Recht gelangte dieses Lied des vertrauensvollen Aufbruchs noch nach Redaktionsschluss ins damals neue Gesangbuch. Ein gutes Lied auch für diesen Abend an der Schwelle: Was bleibt und was kommt? Was kommt auf uns zu? Wohin werden uns die Schritte auf den neuen Wegen durchs Jahr 2012 führen? Was werden sie bringen – an Erfolgen, an Sorgen, an Auseinandersetzungen?

An solch einer Schwelle tut der zuversichtliche Ton des Liedes von Hertzsch gut: „Vertraut den neuen Wegen, und wandert in die Zeit! ...Der uns in frühen Zeiten das Leben eingehaucht, der wird uns dahin leiten, wo er uns will und braucht." Aber es gibt auch das andere, dass wir ahnen: Der neue Weg, der vor mir liegt, führt durchs dunkle Tal. Da vergewissert uns das Lied: Unsere irdischen Wege führen nicht ins Niemandsland, sondern sie sind Heimwege zu Gottes Ewigkeit. „Vertraut den neuen Wegen, auf die uns Gott gesandt! Er selbst kommt uns entgegen. Die Zukunft ist sein Land."

Befiehl deine Wege Gott an, ruft uns gleich der Posaunenchor zu. Und wir antworten: Wir vertrauen den neuen Wegen – Gott weiß den Weg für uns, denn er zieht vor uns her und gibt uns das Geleit. Amen.

Todeshauch und Lebensduft

Gottesdienst am Palmsonntag, 13.04.2014, Leonhardskirche und Martinskirche Langenau, Predigt über Matthäus 26, 1-13 (WA)[21]

[1] Und es begab sich, als Jesus alle diese Reden vollendet hatte, dass er zu seinen Jüngern sprach: [2] „Ihr wisst, dass in zwei Tagen Passa ist; und der Menschensohn wird überantwortet werden, dass er gekreuzigt werde." [3] Da versammelten sich die Hohenpriester und die Ältesten des Volkes im Palast des Hohenpriesters, der hieß Kaiphas, [4] und hielten Rat, wie sie Jesus mit List ergreifen und töten könnten. [5] Sie sprachen aber: „Ja nicht beim Fest, damit es nicht einen Aufruhr gebe im Volk." [6] Als nun Jesus in Betanien war im Hause Simons des Aussätzigen, [7] trat zu ihm eine Frau, die hatte ein Glas mit kostbarem Salböl und goß es auf sein Haupt, als er zu Tisch saß. [8] Als das die Jünger sahen, wurden sie unwillig und sprachen: „Wozu diese Vergeudung? [9] Es hätte teuer verkauft und das Geld den Armen gegeben werden können." [10] Als Jesus das merkte, sprach er zu ihnen: „Was betrübt ihr die Frau? Sie hat ein gutes Werk an mir getan. [11] Denn Arme habt ihr allezeit bei euch, mich aber habt ihr nicht allezeit. [12] Dass sie das Öl auf meinen Leib gegossen hat, das hat sie für mein Begräbnis getan. [13] Wahrlich, ich sage euch: Wo dies Evangelium gepredigt wird in der ganzen Welt, da wird man auch sagen zu ihrem Gedächtnis, was sie getan hat."

Liebe Gemeinde!

Karl Hartenstein war im letzten Jahrhundert einer der ganz markanten Köpfe unserer Württembergischen Landeskirche. Stadtpfarrer in Urach, Direktor der Basler Mission und dann ab 1941 Prälat in Stuttgart, war er – nach der Evakuierung des Oberkirchenrats ins Remstal nach Großheppach – ab 1944 der einzige Vertreter der Kirchenleitung im Talkessel in Stuttgart. Dort hielt er mit seiner Stuttgarter Gemeinde auch noch die letzten schlimmen Kriegsmonate durch, in denen das alte Stuttgart in Trümmer sank. Karl Hartenstein hat im letzten Kriegswinter 1944/45 in Stuttgart die Passionsgeschichte Jesu ausgelegt - unter dem Titel „Der Kreuzweg des Herrn". Er hat es sehr bewusst getan, wie er eingangs schreibt: „Immer in den dunkelsten Zeiten der Gemeinde griff die Kirche zur Auslegung der

---

[21] In der Perikopenordnung für die Ev. Landeskirche in Württemberg von 1978/79 ist eine eigene „Württembergische Reihe (W)" enthalten, die für jeden Sonntag des Kirchenjahres zusätzlich zu den sechs EKD-Perikopentexten einen weiteren Text bereithält. In diese württembergische Reihe sind vom Sonntag Reminiszere bis Ostermontag zwei Continua-Reihen eingearbeitet, die die Passions- und Ostergeschichte fortlaufend auslegen. Die Reihe WA umfasst Texte aus der Matthäuspassion, die Reihe WB Texte aus der Johannespassion. Näheres dazu siehe Martin Hauff, Die Chance, mit der Gemeinde einen fortlaufenden Weg durch die Passionszeit, hin zu Ostern, zu beschreiten; Continua-Predigtreihe nach Matthäus (WA) in der Passionszeit 2014, in: Für Arbeit und Besinnung 4/2014, S. 3-5.

Passionsgeschichte... Die vollendete Solidarität Gottes mit uns kommt an der Passionsgeschichte zum Ausdruck."

In seiner Auslegung nennt Karl Hartenstein die Geschichte von der Salbung Jesu „das Eingangstor zur Passion", „die Pforte der Leidensgeschichte". Und Karl Hartenstein fasst seine Auslegung der Salbungsgeschichte in dem markanten Satz zusammen: *„An der Pforte der Leidensgeschichte steht die schweigende Tat der dankbaren, liebenden Jüngerin."*

Die dankbare, liebende Jüngerin, deren Namen Matthäus nicht nennt, gehörte wohl zum weiteren Kreis der Anhänger Jesu, die zwar nicht mit Jesus durchs Land zogen, aber ihm Quartier gaben und ihn materiell unterstützten. Jesus und seine Jünger haben rechtzeitig vor dem Passafest die Stadt Jerusalem erreicht. In Betanien, eine gute halbe Stunde zu Fuß von Jerusalem entfernt, haben sie ihr Nachtquartier für die Festtage.

Unmittelbar zuvor haben die Hohenpriester und Ältesten des Volkes bereits den Tod Jesu beschlossen. Und gleich nach Jesu Salbung wird berichtet, wie einer aus dem engsten Jüngerkreis zum Handlanger derer wird, die Jesus töten wollen. Und inmitten aller Feindschaft der Welt, unter der dunklen Wolke des Kommenden, da steht am Eingangstor der Passion jenes wunderbare Bild der Frau, die Jesus so überschwänglich, so verschwenderisch, ihre Liebe und Dankbarkeit erweist. Auf dieses wunderbare Bild werfen wir einen dreifachen Blick unter den Stichworten: Die Liebestat - Im Kreuzfeuer der Kritik - Im rechten Licht.

I. Die Liebestat der Frau

Jesus und die Seinen sitzen zu Tisch - in Betanien, im Hause Simons, des ehemals Aussätzigen, aber von Jesus Geheilten. Sie sitzen zu Tisch und genießen das festlich aufgetischte Mahl. Fasten, so hatte Jesus einmal gesagt, ist nicht an der Zeit, solange der Bräutigam bei den Hochzeitsgästen ist - und hatte damit sich gemeint. Aber er hatte dann nachgeschoben: „Es wird die Zeit kommen, da der Bräutigam von ihnen genommen wird." Und je näher es auf Jerusalem zugegangen war, umso deutlicher hatte Jesus seinen Jüngern seinen bevorstehenden Leidensweg angekündigt: „Ihr wisst, dass in zwei Tagen Passa ist; und der Menschensohn wird überantwortet werden, dass er gekreuzigt werde." Jesus ging sehenden Auges seiner Passion entgegen. Seine Gegner haben schon den Todesbeschluss gefasst, aber Jesus entzieht sich dem nicht durch Flucht.

Und so liegt über diesem festlichen Mahl der Hauch der Todesnähe. Die Vorahnung von Leiden und Sterben bricht durch. Da tritt jene Jüngerin auf, deren Name Matthäus nicht nennt. Diese Frau nimmt den Hauch des Abschieds intensiv wahr, der den Raum durchdringt. Sie spürt die Melancholie des Abschieds, die sich um den festlich gedeckten Tisch herum ausbreitet. Sie ahnt, dass hier der Todesgang Jesu beginnt.

Die Frau stellt sich Jesus nicht in den Weg wie Petrus mit den aufbrausenden Worten: „Herr, dieser Leidensweg widerfahre dir nur nicht!" Das Wahrnehmen des Abschieds und das Ahnen der Todesnähe drängt sie vielmehr dazu, Jesus ihre Liebe und Dankbarkeit zu erweisen. Ihre Dankbarkeit für alle erfahrene Gemeinschaft mit Jesus, für alles Ernst-Genommen-Werden, für all die ermutigenden und tröstenden Worte, die sie von ihm empfangen hat.

Wem wäre eine solche Erfahrung fremd? Da spüre ich, es könnte das letzte Mal sein, dass ich den verehrten Menschen sehe, dem ich viel verdanke an Prägung und Verständnis. Noch an der Autotür wird mein Herz unerklärlich weit. Ich sage Worte des Dankes, finde eine spontane Geste, deren ich mich in früheren Begegnungen geschämt hätte oder die ich nicht gewagt hätte.

So auch die Jüngerin, die den Hauch von Abschied sensibel wahrnimmt, der über dem Mahl liegt. Sie spürt in sich auf einmal die Freiheit zu etwas Außergewöhnlichem: Sie nimmt ein Alabastergefäß, das sie schon lange sorgsam gehütet hat. Ein wertvolles Gefäß, das gefüllt ist mit kostbarem Salböl, dessen Gegenwert dem gesamten Jahresverdienst eines Tagelöhners entsprach. Die Frau bricht den dünnen Flaschenhals des Gefäßes ab und gießt das gesamte Öl auf Jesu Haupt. Der Duft des wohlriechenden Öls erfüllt das ganze Haus. Aus der Ahnung von Jesu bevorstehendem Leiden und Sterben heraus hat die Frau den Geruch von Überschwang und Fülle des Lebens verbreitet. Welch zarten Liebeserweis, welch anrührendes Dankeszeichen hat die Frau damit Jesus auf seinen Weg ins Leiden mitgegeben! Welch zarter Liebeserweis, welch anrührendes Dankeszeichen Jesus gegenüber, auf dessen Haupt nur wenig später mit brutaler Gewalt geschlagen und die Dornenkrone aufgedrückt wird!

II. Im Kreuzfeuer der Kritik - oder: Der Widerspruch der Jünger und Jesu Einspruch.

Allein, der zarte Liebeserweis, das anrührende Dankeszeichen der Frau erregt die unverhohlene Kritik und den Widerspruch der Jünger, die mit am Tisch sitzen. Auch in die Nase der Jünger zieht der Wohlgeruch, der das Haus erfüllt. Und man hört das ärgerliche Gemurmel: „Verschwendung! Was für ein Unfug!" wird gezischt. Wichtigtuerisch wird vorgerechnet: „Statt das Salböl sinnlos zu vergeuden, hätte man bei einem diakonischen Projekt klotzen können. Jeder Atemzug des schönen Duftes kostet den Tagesverdienst eines Arbeiters, und wie viel Fischsuppen hätte das Ganze für die Bettler am Wege gegeben!" Diese Kritik der Jünger zieht sich durch die Zeiten bis zu uns hin. Wir hören sie in Johann Sebastian Bachs Matthäuspassion. Bach hat die Kritik der Jünger eindrücklich musikalisch umgesetzt: „Wozu dienet dieser Unrat, wozu, wozu, wozu dienet dieser Unrat?" Unrat, so stand's im ursprünglichen Luthertext, meint Unsinn. Wie ein scharfes Messer in eine verschwenderisch blühende Blüte sticht die Wozu-Frage in die Liebestat der Frau.

Jesus freilich lässt den so berechtigt klingenden Widerspruch der Jünger nicht stehen. Er gibt der Tat der Frau ihre Würde und ihre Schönheit zurück: „Was betrübt ihr die Frau? Sie hat ein gutes Werk an mir getan." Jesus wendet sich nachdrücklich gegen die Haltung des kühlen Rechnens und des puren Nützlichkeitsdenkens. Jesus wendet sich dagegen, dass die Nächstenliebe ausgespielt wird gegen die Jesusliebe der Frau, die sich in ihrer verschwenderischen Salbung ausdrückte. So wahr es ist, dass die Liebe zu Gott und Jesus immer hinführt zur Liebe der Nächsten, so wahr ist es doch auch, dass die Jesusliebe nicht in der Nächstenliebe aufgeht.

Die Gottes- und Jesusliebe hat vielmehr ihre eigene Gestalt. Eine Gestalt der Gottes- und Jesusliebe kann ganz unspektakulär, aber aus tiefem Herzen kommen und in sich in Worten, vielleicht auch Gaben und Zeichen des Danks ausdrücken, wo wir Durchhilfe erfahren haben in Zeiten der Krankheit und Trauer. Die Gottes- und Jesusliebe kann ihre Gestalt auch in einer gut aufgeführten und darum nicht ganz billigen Matthäus-Passion finden – in wie intensiver Weise wird da gesungenes Gotteslob laut und kommt Jesusliebe zur Darstellung! In wie vielen Kirchen wurden die kostbaren Abendmahlskelche gerade von Frauen gestiftet, aus einer Haltung heraus, die in den Liedzeilen von Johann Scheffler kurz nach dem dreißigjährigen Krieg zum Ausdruck kommt: *„Ich will dich lieben meine Stärke, ich will dich lieben, meine Zier; ich will dich lieben mit dem Werke und immerwährender Begier. Ich will dich lieben, schönstes Licht, bis mir das Herze bricht."* (EG 400, 1)

Und noch begleitet uns der Glanz des 10. November 2013, an dem wir nach vier Jahren intensiven Einsatzes die neue Orgel in der Martinskirche einweihen konnten. Wie schön, dass sie mit ihrem Klang wieder den Kirchenraum erfüllt, Herzen berührt, große Gefühle auslöst – aber nicht als Selbstzweck, sondern um das Gotteslob zum Klingen und die Jesusliebe zur Darstellung zu bringen.

In alledem kann etwas enthalten sein von dem kostbaren Salböl, das die Frau an der Pforte der Passion Jesus dargebracht hat – jedenfalls, wo es nicht zur Selbstdarstellung missbraucht wird. Ja, die Liebe zu Jesus darf sich auch einmal in so großzügigem Tun äußern wie dem der Frau in Betanien. Jesus nennt ihr Tun ausdrücklich ein gutes Werk, ein schönes Werk. Und solch schönes Werk der Liebe wird Bestand haben, durchs Gericht Gottes hindurch.

Die Frau hat Jesus am Beginn seines Kreuzweges ihre liebende Dankbarkeit erwiesen. Wenn wir den Kreuzweg Jesu betrachten und meditieren, werden wir vergewissert: Im Kreuzesgeschehen erweist sich Gottes überwältigende Liebe zu uns Menschen. Jesus, der Bürge der Liebe Gottes, hat nicht unverbindlich von der Liebe gesprochen. Er war vielmehr bereit, unter Einsatz seines eigenen Lebens konsequent an dieser Liebe festzuhalten. Jene Frau in Betanien hat sich zutiefst anrühren lassen von dieser Liebe Jesu.

Wer Jesus lieb hat, wird nun seinerseits den Weg der Nächstenliebe zu den Menschen gehen – in die Nähe und in die Ferne. So lesen wir in Florian Illies' grandiosem literarischem Zeitgemälde „1913. Der Sommer des Jahrhunderts": „Albert Schweitzer wird im März 1913 zum Dr. med. promoviert. Seine Arbeit ‚Die psychiatrische Beurteilung Jesu' irritierte, aber gefiel. Am nächsten Tag verkauft er sein gesamtes Hab und Gut. Dann nimmt er seine Frau Helene und reist am 21. März 1913 nach Afrika. In Französisch-Äquatorialafrika am Ogooué gründet er das Urwaldhospital Lambarene." Ein halbes Jahrhundert wirkt Albert Schweitzer in Lambarene. Ihm war sehr wohl bewusst, dass die wenigsten den besonderen Weg der ganzen ungeteilten Hingabe an Jesus gehen können – eben weil sie aus ihren Verhältnissen nicht einfach aussteigen können, weil da z.B. für Familienmitglieder zu sorgen ist. „Da ich in Europa weder für Eltern noch Anverwandte zu sorgen hatte, hielt ich mich für berufen, in die Welt hinauszugehen und dort im Kampf gegen das Leiden mitzutun und dem Evangelium den Weg in die Herzen der Afrikaner zu ebnen." Aber ein Stück Hingabe, sagt Schweitzer, das ist jeder und jedem möglich. Es muss ja nicht gleich eine ganze Flasche Salböl sein, mit der wir uns verausgaben und auf Jesu Liebe antworten. Aber aus der Liebe zu Jesus heraus wird unser Blick geschärft für die Menschen und die Aufgaben, die Jesus uns anvertraut.

So steht an der Pforte der Leidensgeschichte die schweigende Tat der dankbaren, liebenden Jüngerin - eine Tat, die ihren Sinn darin hat und behält, dass sich in ihr unmittelbare und völlige Hingabe an Jesus darstellte.

III. Im rechten Licht: Die Deutung der Tat durch Jesus.

Durch die Pforte der Passion geht der Herr hindurch, der seinen Weg in den Tod vor Augen hat. „Arme habt ihr allezeit bei euch, mich habt ihr nicht allezeit." Jesus sagt: Die Frau hat mehr getan, als sie wusste. Ihr Liebeserweis und Dankeszeichen hat die Qualität einer prophetischen Zeichenhandlung. Jesus sagt: Das, was die Frau getan hat, soll gelten für den Tag seines Begräbnisses. Denn der Weg, den Jesus von Betanien aus nach Jerusalem geht, führt ihn ans Kreuz und ins Grab. Mit ihrer

Salbung hat die Frau den letzten Liebeserweis, den man damals einem Toten gab, vorweggenommen. An Jesu Todestag wird keine Zeit mehr sein, ihn zu salben.

An der Pforte der Leidensgeschichte steht die schweigende Tat der dankbaren, liebenden Jüngerin. Mit ihrer Liebestat hat die Frau schon an der Pforte der Passion den verschwenderischen Wohlgeruch neuen Lebens freigesetzt. Damit hat sie an der Pforte zur Passion das entscheidende Vorzeichen gesetzt: Jesu Weg endet nicht im Tod, sondern führt weiter zum neuen, ewigen Leben. Jesu Gang in den Tod bringt uns das Leben. Die dunkle Karwoche wird ausmünden in den Ostermorgen, wo der auferstandene Jesus das Grab hinter sich lässt. So geht von dieser Begebenheit an der Pforte der Passion eine große Hoffnung aus: *die Hoffnung, dass der auferstandene Jesus ganz nahe bei unseren Toten ist und sie mitnimmt in sein ewiges Leben.*

Es ist eine anrührende Geschichte, die uns bewegt, es der Frau nachzutun und den verschwenderischen Duft neuen Lebens auszubreiten. Christus, rühre auch uns an, mit deiner Liebe, die nicht arm wird, wie reich sie sich auch spendet. Amen.

Das schief gedrückte Kreuz

Predigt über Matthäus 27, 31-56 (WA), Karfreitag, 18.04.2014, Leonhardskirche Langenau und Cyriakuskirche Wettingen

[31] Und als die Soldaten des Statthalters Pilatus Jesus verspottet hatten, zogen sie ihm den Mantel aus und zogen ihm seine Kleider an und führten ihn ab, um ihn zu kreuzigen.
[32] Und als sie hinausgingen, fanden sie einen Menschen aus Kyrene mit Namen Simon; den zwangen sie, dass er ihm sein Kreuz trug. [33] Und als sie an die Stätte kamen mit Namen Golgatha, das heißt: Schädelstätte, [34] gaben sie ihm Wein zu trinken mit Galle vermischt; und als er's schmeckte, wollte er nicht trinken.

[35] Als sie ihn aber gekreuzigt hatten, verteilten sie seine Kleider und warfen das Los darum. [36] Und sie saßen da und bewachten ihn. [37] Und oben über sein Haupt setzten sie eine Aufschrift mit der Ursache seines Todes: DIES IST JESUS, DER JUDEN KÖNIG. [38] Und da wurden zwei Räuber mit ihm gekreuzigt, einer zur Rechten und einer zur Linken.
[39] *Die aber vorübergingen,* lästerten ihn und schüttelten ihre Köpfe [40] und sprachen: „Der du den Tempel abbrichst und baust ihn auf in drei Tagen, hilf dir selber, wenn du Gottes Sohn bist, und steig herab vom Kreuz!"

[41] Desgleichen spotteten *auch die Hohenpriester mit den Schriftgelehrten und Ältesten* und sprachen: [42] „Andern hat er geholfen und kann sich selber nicht helfen. Ist er der König von Israel, so steige er nun vom Kreuz herab. Dann wollen wir an ihn glauben. [43] Er hat Gott vertraut; der erlöse ihn nun, wenn er Gefallen an ihm hat; denn er hat gesagt: 'Ich bin Gottes Sohn.'"
[44] Desgleichen schmähten ihn *auch die Räuber*, die mit ihm gekreuzigt waren.
[45] Und von der sechsten Stunde an kam eine Finsternis über das ganze Land bis zur neunten Stunde. [46] Und um die neunte Stunde schrie Jesus laut: „Eli, Eli, lama asabtani?" Das heißt: „Mein Gott, mein Gott, warum hast du mich verlassen?" [47] Einige aber, die da standen, als sie das hörten, sprachen sie: „Der ruft nach Elia." [48] Und sogleich lief einer von ihnen, nahm einen Schwamm und füllte ihn mit Essig und steckte ihn auf ein Rohr und gab ihm zu trinken. [49] Die anderen aber sprachen: „Halt, lass sehen, ob Elia komme und ihm helfe!" [50] Aber Jesus schrie abermals laut und verschied.

[51] Und siehe, der Vorhang im Tempel zerriss in zwei Stücke von oben an bis unten aus. [52] Und die Erde erbebte und die Felsen zerrissen,
und die Gräber taten sich auf und viele Leiber der entschlafenen Heiligen standen auf [53] und gingen aus den Gräbern nach seiner Auferstehung und kamen in die heilige Stadt und erschienen vielen.
[54] Als aber der Hauptmann und die mit ihm Jesus bewachten das Erdbeben sahen und was da geschah, erschraken sie sehr und sprachen: „Wahrlich, dieser ist Gottes Sohn gewesen!"

[55] Und es waren viele Frauen da, die von ferne zusahen; die waren Jesus aus Galiläa nachgefolgt und hatten ihm gedient; [56] unter ihnen war Maria von Magdala und Maria, die Mutter des Jakobus und Josef, und die Mutter der Söhne des Zebedäus.

Liebe Gemeinde!

In meiner Heimatstadt Göppingen steht am Stadtrand die katholische Christkönigskirche. Ihr weißer Turm mit dem vergoldeten Kreuz ragt hoch auf und ist weithin sichtbar. *Aber das markante vergoldete Turmkreuz ist auffallend schief gedrückt.* Schon als Kind hat mich die Geschichte, die hinter diesem schief gedrückten Kreuz auf der Göppinger katholischen Christkönigskirche steckt, interessiert und berührt. Nach und nach erfuhr ich die Einzelheiten dieser tragischen Geschichte, die sich vor inzwischen gut 50 Jahren ereignet hatte: Ein Jahr nach dem ersten Spatenstich für die Christkönigskirche sollte 1963 ein vergoldetes, 400 Kilogramm schweres Stahlkreuz auf dem freistehenden Turm des Gotteshauses aufgesetzt werden. Auf die Bitte der Bauleitung hin übernahm den Transport eine Hubschrauber-Besatzung der 4. US-Panzerdivision, die damals in Göppingen in den Cooke Barracks stationiert war.

Die Hubschrauber-Besatzung holt am 27. Mai 1963 das schwere goldene Kreuz beim Hersteller im Städtchen Donzdorf am Albrand ab. Kurze Zeit später ist die Mannschaft im Anflug auf den Göppinger Kirchturm. Das Kreuz hängt am Transporthaken unterhalb des Helikopters. Nach mehrmaligem Überfliegen des Turms gelingt es einem Arbeiter auf dem Gerüst, das Kreuz zu fassen und auf die vorbereiteten Bolzen zu schieben. Die erste Mutter wird aufgeschraubt –

Erleichterung unter den vielen hundert Schaulustigen. Für einige Momente ist der Hubschrauber noch durchs Halteseil mit dem Kreuz verbunden. Da driftet das schwere Fluggerät ein wenig nach vorne ab. Der Pilot kann nicht mehr gegensteuern. Das bereits fixierte Kreuz verbiegt sich unter der Spannung – und der Hubschrauber kippt vornüber ab und schlägt unter einem Aufschrei der Menschenmenge im noch offenen, dachlosen Kirchenraum auf. Die drei Besatzungsmitglieder werden noch lebend aus dem Wrack geborgen. Zwei erliegen kurz darauf im Krankenhaus ihren Verletzungen, einer überlebt.

Der katholische Pfarrer verfügte, dass das Kreuz schief gedrückt auf dem Kirchturm bleibt – zur Erinnerung an den tragischen Tod der beiden Amerikaner, die mit ihrem Einsatz der Kirchengemeinde bei der Aufbringung des Kreuzes auf den Kirchturm helfen wollten. Später wurde eine bronzene Gedenktafel am Kirchturm angebracht. Darauf ist der Hubschrauber mit dem Kirchturm-Kreuz am Haken zu sehen, die gespannt wartende Menschenmenge ist ins Bild gesetzt – und als Aufschrift ist zu lesen:

„Anno Domini 27. Mai 1963 opferten die Amerikaner Captain Delozier und Sergeant Rogers ihr Leben für uns, derweil sie sie mit ihrem Hubschrauber das Kreuz auf diesen Turm setzten und dabei abstürzten. Das schiefe Kreuz sei ein Monument unserer Dankbarkeit. Requiescant in pace."

Das Kreuz ist das Grundsymbol unseres christlichen Glaubens. Es erinnert und vergegenwärtigt, was am Karfreitag mit Jesus geschah. Deshalb war es den Erbauern der Christkönigskirche so wichtig, dass das Kreuz weithin sichtbar den Turm bekrönt. Dass durch den tragischen Absturz, durch das Opfer, das die Hubschrauber-Besatzung brachte, das Kreuz schief gedrückt wurde, das zeigt: Beim Kreuz Jesu haben all die Tragödien und Unglücke ihren Platz, die die Menschen aufschreien lassen. Beim Kreuz Jesu hat das vielfache Leiden und Sterben seinen Platz, das unsere Welt erschüttert, das uns aber auch im familiären Umfeld ganz nahe kommen kann. Beim Kreuz Jesu haben die vielen Opfer des tragischen Fährunglücks vor Südkoreas Küste ihren Platz, beim Kreuz Jesu haben auch all diejenigen ihren Platz, die der Friedlosigkeit und den Unruhen in der Ukraine zum Opfer gefallen sind.

Leiden und Sterben - es ist allgegenwärtig auch in dieser Karwoche. Aber wenn die Christenheit in der Karwoche 2014 an das Geschehen auf Golgatha denkt, konzentriert sich ihr Blick auf *Jesu* Leiden und Sterben am Kreuz. Und wo Christen die Leidensgeschichte lesen und des Leidens Jesu gedenken, werden sie nicht die Augen vor den Leiden der Welt verschließen. Das Gedenken an Leiden, Tod und Auferstehung Jesu wehrt dem Vergessen der Leidenden und lässt aufstehen gegen Ungerechtigkeit und Leiden heute. Wo Jesu aufopferungsvolle Hingabe am Kreuz für uns in den Blick kommt, werden wir aufmerksam auf die Menschen, die Opfer gebracht haben, kleinere und sehr große, wie jene Hubschrauberbesatzung. Dennoch kann Jesu Opfer und Leiden nicht einfach mit den Opfern und Leiden der Menschheit gleichgesetzt werden. Viele Kreuze säumen die Straße der Menschheitsgeschichte, aber nur eines ist *das* Kreuz. Und so fragen wir: Was ist es mit dem Kreuz? Was ist es mit dem Tod des einen, von dem wir wieder gehört haben, unter dem Tod der vielen?

Was ist es mit dem Kreuz? Die Evangelien begnügen sich nicht damit, protokollarisch festzuhalten, was an jenem ersten Karfreitag damals geschah. Jedes Evangelium erschließt uns je besondere Tiefendimensionen des Todes Jesu. Wir achten jetzt auf zwei Schwerpunkte, die Matthäus in seinem Kreuzigungsbericht setzt.

Der eine: Am Kreuz erleidet Jesus geballten menschlichen Hohn und Spott und durchleidet tiefste Gottverlassenheit.
Der andere Schwerpunkt bei Matthäus: Am Kreuz Jesu geschieht Welt-bewegendes Sterben, weil mit Jesu Tod eine neue Stunde der Welt anbricht.

(1) Zunächst: Der Evangelist Matthäus betont in seinem Bericht besonders den **Hohn, den Jesus erleidet, und die Gottesverlassenheit, die Jesus durchleidet.** Als die Soldaten mit Jesus endlich die Hinrichtungsstätte erreicht haben, geben sie ihm einen galligen Trunk – also kein Getränk zur Schmerzlinderung und Betäubung, sondern zur Verhöhnung. Als Jesus das merkt, lehnt er ihn ab. Zu den furchtbaren körperlichen Qualen, die er am Kreuz erleidet, kommt der Hohn hinzu, der ihn umbrandet. Die Vorübergehenden, die Einflussreichen und selbst die Mitgekreuzigten verhöhnen und verspotten ihn. Sie tun das mit denselben Worten wie einst der Versucher, der Teufel, am Beginn von Jesu Wirksamkeit: *„Wenn du der Sohn Gottes bist*, dann rette dich doch selbst und steig herab vom Kreuz!" Ohne dass sie die Tiefe ihrer eigenen Worte erkennen, bekennen die Spötter, wer da hängt: nicht nur irgendein außerordentlicher Mensch, sondern der, in dem Gott unüberbietbar nahe und gegenwärtig ist.

Und **Jesus durchleidet die tiefste Ferne und Verborgenheit Gottes.** Seine Verzweiflung schreit Jesus hinaus: „Mein Gott, mein Gott, warum hast du mich verlassen?" Es ist nicht irgendein Schrei. Es sind die ihm vertrauten Worten des 22. Psalms, der die Erfahrung tiefsten Leidens artikuliert, aber dann von der Errettung durch Gott und vom Anbruch seines Reichs kündet.
Wohl denen, die Klage- und Trostworte der Bibel im Herzen haben, wenn sie in die Grenzsituation kommen. „Mein Gott, mein Gott, warum hast du mich verlassen?"

Ich muss an die eindrückliche Geschichte aus der DDR denken mit dem Titel „Einer trage des anderen Last." Da wird erzählt, wie der junge Volkspolizist und überzeugte Marxist Jupp und der evangelische Vikar Hubertus sich 1950 in einem

Lungensanatorium ein Zimmer teilen müssen. In einem nicht einfachen Lernprozess üben sie Leben und Lasten zu teilen ein. Nach dem Tod der mit Jupp befreundeten Mitpatientin Sonja in der Neujahrsnacht macht Jupp sich auf den Weg und sucht Hubertus in der Sakristei der Kirche auf, in der dieser eben den Neujahrsgottesdienst gehalten hat. In der Sakristei unter dem Kruzifix schleudert Jupp dem Vikar entgegen: „Warum, warum, warum? - Hubertus, ich will dir mal was sagen: bin ich froh, dass dein Gott nur ein Märchen ist... Wenn es ihn gäbe, Millionen Hände würden nach ihm greifen und ihn in Stücke zerreißen." Der Vikar, dem Kruzifix zugewandt, halblaut: „Herr, vergib ihm..." und dann zu Jupp: „Der Schmerz spricht aus dir! Ich verstehe dich, Jupp." Und der herrscht den Vikar an: „Es gibt keinen Gott - das ist die einzig logische Variante, mit all dem Leid und der Sinnlosigkeit fertig zu werden. Oder man nimmt eben alles hin und denkt nicht darüber nach." In der Tat - die einfachste Lösung der Frage nach Leid und Unheil, die uns trifft, ist die, Gott gibt es nicht. Liebe Gemeinde, *unser Verstand ist damit zufrieden, aber unser Herz geht daran zugrunde.*

Nach der Passionsgeschichte des Matthäus ruft Jesus mit den Worten des 22. Psalms: *„Mein* Gott, mein Gott,...". Jesus, der Bürge der Liebe Gottes, der Repräsentant Gottes, der Sohn Gottes, hält auch in der dunkelsten Stunde an Gott fest. Und so sehen wir im verhöhnten und leidenden Jesus mitten im Leid und Unheil, das uns trifft, Gott neben uns stehen. *Unser Verstand bringt das nicht zusammen. Wie sollen das auch die Bilder, die wir uns von Gott machen, das aushalten? Aber unser Herz beginnt etwas zu ahnen von der Spur eines Lebens, das mitten im Leiden neu und anders wird.* [22]*Das* heißt Karfreitag: Gott ist uns in Jesus Christus nachgegangen bis auf die Talsohle des Todes. In der Gestalt Jesu begegnet uns Gott als ein Menschenbruder, als ein Leidensbruder, als der, der um die Schuld weiß und sie trägt, als der, der mit uns in die Klagen und in die Fragen und selbst in den Tod geht.

---
[22] Vgl. dazu Theophil Askani, Was ist es mit dem Kreuz, Predigt über Jesaja 50,4-9a am Karfreitag, 08.04.1977, dokumentiert in: Martin Hauff, Theophil Askani, Prediger und Seelsorger aus Passion, Stuttgart 1998, S. 263ff, dort S. 265

(2) Am Kreuz Jesu geschieht Welt-bewegendes Sterben, weil mit Jesu Tod eine neue Stunde der Welt anbricht. Was ist es mit dem Kreuz? Der Bericht des Matthäus will uns deutlich machen, dass der Tod dieses einen, Jesus, ein Weltbewegender Tod ist. „Die Erde erbebte, die Felsen zerrissen, die Gräber taten sich auf...", das sind begleitende Zeichen dieses Todes, die sagen, dass eine neue Stunde der Welt angebrochen ist. Das alles sind Zeichen, die die geistliche Bedeutung des Geschehenen beleuchten. Es sind Aussagen, die deutlich machen, was dieses Geschehen von Golgatha *uns* angeht.

Der Vorhang im Tempel zerreißt. Der Zugang zu Gott steht offen. Denn Jesus hat die Brücke zwischen Gott und Menschen geschlagen. Er wurde ganz der unsrige und blieb doch der ganz andere. Und eben so hat er den Durchbruch durch die Schutthalden der Schuld geschaffen, die uns von Gott trennen - unser Egoismus, unsere Rücksichtslosigkeit, unser Machtstreben, unser empfindliches und unduldsames Wesen. Gott hat am Kreuz Jesu Nein gesagt zur Sünde, aber zugleich Ja gesagt zum Sünder. Bei jedem Abendmahl sagt Christus uns das zu: *„Das ist mein Blut des Bundes, das vergossen wird für viele zur Vergebung der Sünden."*

Weiter heißt es: „Die Erde erbebte, die Felsen zerrissen, die Gräber taten sich auf, viele Leiber der entschlafenen Heiligen standen auf nach seiner Auferstehung." Das Sterben Jesu bewegt die Erde. Die alte Welt mit ihren Möglichkeiten und Grenzen ist überwunden. Mitten im Schrecken des Todes, des Hohns und der Verlassenheit auf Golgatha ist von der Öffnung der Gräber die Rede - ein Hinweis auf die Auferstehung der Toten, die mit Jesu Auferweckung beginnt. In diese Totenauferstehung werden auch die mit eingeschlossen, die schon längst vor Jesu Leben, Sterben und Auferstehung gelebt haben und gestorben sind: die „entschlafenen Heiligen", alle, die, die im alten Bund auf die Stunde des Erlösers gewartet haben. Ja, der Tod Jesu - und er allein - ist des Todes Tod. Eine weite Dimension deutet der Evangelist Matthäus mit diesen Zeichen an.

Wir sehen also: Gott hat im Kreuz Jesu den Tod auf sich genommen, um dem Menschen ein getrostes Sterben-Können zu ermöglichen, in der Gewissheit, dass ihn auch der Tod nicht von Gott trennen kann. Aber das ist noch nicht das letzte Ziel des Kreuzes.

Auf das letzte Ziel des Kreuzes weist unser Abschnitt aus der Matthäuspassion hin: *Gott hat im Kreuz Jesu den Tod auf sich genommen, um den gekreuzigten Jesus zum Grund seiner neuen Schöpfung zu machen.* In Gottes neuer Schöpfung ist der Tod selbst verschlungen in den Sieg des Lebens, und es werden kein Leid, Geschrei noch Tränen sein, und auch der Tod nicht mehr sein wird – *die Gräber werden die Toten nicht behalten dürfen.* Der gekreuzigte Jesus ist der Grund der neuen Schöpfung, in der der Tod selbst verschlungen ist in den Sieg des Lebens. Das ermöglicht schon jetzt Leben aus der Hoffnung. Und die Hoffnung ist eine Kraft im Diesseits, um das Leben neu anzufangen.

Aus solcher Hoffnung heraus erwachsen Mut und Bereitschaft zur Hingabe. In der aktuellen Osterausgabe der Wochenzeitung DIE ZEIT schreibt die Journalistin Sabine Rückert sehr eindrücklich davon. Vielleicht, so schreibt sie, erscheint das Christentum ja vielen als sperrig und unangenehm, weil in seinem Mittelpunkt das Opfer steht. Jesus stirbt, damit die anderen innerlich befreit weiterleben. Und im Geiste dieses Jesus gibt es das, dass sich ein Mensch für einen anderen drangibt, etwas riskiert, damit ein anderer lebt oder es besser hat. Sehr modern klingt das nicht in der Gesellschaft der Selbstdarsteller und Selbstoptimierer. Sabine Rückert zählt eindrückliche Beispiele auf, die zeigen, wie Menschen zu großen Opfern fähig wurden, wie Mut in ihnen wuchs, als es drauf ankam. Wie da auf einmal die Liebe, die Loyalität, die Empörung größer geworden sind als Scheu und Angst.

Da ist der Jesuitenpater Frans van der Lugt, der letzte Woche im syrischen Homs erschossen wurde – er wollte die letzten Zivilisten in der von Kämpfern umlagerten Altstadt nicht allein lassen. Er war dort der letzte Pfarrer. Ich *muss* bleiben, mag sich dieser Pater gedacht haben.

Manche Menschen auf dem ukrainischen Maidan-Platz wussten es, dass sie unter Einsatz ihres Lebens dort ausharren müssen, damit ihre Familien und ihre Kinder es einmal besser haben. Und so wuchs in ihnen die Bereitschaft, ihr Leben zu riskieren, notfalls dranzugeben, damit ihre Kinder dereinst nicht in Korruption und Ungerechtigkeit ihr Dasein fristen müssen. Jeder, der aufsteht gegen Ungerechtigkeit und Gemeinheit, weiß darum.

Jesus hat sein Leben drangegeben – *uns allen* zugut. Er ist nicht im Tod geblieben. Gott hat sich zu ihm gestellt und ihn auferweckt.
Die Journalistin Sabine Rückert sagt es in ihrer ZEIT-Kolumne so: Der Karfreitag mündet aus ins Osterfest. *„Ostern aber ist die Feier der Zukunft nach der Hingabe der eigenen Existenz."* Dass Jesus auferstanden ist, gibt uns die Kraft, aufzustehen gegen Ungerechtigkeit und Leiden und hingebungsvoll das zu tun, was dem Leben dient. So, dass es kein lang gestreckter Tod ist, sondern blühen kann und gedeihen in seiner bunten Fülle.

Vom Turm der Christkönigskirche herab ist das schief gedrückte Kreuz weithin sichtbar. Es erinnert an die Tragödie, bei der die zwei Hubschrauberpiloten ihr Leben opferten, als sie das Kreuz auf den Turm setzten. Beim Kreuz Jesu ist Platz für all unsere Grenzerfahrungen, für all das Schiefe und Sperrige im Leben. Aber das Kreuz ist nicht Endpunkt, sondern Doppelpunkt: Es eröffnet Zukunft, schon jetzt, und dann über Tod und Grab hinaus. Lassen wir uns davon anrühren.
Amen.

Über das Grab hinaus

Predigt über Matthäus 27, 61-66; 28, 1-15 (WA), Ostersonntag, 20.04.2014, Martinskirche Langenau

27,61 Es waren aber dort [beim Grab] Maria von Magdala und die andere Maria; die saßen dem Grab gegenüber. 62 Am nächsten Tag, der auf den Rüsttag folgt, kamen die Hohenpriester mit den Pharisäern zu Pilatus 63 und sprachen: „Herr, wir haben daran gedacht, dass dieser Verführer sprach, als er noch lebte: 'Ich will nach drei Tagen auferstehen.' 64 Darum befiehl, dass man das Grab bewache bis zum dritten Tag, damit nicht seine Jünger kommen und ihn stehlen und zum Volk sagen: 'Er ist auferstanden von den Toten', und der letzte Betrug ärger wird als der erste." 65 Pilatus sprach zu ihnen: „Da habt ihr die Wache; geht hin und bewacht es, so gut ihr könnt." 66 Sie gingen hin und sicherten das Grab mit der Wache und versiegelten den Stein.

28,1 Als aber der Sabbat vorüber war und der erste Tag der Woche anbrach, kamen Maria von Magdala und die andere Maria, um nach dem Grab zu sehen. 2 Und siehe, es geschah ein großes Erdbeben. Denn der Engel des Herrn kam vom Himmel herab, trat hinzu und wälzte den Stein weg und setzte sich darauf. 3 Seine Gestalt war wie der Blitz und sein Gewand weiß wie der Schnee. 4 Die Wachen aber erschraken aus Furcht vor ihm und wurden, als wären sie tot.
5 Aber der Engel sprach zu den Frauen: „Fürchtet euch nicht! Ich weiß, dass ihr Jesus, den Gekreuzigten, sucht. 6 Er ist nicht hier; er ist auferstanden, wie er gesagt hat. Kommt her und seht die Stätte, wo er gelegen hat; 7 und geht eilends hin und sagt seinen Jüngern, dass er auferstanden ist von den Toten. Und siehe, er wird vor euch hingehen nach Galiläa; dort werdet ihr ihn sehen. Siehe, ich habe es euch gesagt." 8 Und sie gingen eilends weg vom Grab mit Furcht und großer Freude und liefen, um es seinen Jüngern zu verkündigen.
9 Und siehe, da begegnete ihnen Jesus und sprach: „Seid gegrüßt!" Und sie traten zu ihm und umfassten seine Füße und fielen vor ihm nieder.
10 Da sprach Jesus zu ihnen: „Fürchtet euch nicht! Geht hin und verkündigt es meinen Brüdern, dass sie nach Galiläa gehen: dort werden sie mich sehen."
11 Als sie aber hingingen, siehe, da kamen einige von der Wache in die Stadt und verkündeten den Hohenpriestern alles, was geschehen war. 12 Und sie kamen mit den Ältesten zusammen, hielten Rat und gaben den Soldaten viel Geld 13 und sprachen: „Sagt, seine Jünger sind in der Nacht gekommen und haben ihn gestohlen, während wir schliefen. 14 Und wenn es dem Statthalter zu Ohren kommt, wollen wir ihn beschwichtigen und dafür sorgen, dass ihr sicher seid." 15 Sie nahmen das Geld und taten, wie sie angewiesen waren. Und so ist dies zum Gerede geworden bei den Juden bis auf den heutigen Tag.

Liebe Ostermorgen-Gemeinde!

In seiner monumentalen Matthäus-Passion vertont Johann Sebastian Bach den gesamten Leidensweg Jesu nach dem Matthäusevangelium. Bachs Matthäus-Passion endet mit der Grablegung Jesu. Das letzte Chorstück stellt den Zuhörer an die Seite Maria von Magdalas und der anderen Maria, die dem Grab gegenüber saßen, nachdem Josef von Arimathäa den toten Jesus in dieses sein Grab gelegt hatte. Der Chor singt: *„Wir setzen uns mit Tränen nieder / und rufen dir im Grabe zu: / Ruhe sanfte, sanfte ruh! / Ruht ihr ausgesog'nen Glieder!"*

Kulturredakteur Jürgen Kanold hat vergangenen Donnerstag in seinem lesenswerten Leitartikel in der Südwestpresse Bachs Matthäuspassion stark gemacht und gesagt: Die Musik Bachs erreicht die Seele der Menschen. Sie hilft, dem Karfreitag seine tiefe Bedeutung zu geben - gerade auch in unserer Zeit, in der die Stimmen lauter werden, das Feiertagsgesetz zu kippen, das den Karfreitag als stillen, nachdenklichen Feiertag schützt. Und Jürgen Kanold schreibt: *„Dem gekreuzigten Gottessohn, der jetzt im Grab liegt, dem rufen die Sänger/innen zu: ‚Ruhe sanfte, sanfte ruh'!' Ein Gebet. An Karfreitag steht der Mensch in der Welt endlich mal still: sich in Trauer besinnend, niedergeschlagen vom Sterben Jesu. Es bleibt, glaubensstark, die Hoffnung auf ein Ostern und auf die erlösende Auferstehung."*[23]

Beim Grab Jesu klingt am Karfreitag Bachs Matthäus-Passion in aller Stille aus. **Und beim Grab geht der Bericht des Matthäus weiter - und will uns *über das Grab hinaus* auf einen Weg bringen, der von der Osterfreude geprägt ist.** Dabei setzt der Evangelist Matthäus in seinem Bericht vom Ostermorgen drei Schwerpunkte, die wir jetzt miteinander bedenken:

1. Das versiegelte, bewachte Grab kann Gottes Ostersieg nicht aufhalten.
2. Durch die Begegnung mit dem Auferstandenen verliert das leere Grab seine Mehrdeutigkeit.
3. Der Gang zum Grab wird zum Gang zurück ins Leben.

1. Das versiegelte, bewachte Grab kann Gottes Ostersieg nicht aufhalten.
Auffallend ausführlich berichtet Matthäus von der Bewachung des Grabes. Noch über seinen Tod hinaus möchten die Hohenpriester Jesus bewacht wissen. Sie möchten sicherstellen, dass die Sache Jesu zum völligen Verstummen kommt. „Das Grab ist die absolute Endstation, mit dem Tod ist alles aus" - so hoffen die Gegner Jesu, die nichts so sehr fürchten wie die Begegnung mit ihrem Opfer. Offenbar sind sie ihrer Sache aber doch nicht ganz sicher. So kommt es zu der grotesken Situation, dass sie

---
[23] Südwestpresse 17.04.2014, S. 2

noch einmal zu Pilatus gehen, eine römische Wache für das Grab erbitten und mit der Wache das Grab sichern und den Rollstein versiegeln. Freilich, auch durch versiegelte Gräber hindurch kommt Gottes todesüberwindende Macht zum Ziel. Das berichtet Matthäus im Folgenden:

Als der Sabbat zu Ende ist, im Dämmerlicht des ersten Tages der Woche, als Maria Magdalena und die andere Maria sich auf den Weg machen, das Grab zu besehen, handelt Gott selber draußen vor der Stadt am Grab. So wie Matthäus davon berichtet, spürt man ihm auf Schritt und Tritt ab: Er will im Grunde Unsagbares sagen. Erdbeben; Blitz; der Engel im schneeweißen Gewand, das alles ist noch unsere Sprache. Eine Grabeshöhle, die leer ist, das ist noch etwas, was man sich vorstellen kann. Die Grabeswächter, die wie im Tod erstarrt neben dem riesigen Stein liegen über ihren Schwertern und Lanzen, das sind noch Bilder, die wir malen können; und der hilflose Weg der Frauen, „um nach dem Grab zu sehen", das sind Schritte, die wir verstehen.

Aber über all dem ist das Eigentliche unsagbar, nämlich das Eingreifen der Leben schaffenden Macht Gottes, die Auferstehung Jesu selbst. Und indem der Bericht des Matthäus sich an dieses Eigentliche herantastet, spürt man buchstäblich, wie er daran zerbricht. „Er ist nicht hier, er ist auferstanden!" Das wird hinterher gesagt. Das Wunder hat sich vollzogen, niemand hat es gesehen, kein Mensch kann es beschreiben.

Und doch hat gerade dieser Bericht des Matthäus die Maler des 16. Jahrhunderts dazu angeregt, *über den Text hinaus* noch einen Schritt weiterzugehen und *den* Moment darzustellen, in dem der Auferstehende das Grab verlässt. So sind Kunstwerke entstanden, die weltberühmt geworden sind, beispielsweise die Darstellung auf dem Isenheimer Altar von Matthias Grünewald aus dem Jahr 1515 – meine Kollegin hat am Karfreitag die grausam-realistische Darstellung des gekreuzigten Jesus auf dem Isenheimer Altar in Erinnerung gerufen. Wenn man die Altarflügel des Isenheimer Altars einmal öffnet, dann wandelt sich die Trauer des Karfreitags in die Freude von Ostern. Denn dann sieht man den auferstandenen Christus, der Schmerzen und Leid überwunden hat. Genauer gesagt: Die Grabplatte ist durch Engelshand weggeschoben, und der auferstehende Christus schwebt aus dem geöffneten Grab. Christus ist im Strahlenkranz aller leuchtenden Farben dieser Welt dargestellt, und die Grabeswächter werden eben zu Boden geschleudert. Kunstwerke wie dieses wollen den Vorgang der Auferstehung in unsere Vorstellung zurückholen. Aber sie zeigen nur noch einmal: Es geht nicht. Auferstehung ist Gottes Geheimnis in Zeit und Ewigkeit. Wir können nicht den Vorgang selber darstellen, nur im hintennach die Spuren wahrnehmen. Aber so viel wird aus den Worten des Matthäus und ihrer Weiterverarbeitung in der Kunst deutlich: *So fest verschlossen das Grab auch war, Gottes Ostersieg konnte es nicht aufhalten.* Gott hat Jesus nicht in der Tiefe des Grabes gelassen. Aus dem Grab heraus erweckte er in der Frühe des Ostermorgens den toten Jesus zum neuen ewigen Leben.

2. Durch die Begegnung mit dem Auferstandenen verliert das leere Grab seine Mehrdeutigkeit. Bemerkenswert in unserem Predigttext ist, dass das leere Grab als solches nicht bestritten wird - auch nicht von den Gegnern Jesu. Aber das leere Grab für sich gesehen ist vieldeutig. Es ist deshalb bis auf den heutigen Tag umstritten. Es ist kein schlagender Beweis für die Auferstehung. Im Gegenteil, hinter der merkwürdigen Grabwächter-Episode bei Matthäus tritt ein Einwand hervor, der von Gegnern Jesu immer wieder erhoben wurde: Die Jünger Jesu seien bei Nacht in das Grab eingedrungen und hätten Jesu Leichnam gestohlen und dann öffentlich behauptet, er sei auferstanden.

Nun, Osterglaube, Auferstehungsglaube stirbt an Beweisen, wie echte Liebe zugrunde geht, wenn sie Beweise für die Liebe des anderen fordert. Vor Menschenaugen verborgen hat Gott in der Frühe des Ostermorgens schöpferisch gehandelt und Jesus auferweckt. Was aber jenseits unserer sinnlichen Wahrnehmungswelt liegt, ist nicht weniger wirklich als die innerweltlichen Ereignisse und darf nicht als nur eingebildetes Geschehen abgetan werden. Gottes Wirken hört nicht dort auf, wo unsere Wahrnehmungsfähigkeit an ihre Grenzen stößt. An Ostern ist der Auferstandene seinen Jünger/innen begegnet. In unserem Abschnitt berichtet Matthäus von der Begegnung des Auferstandenen mit den beiden Marien: „Seid gegrüßt…Fürchtet euch nicht! Geht hin und verkündigt es meinen Brüdern, dass sie nach Galiläa gehen." Für die Jünger war die Begegnung mit dem Auferstandenen wirklicher und gewisser als alles, was sie an irdischen Begegnungen erlebt hatten. Zum Osterglauben haben sich die Jünger also nicht von sich aus durchgerungen. Osterglaube war für sie nicht eine psychologische Bewältigungsstrategie, um mit dem rätselhaften Tod Jesu fertigzuwerden. Osterglaube ist vielmehr ein Reflex auf die Begegnung mit dem auferstandenen, erhöhten Herrn. Er ist mit seiner Auferstehungsleiblichkeit den Jüngern *gegenüber*getreten, nicht als Traumbild aus den Tiefen ihrer eigenen Seele aufgestiegen.

Von dieser Ostererfahrung her wird für die Jünger/innen Jesu das an sich mehrdeutige leere Grab eindeutig. Nicht als handfester Beweis, aber als hoffnungsvolles Begleitzeichen der Auferstehung. Das leere Grab als Begleitzeichen der Auferstehung macht deutlich: ***Jesus ist nicht als leibloser Geist auferstanden, sondern als leibhafte Person***. In seinem verklärten Auferstehungsleib blieb alles lebendig, was sein irdisches Leben ausfüllte. Auch sein Leidensweg ist darin aufgehoben. Der auferstandene Jesus trägt bleibend die Nägelmale des Kreuzes. Das war auch Matthias Grünewald, dem Meister des Isenheimer Altars, wichtig: Der auferstehende Christus zeigt dem Betrachter seine Handflächen, in denen die Nägelmale nicht zu übersehen sind. D.h. bei der Auferstehung wurden Kreuz und Leiden Jesu als ein Moment der Geschichte in die Ewigkeit Gottes aufgenommen. Will sagen: Auch als österlicher Herr bleibt Jesus unser Menschenbruder und Leidensbruder, der mit uns geht auch hinein ins Leiden, hinunter in die Abgründe - und in den Tod.

„Er ist nicht hier, er ist auferstanden!" - das steht über dem Gang der Maria Magdalena und der anderen Maria zum Grab. Liebe Gemeinde, niemand von uns muss es überspielen, dass sein Gang zum Grab eines lieben Menschen mit Trauer und Schmerz verbunden ist. ***Ostern ist der Gang zum Grab, der zum Gang zurück ins***

Leben wird, ohne dass die Trauer überspielt wird. Aber seit es Ostermorgen geworden ist, ist der Gang zum Grab kein hoffnungsloser Gang mehr. Denn ganz nahe dürfen wir unsere Verstorbenen und den auferstandenen Jesus beieinander sehen. Jesus ist auferstanden, er als erster, das ist der Grund unserer Hoffnung auf Auferstehung der Toten.

Und wie der auferstandene Christus in neuer Leiblichkeit den Seinen gegenübertrat, so werden auch von Krankheit gezeichnete oder von Unfällen oder Kriegseinwirkungen entstellte Körper in *neuer* Leiblichkeit in Gottes Ewigkeit sein. Das leere Grab Jesu – ein Zeichen der Hoffnung für die Christenheit.

3. Unsere Ostergeschichte bleibt nicht am Grab stehen. **Der Gang zum Grab wird zum Gang zurück ins Leben.** Der *Aufbruch vom leeren Grab nach Galiläa* steht an. „Sagt's den Jüngern, dass sie hingehen nach Galiläa, dort wird der Auferstandene ihnen begegnen", so sagt es der Engel zu den beiden Marien, und gleich darauf wiederholt es der auferstandene Jesus, als er den Frauen begegnet. Galiläa, das war für Jesu Jünger ihre Heimat und ihr vertrauter Alltag, im Dorf am See, bei den Netzen, bei den Fischerbooten – eben dort, wo Jesus als der Irdische ihnen die Botschaft vom Reich Gottes nahe gebracht hatte. Galiläa, das ist *für uns* der Alltag, der uns fordert und in dem wir uns zu bewähren haben. Auf dem Berg in Galiläa, umgeben von ihrer Alltagswirklichkeit, begegnet der auferstandene Jesus den Jüngern und sagt ihnen zu: „Siehe, ich bin bei euch – als der Lebendige – alle Tage bis an der Welt Ende." Umgeben von *unserer* Alltagswirklichkeit, von *unserem* Galiläa, hören auch wir in diesem Ostergottesdienst die Zusage des lebendigen Christus: „Siehe, ich bin bei euch alle Tage bis an der Welt Ende."
Weder die Jünger damals noch wir heute an Ostern 2014 müssen deprimiert und mit gesenktem Haupt in unseren Alltag gehen. „Seht auf und erhebt eure Häupter!" heißt es in der Bibel. Aber ja doch! *Wir glauben an den auferstandenen Christus und nicht an einen Toten.* Wir haben Hoffnung für diese Welt und über diese Welt hinaus.

Aus solcher Hoffnung heraus erwachsen *Mut und Bereitschaft zur Hingabe*. In der aktuellen Osterausgabe der Wochenzeitung DIE ZEIT schreibt die Journalistin Sabine Rückert sehr eindrücklich davon. Vielleicht, so schreibt sie, erscheint das Christentum ja vielen als sperrig und unangenehm, weil in seinem Mittelpunkt das Opfer steht. Jesus stirbt, damit die anderen innerlich befreit weiterleben. Und im Geiste dieses Jesus gibt es das, dass sich ein Mensch für einen anderen drangibt, etwas riskiert, damit ein anderer lebt oder es besser hat, kleinere oder sehr große Opfer bringt, ohne sofort zu fragen: „Lohnt es sich für mich? Was ist mein Vorteil?" Sehr modern klingt das nicht in der Gesellschaft der Selbstdarsteller und Selbstoptimierer. *Und doch leben wir ja letztlich alle davon, dass es Hingabe und Opfer gibt, die andere für uns und wir für andere bringen.*

Das beginnt schon im Kleinen, z.B. damit, dass in dieser Osterwoche ein Dutzend Jugendlicher aus unserer Gemeinde einen ordentlichen Teil ihrer Ferienzeit drangeben, damit 60 Kinder eine tolle Kinderbibelwoche erleben können. Sabine Rückert zählt eindrückliche Beispiele auf, die zeigen, wie Menschen zu großen Opfern fähig wurden, wie Mut in ihnen wuchs, als es drauf ankam.

Wie etwa die gläubige Katholikin Luise Meier, die weder viel Geld noch politischen Einfluss noch ein Netzwerk Gleichgesinnter um sich herum hat. Sie hilft in den 40er Jahren 28 Juden zur lebensrettenden Flucht in die Schweiz. Dann aber fliegt sie auf und wird inhaftiert. Der Prozess vor dem Volksgerichtshof in Berlin kommt nicht zum Abschluss, der Krieg geht zu Ende und sie wird von französischen Truppen befreit – und erst 20 Jahre nach ihrem Tod in Israel als „Gerechte unter den Völkern" geehrt.

Oder da sind manche Menschen auf dem ukrainischen Maidan-Platz, die darum wussten, dass sie unter Einsatz ihres Lebens dort ausharren müssen, damit ihre Familien und ihre Kinder es einmal besser haben. Und so wuchs in ihnen die Bereitschaft, ihr Leben zu riskieren, notfalls dranzugeben, damit ihre Kinder dereinst nicht in Korruption und Ungerechtigkeit ihr Dasein fristen müssen. Jeder, der aufsteht gegen Ungerechtigkeit und Gemeinheit, weiß darum.

Jesus hat sein Leben drangegeben – **uns allen** zugut. Er ist nicht im Tod geblieben. Gott hat sich zu ihm gestellt und ihn auferweckt. Die Journalistin Sabine Rückert sagt es in ihrer ZEIT-Kolumne so: Der Karfreitag mündet aus ins Osterfest. *„Ostern aber ist die Feier der Zukunft nach der Hingabe der eigenen Existenz."*[24] Dass Jesus auferstanden ist, gibt uns die Kraft, aufzustehen gegen Ungerechtigkeit und Leiden und hingebungsvoll das zu tun, was dem Leben dient.

Gerade die österliche Verheißung, dass Leben bei Gott nicht mit dem Tod endet, verpflichtet dazu, auf der Erde für das Leben einzutreten. Kraft und langen Atem dazu bekommen wir aus der Osterbotschaft: „Der Herr ist auferstanden, er ist wahrhaftig auferstanden!" Amen.

---

[24] ZEIT 16.04.2014, S. 1

Dass die Lebenden nicht vor ihrer Zeit sterben…

Predigt über Lukas 24, 36-47, Ostermontag, 25.04.2011, Martinskirche Langenau

³⁶ Als sie aber davon redeten, trat er selbst, Jesus, mitten unter sie und sprach zu ihnen: Friede sei mit euch! ³⁷ Sie erschraken aber und fürchteten sich und meinten, sie sähen einen Geist. ³⁸ Und er sprach zu ihnen: Was seid ihr so erschrocken, und warum kommen solche Gedanken in euer Herz? ³⁹ Seht meine Hände und meine Füße, ich bin's selber. Fasst mich an und seht; denn ein Geist hat nicht Fleisch und Knochen, wie ihr seht, dass ich sie habe. ⁴⁰ Und als er das gesagt hatte, zeigte er ihnen die Hände und Füße. ⁴¹ Als sie aber noch nicht glaubten vor Freude und sich verwunderten, sprach er zu ihnen: Habt ihr hier etwas zu essen? ⁴² Und sie legten ihm ein Stück gebratenen Fisch vor. ⁴³ Und er nahm's und aß vor ihnen.
⁴⁴ Er sprach aber zu ihnen: Das sind meine Worte, die ich zu euch gesagt habe, als ich noch bei euch war: Es muss alles erfüllt werden, was von mir geschrieben steht im Gesetz des Mose, in den Propheten und in den Psalmen. ⁴⁵ Da öffnete er ihnen das Verständnis, sodass sie die Schrift verstanden, ⁴⁶ und sprach zu ihnen: So steht's geschrieben, dass Christus leiden wird und auferstehen von den Toten am dritten Tage; ⁴⁷ und dass gepredigt wird in seinem Namen Buße zur Vergebung der Sünden unter allen Völkern. Fangt an in Jerusalem.

Liebe Gemeinde!

Dass es ein Leben nach dem Tod gibt, geht vielen Menschen nicht leicht in den Kopf. Auch wer an Gott glaubt, hat es unter Umständen mit der Vorstellung von Auferstehung und ewigem Leben schwer. Nur zwei Drittel der Menschen, die an Gott glauben, glauben auch an ein Leben nach dem Tod. Das behauptet jedenfalls eine kürzlich erschienene Umfrage.

Nur undeutlich sind oft unsere Vorstellungen von der Auferstehung – so undeutlich, wie bei Dubislav von Stechlin, dem ehemaligen Offizier und Gutsherrn, den Theodor Fontane in seinem letzten Roman so liebevoll geschildert hat – als human und frei denkenden alten Aristokraten, als lebensklugen Gentleman. Als Dubislav von Stechlin in sein Gutshaus zurückkehrte, erinnerte er sich der glücklichen Tage, die er dort mit seiner Frau verbracht hatte. Sie waren aber nur von kurzer Dauer, denn sie starb ihm schon nach einem Jahr. Sich eine neue zu nehmen, widerstand ihm, wie er sagte. „Wir glauben doch alle mehr oder weniger an eine Auferstehung" – das heißt,

er persönlich glaubte eigentlich nicht daran – „und wenn ich dann oben ankomme mit einer rechts und einer links, so ist das doch immer eine genierliche Sache." [25]
So Fontanes Stechlin – ein Zeuge dafür, dass das Thema der Auferstehung in den Menschen immer wieder Zweifel weckt: im Blick auf die künftige Auferstehung der Toten genauso wie im Blick auf die Auferstehung Jesu.

Solcher Zweifel braucht sich niemand zu schämen. Schon die Jünger Jesu waren ihnen ausgesetzt. Ein Friedensgruß versetzt sie in Angst und Schrecken. „Friede sei mit euch!" So grüßt sie Jesus, den sie bei den Toten wähnen. Die Seinen reagieren mit Bestürzung und der Furcht, ein gespensterhaft leibloses Wesen könnte sie zum Narren halten. Sie meinen, sie sähen einen Geist. Jesus weiß, was ihnen sein unvermutetes Erscheinen und sein österlicher Gruß „Friede sei mit euch!" zumutet. Er empfiehlt ihnen, auf seine Wundmale zu achten und ihn zu berühren. Das ist drastisch. Noch drastischer ist, dass er sich zur Überwindung weiterer Zweifel zu essen geben lässt und ein Stück gebratenen Fisch vor ihnen verzehrt. Doch es geht nicht darum, die Fantasie der Jünger dadurch anzuheizen. Es geht um etwas anderes: Die Jünger erkennen in dem Auferstandenen den irdischen Jesus.

Dabei geht bei diesem Erkenntnisvorgang alle Initiative von Jesus, dem Auferstandenen, aus. Der Evangelist Lukas schildert uns also die Selbstkundgebung des Auferstandenen. Dabei wird deutlich: Die Osterereignisse sind nicht Resultat einer psychologischen Bewältigungsstrategie der Jünger nach dem Karfreitag. Und die Jünger hatten Jesus auch nicht aufgesucht und gefunden oder auch nur erwartet. Jesus, der Auferstandene, heißt es ganz wörtlich, „war herzugetreten mitten unter sie." Der Auferstandene stand also schon eine ganze Weile mitten unter ihnen, bis sie ihn sinnlich wahrgenommen und seinen österlichen Friedensgruß vernommen haben: „Friede sei mit euch!"

---

[25] Vgl. Wolfgang Huber, Predigt am Ostermontag 2005, Kaiser-Wilhelm-Gedächtniskirche; in: ders., Gottes Wort halten, Liebe üben und demütig sein vor deinem Gott. Predigten, Frankfurt 2010, S. 83ff

Selbstkundgebung des Auferstandenen – der erste Schritt, den Jesus sie zur Erkenntnis seiner selbst führt, ist, dass er sie seine Hände und Füße – die gezeichnet sind von den Nägelmalen des Kreuzes – sehen und betasten lässt. Dass der Auferstandene Hände und Füße zu sehen und zu betasten gibt, verweist auf die Leiblichkeit seiner Auferstehungsgestalt. „Ein Geist hat nicht Fleisch und Knochen, wie ihr seht, dass ich sie habe." Also: kein aus der Unterwelt aufgestiegenes Schattenwesen, keine zum Himmel aufsteigende, unsterbliche Seele, die den gemarterten Karfreitagsleib verlassen hat, sondern der auferweckte Gekreuzigte tritt in leiblicher Gestalt seinen Jüngern gegenüber.

Seine ganzheitliche Auferweckung ist Grund unserer Hoffnung auf ganzheitliche, Leib und Seele in einem neuschaffenden Akt umfassende Auferweckung. So bekennt sie das Apostolische Glaubensbekenntnis in seiner Urfassung: „Credo in carnis resurrectionem, ich gläube an die Auferstehung des Fleisches."

Dieser Tage wurde an den Tübinger Theologen Jürgen Moltmann erinnert, Anlass war sein 85. Geburtstag. Sein theologisches Lebensthema ist die „Theologie der Hoffnung". In seiner Hoffnungslehre betont Jürgen Moltmann die Leiblichkeit der Auferstehung, abgeleitet aus der Leiblichkeit des Auferstandenen, der ja nicht nur unsterbliche Seele, völlig losgelöst von allem Leiblichen war. Nein, sagt Moltmann, zur Seele gehört der Körper, deshalb, kann es kein Heil der Seele ohne leibliche Auferstehung geben. Der Mensch aber ist Teil einer menschlichen Gemeinschaft, die eingebettet ist in die Umwelt der Erde. Deshalb beschränkt sich Gottes Heil nicht auf den Einzelnen, sondern schafft die neue Gemeinschaft und wirkt die Neuschöpfung der Erde. Gott gibt nichts verloren und vernichtet nichts, was er geschaffen hat. „Weil sich viele schöpfungsfeindliche und weltvernichtende Erlösungsvorstellungen ins historische Christentum eingeschlichen haben, muss es so betont werden, auch wenn die Bilder von der ‚Auferstehung des Fleisches' und der ‚neuen Erde' dem naturwissenschaftlichen Denken im modernen Zeitalter fremd geworden sind. Erst dem beginnenden ganzheitlichen und ökologischen Denken der Postmoderne können sie wieder einleuchten." [26]

Die leibliche Gestalt des Auferstandenen ist Grund unserer Hoffnung auf leibhafte Auferstehung, die zugleich Vollendung ist – wahrhaft tröstliche Hoffnung, wo der irdische Leib gezeichnet und verwundet ist. Ganz elementar drückt das eines unserer Gesangbuchlieder so aus: „Was hier kranket, seufzt und fleht, wird dort frisch und herrlich gehen; irdisch werd' ich ausgesät, himmlisch werd' ich auferstehen. Alle Schwachheit, Angst und Pein wird von mir genommen sein." [27]
Also: Der Auferstandene gibt sich seinen Jüngern als der Gekreuzigte zu erkennen. Er trägt die Male des Todes weiter an sich, aber er ist ihm nicht unterworfen. Der Karfreitag wird nicht ungeschehen gemacht, aber er behält nicht das letzte Wort. Der erste Schritt, den Jesus seine Jünger zur Erkenntnis seiner selbst führt, war, dass er sie seine Hände und Füße sehen ließ. Damit aber bei den Jüngern der Osterglaube zum Durchbruch kommt, bedarf es nun noch eines zweiten Schrittes: der Auferstandene erinnert seine Jünger an die Worte, die er zu ihnen als Irdischer geredet hatte.

Der Osterglaube bricht sich Bahn und die Jünger erkennen den Auferstandenen, als dieser sie – und die Gemeinde aller Zeiten – anleitet, sich an seine Worte zu erinnern - an seine Worte, die er zu ihnen geredet hatte, als er noch irdisch bei ihnen war. Mit den Worten, an die sich die Jünger erinnern sollen, sind ganz präzise die drei Leidensankündigungen gemeint, die Jesus auf dem Weg von Galiläa nach Jerusalem zu den Jüngern gesagt hatte, ohne dass sie deren Sinn damals verstanden hätten. Jetzt, im Licht von Karfreitag und Ostern, können die Jünger diese Leidensankündigungen verstehen. Jetzt, als der Auferstandene ihnen das Verständnis öffnet, wird ihnen deutlich: Jesus war sehenden Auges seinem Leiden entgegen gegangen. Jesus sah seinen Weg vorgezeichnet im Weg des alttestamentlichen

---

[26] Jürgen Moltmann, Im Ende – der Anfang, S. 178
[27] EG 526, 6

Gottesknechtes, von dem der Jesajaprophet spricht. Jesus als der wahre Gottesknecht nahm das Gericht über die Sünde auf sich, damit die Sünder freigesprochen werden. In dieses Erlösungs- und Befreiungswerk des Gottesknechtes werden auch die nichtjüdischen Völker mit einbezogen. Und Gott seinerseits bekennt sich zu Weg und Werk Jesu, indem er ihn ins neue ewige Leben an seiner Seite ruft. Das ist es, was sich in der Erinnerung an Jesu Worte den Jüngern und uns erschließt. Der Auferstandene öffnet ihnen und uns die Schriftworte, die seinen Weg erhellen.

Gegenwärtig erfahrbar wird der Auferstandene im Wortzeichen, das er zum steten Gedenken selber eingesetzt hat: im Brotbrechen, im Abendmahl also, das wir auch heute feiern.

Im Abendmahl spricht der Auferstandene uns zu: Mein Leib – für euch gegeben. D.h. die Abgründe von Sünde, Schuld und Tod können uns zwar nach wie vor Schrecken einjagen. Aber größer als aller Schrecken ist nun die Hoffnung, die auch am Tod nicht zerbricht. Durch Christi Tod und Auferstehung haben wir teil an der Hoffnung, die über die Endlichkeit unseres Lebens hinausweist. Jedes einzelne menschliche Leben weiß der Glaube geborgen in Gott. Jedem einzelnen menschlichen Leben gilt die Verheißung der Auferstehung. Diese Hoffnungsperspektive hat in der Auferweckung Jesu ihren unverbrüchlichen Anker.

Der Herr ist auferstanden, er ist wahrhaftig auferstanden – diese Osterbotschaft entfaltet befreiende und überwältigende Kraft. Das „Für euch (gegeben)!" Jesu Christi stärkt zum Einsatz für das Wohl der Welt, für Frieden und Freiheit. Der Ostergruß des Auferstandenen: „Friede sei mit euch!" durchbricht Mauern, die Menschen aufgerichtet haben. Dieses Jahr jährt es sich zum 50. Mal, dass quer durch Berlin die hässliche Mauer errichtet wurde, die Menschen und auch Kirchengemeinden voneinander trennte. Joachim Gauck schildert in seiner Autobiografie, wie die Ausrichtung auf den auferstandenen Christus und sein „Friede sei mit euch!" zur Kraft wurde, sich als evangelische Kirche in der DDR friedlich für die Freiheit einzusetzen. So rief er beim Kirchentag 1988 in der Rostocker Marienkirche den Menschen zu: „Nehmen wir Abschied, Freunde, vom

Schattendasein, das wir leben in den Tarnanzügen der Anpassung. Also: Die Brücke betreten in das Leben, das wir bei Jesus Christus lernen können!" Er berichtet von den Aufbrüchen des Herbstes 1989, als in Rostock nach den Fürbittengebeten und dem „Dona nobis pacem" die Menschen aus den Kirchen auf die Straße strömten und als mündige Bürger für die Freiheit demonstrierten. „Freiheit, wenn sie jung ist und Befreiung heißt, ist wie ein Frühling – die Tage werden heller, und ein stürmischer Wind bringt Wärme, der das alte Eis schmelzen lässt." Der Pastor Joachim Gauck wuchs im Herbst 1989 Schritt für Schritt in eine politische Rolle hinein, erlebte von den aus den Kirchen erwachsenen Demonstrationen die Entmachtung der Bauherren der Mauer, die dann dahinfiel.

Doch auch fünfzig Jahre nach dem Bau der Berliner Mauer, die längst Geschichte ist, sind da Mauern zwischen Menschen[28]. Der Roman „Tauben fliegen auf" der Schweizer Schriftstellerin Melinda Nadj Abonji, der im letzten Jahr mit dem Deutschen Buchpreis ausgezeichnet wurde, erzählt eine Geschichte von Emigration und Integration, wie sie es in der eigenen Familie erlebt hat: Raus aus der ungarischen Minderheit in der Vojvodina im heutigen Serbien hinein in die Idylle der Schweiz. Die Familie Kocsis verlässt mit den beiden Töchtern Ildiko und Nomi den Vielvölkerstaat Jugoslawien und kommt in der Schweiz am Zürichsee an. Sie schuften sich hoch zu Inhabern eines beliebten Cafés in der Kleinstadt am Zürichsee. Ihrem Einbürgerungsbegehren wird auf der öffentlichen Gemeindeversammlung mehrheitlich stattgegeben – und doch haben sie auch unter fremdenfeindlichen Attacken zu leiden wie die bis zu den Wänden verschmierte Herrentoilette.
Dann bricht der jahrelange Balkankrieg aus, in dem der Vielvölkerstaat Jugoslawien zerbricht, Nachbarn gegen Nachbarn kämpfen und auf einmal Gräben aufgerissen und Mauern zwischen bisher Vertrauten errichtet werden. Ildiko nimmt sich eine Wohnung in der Anonymität der Großstadt Zürich, dennoch bleibt die Sehnsucht wach, eines Tages in die Heimat der Kindheit zurückzukehren.

---

[28] EG 643, 3

Am Ende des Romans gehen Ildiko und Nomi auf den Züricher Friedhof Sihlfeld. Dort gibt es ein großes Gemeinschaftsgrab, das ihnen Gelegenheit gibt, der Vergangenheit Raum zu lassen. An diesem Ort denken die beiden Schwestern an die Verstorbenen der vom Krieg geschüttelten Heimat Vojvodina. Sie denken an die Mauern, die sich zwischen Menschen verschiedener Volkszugehörigkeit aufgetürmt haben, und an die Opfer in der eigenen Familie, die der Bürgerkrieg gefordert hat. Der Roman klingt mit dem zukunftsweisenden Satz aus: *„In ihrem Namen haben wir darum gebeten, dass die Lebenden nicht vor ihrer Zeit sterben."*

Dass die Lebenden nicht vor ihrer Zeit sterben. Wir denken miteinander daran, wie sich morgen zum 25. Mal der Atomreaktor-Unfall von Tschernobyl jährt. Die Katastrophe wird zunächst vertuscht – und so werden die Menschen in der Gefahrenzone erst spät informiert und noch später evakuiert, mit fatalen Folgen für ihre Gesundheit. Hunderttausende sogenannter Liquidatoren, zumeist junger und zwangsrekrutierter Männer, werden eingesetzt, um den Brand zu löschen, dann um Aufräum- und Sicherungsarbeiten durchzuführen. Wer heute Filmaufnahmen von den Arbeiten sieht, bemerkt schnell, dass sie ohne jede Schutzkleidung auskommen mussten. Ihrem Einsatz ist es zu verdanken, dass die Katastrophe nicht auch auf die drei anderen Reaktoren übergriff; sie bewahrten die Welt vor einem noch größeren Unglück. Doch das Risiko ihres Einsatzes wird ihnen verschwiegen. Viele von ihnen sterben oder erkranken schwer. Ihre durchschnittliche Lebenserwartung beträgt nach Angaben der Liquidatorenverbände 46,2 Jahre. Lebende, die vor ihrer Zeit starben!

Die Osterbotschaft führt uns zu österlichen Taten, zu einem Handeln, das die Möglichkeiten von Leben höher gewichtet als eine wenn auch nur in geringem Maße kalkulierbare Gefahr des Todes. Die Katastrophen von Tschernobyl und Fukushima haben die tödliche Dimension des Begriffs „Restrisiko" spüren lassen. Nicht Überheblichkeit, sondern Demut vor dem Leben ist die angemessene Lehre aus dem Unglück vor fünfundzwanzig Jahren, das sich nun ja leider, Gott sei's geklagt, in Japan wiederholt hat.

„Der Herr ist auferstanden, er ist wahrhaftig auferstanden!", wie gut, dass dieser Osterruf der ersten Zeugen ungebrochen in die heutige Welt hallt.

Dieser Osterruf lässt sich von Schreckensmeldungen und persönlichen Schicksalsschlägen nicht aufhalten, sondern nimmt uns hinein in eine Hoffnung, die größer ist als aller Schrecken. In diesem umfassenden Sinn ist Ostern das Fest des Lebens, die klare Antwort Gottes auf unsere Angst vor Tod und Verderben.

Der Osterruf entfaltet eine befreiende und überwältigende Kraft. Er ist der Pulsschlag unseres Glaubens und der Grund einer Zukunftshoffnung, die an Tod und Sterben nicht zerbricht.

„Friede sei mit euch! Der Herr ist auferstanden!" – das beflügelt und stärkt zum Einsatz dafür, dass die Lebenden nicht vor ihrer Zeit sterben. Lasst uns miteinander dafür eintreten, dass Zuversicht und Hoffnung wieder an Boden gewinnen. Die Osterfreude ist dafür eine entscheidende Quelle. Sie darf in uns und um uns Raum greifen, indem wir einstimmen in den Osterjubel der Jünger Jesu: „Der Herr ist auferstanden, er ist wahrhaftig auferstanden!"

Amen.

Ostern damals und heute

Geistliche Besinnung „Angedacht" für die Südwestpresse, Metzinger-Uracher Volksblatt, 21.04.2001

„Christus ist auferstanden! Halleluja!" so klang es am vergangenen Sonntag in den Kirchen des Ermstals und auf der Alb, ja in der weltweiten Christenheit. Aus dem Abstand von einigen Tagen mag man sich fragen: Was bleibt von Ostern?

Die Betrachtung einer Bildtafel in der Uracher Amanduskirche kann uns in dieser Frage weiterhelfen. Anläßlich des Todes des Stadtschreibers Bernhard Brendlin im Jahre 1568 gaben seine Nachkommen ein Gedenkbild, ein Epitaph, in Auftrag - das berühmte Brendlin- Epitaph[29]. Am unteren Bildrand sieht man andächtig kniend Bernhard Brendlin und seine Familie porträtiert. In der Bildmitte hat der Maler das alles menschliche Begreifen übersteigende Geschehen der Auferstehung, so wie es der Evangelist Matthäus berichtet, ins Bild gesetzt. Er hat den auferstandenen Christus dargestellt, wie er als Sieger über den Tod auf dem geöffneten Grab steht, die rechte Hand zum Friedensgruß erhoben, mit der linken Hand die österliche Siegesfahne schwenkend. Bemerkenswert: Nicht einen Todesengel, sondern den Lebensfürsten Jesus Christus haben die Brendlins auf die Totengedenktafel malen und darunter schreiben lassen: „Gott, der Allmächtige, möge ihm eine fröhliche Auferstehung verleihen." Ja, in der Auferstehung Jesu liegt unsere Hoffnung auf Auferstehung von den Toten begründet. Weil der Herr vom Tod erstanden ist, hoffen wir in Gewißheit auf neues Leben bei Gott - durch den Tod hindurch.

Wenn Sie in nächster Zeit einmal in die Amanduskirche kommen - das diesjährige 500-Jahr-Jubiläum[30] bietet ja vielleicht eine Gelegenheit dazu - schauen Sie sich insbesondere den Hintergrund des Brendlin-Epitaphs an. Das Aufregende ist, dass auf diesem Bild die Auferstehung Jesu vor dem Hintergrund Urachs dargestellt ist. Es ist genauer gesagt die Stadt Urach des Jahres 1568, über deren bewaldeten Höhen eben

---

[29] Vgl. dazu: Monika Ingenhoff-Danhäuser, Familiengeschichte in der Amanduskirche - Das Epitaph der Brendlin und der Totenschild der Imhoff, in: Die Amanduskirche in Bad Urach, hg. im Auftrag des Vereins zur Erhaltung der Amanduskirche e.V. von Friedrich Schmid, Sigmaringen 1990, S. 145ff und Abb. 57-60; Martin Hauff, Stiftskirche St. Amandus Bad Urach, Schnell, Kunstführer Nr. 2465 (Erstausgabe 2001), 2. Auflage 2007, S. 23f

[30] Vgl. dazu Martin Hauff (Hg.), Festschrift zum Amandusjubiläum 2001(Amanduskirche 500/100 Jahre), Bad Urach 2001

die Ostersonne aufgeht. Der Maler und seine Auftraggeber wollten damit ausdrücken: Auch für uns hier ist Jesu Auferstehung geschehen. Auch unseren Alltag hier in Urach, im Ermstal, auf der Alb will der Glaube an die Auferstehung prägen.

Dass die Wirklichkeit der Auferstehung hineinwirkt in unsere Tage, brachte unlängst bei einer Prominenten-Umfrage zum Thema Auferstehung Herta Däubler-Gmelin mit den Worten auf den Punkt: „Auferstehungsglaube ist die Zuversicht, dass der Tod eben nicht das letzte Wort hat. Der Glaube an den auferstandenen Christus gibt die Kraft und den langen Atem, gegen all das zu kämpfen, was den Todesmächten dieser Welt Raum geben will: gegen Hass und Gewalt, gegen Ungerechtigkeit und Willkür. Gerade die Verheißung, dass Leben bei Gott nicht mit dem Tod endet, verpflichtet dazu, auf der Erde für das Leben einzutreten."

Was bleibt von Ostern? Das Brendlin-Epitaph erzählt, wie die Osterbotschaft in unseren Alltag hineinwirken will. Sie setzt in uns Kraft frei, schon jetzt mutig aufzustehen und zu tun, was dem Leben dient. Und die Osterbotschaft setzt in uns die Hoffnung frei auf eine fröhliche Auferstehung. Sie vergewissert uns, dass unser Leben nicht an der Horizontlinie des Todes endet.

Auffahren mit Flügeln wie Adler

Predigt über Jesaja 40, 26-31, Quasimodogeniti, 27.04.2014, Leonhardskirche Langenau

26 Hebt eure Augen in die Höhe und seht! Wer hat dies geschaffen? Er führt ihr Heer vollzählig heraus und ruft sie alle mit Namen; seine Macht und starke Kraft ist so groß, dass nicht eins von ihnen fehlt.
27 Warum sprichst du denn, Jakob, und du, Israel, sagst: »Mein Weg ist dem HERRN verborgen, und mein Recht geht vor meinem Gott vorüber«?
28 Weißt du nicht? Hast du nicht gehört? Der HERR, der ewige Gott, der die Enden der Erde geschaffen hat, wird nicht müde noch matt, sein Verstand ist unausforschlich. 29 Er gibt dem Müden Kraft, und Stärke genug dem Unvermögenden. 30 Männer werden müde und matt, und Jünglinge straucheln und fallen; 31 aber die auf den HERRN harren, kriegen neue Kraft, dass sie auffahren mit Flügeln wie Adler, dass sie laufen und nicht matt werden, dass sie wandeln und nicht müde werden.

Liebe Gemeinde!

Manche von uns haben sie vor einer Woche, im Lauf des Ostersonntags, erlebt: eine *wohlige Müdigkeit*, die uns übermannt hat und die Augenlider nach unten drückte. So ging's den Jugendlichen mit ihrem Jugendkreisleiter Johannes Weber und den erwachsenen Gästen, die die Osternachts-Andachten in der Martinskirche mit den Jugendlichen mitgefeiert haben: am Karsamstag um 21.00 und 23.00 Uhr und am Ostersonntag um 1.00 und 3.00 Uhr – irgendwann im Lauf des Ostermorgens klappten die Augendeckel zu. Eine wohlige Müdigkeit kam im Lauf des Ostersonntags auch über die, die sich kurz nach 5.00 Uhr hier vor der Leonhardskirche zum Osterfeuer trafen und dann die Ostermorgen-Liturgie hier in der Kirche feierten. Auch diejenigen, die sich in der Morgenfrühe zur Auferstehungsfeier auf dem Friedhof aufgemacht hatten, konnten diese Müdigkeit spüren. Eine wohlige Müdigkeit, wie gesagt, nach all den schönen Osterliedern und österlichen Eindrücken wie Teelichter in der dunklen Kirche, Feuer vor der Kirche und Sonnenaufgang auf dem Friedhof. Neben solcher wohligen Müdigkeit gibt es freilich auch die *bleierne Müdigkeit*, wenn ein Mensch sich ständig über die Kräfte hinaus verausgaben muss, wenn die Gesamtlast, die einer tragen muss, einfach zu viel wird. Beide Gestalten der Müdigkeit kennen wir aus eigener Erfahrung. Umso mehr lässt unser heutiges Predigtwort aus dem Jesajapropheten aufhorchen, wo es um die Zufuhr neuer Kraft geht, „dass sie auffahren mit Flügeln wie Adler, dass sie laufen und nicht matt werden, dass sie wandeln und nicht müde werden"? Unsere Erfahrung sagt uns doch: Selbst mit Muntermachern wie Koffein oder Red-Bull können wir die Müdigkeit zwar etwas hinauszögern, aber nach einer kurzen Aufputsch-Phase kehrt sie umso heftiger wieder zurück. Wandeln und nicht müde werden – wie, bitteschön, soll das zugehen?

Wenn wir den gesamten Abschnitt überblicken, den wir eben als Predigttext gehört haben, dann wird uns deutlich: *Nicht* ermatten, *nicht* müde werden – das kann und muss nur einer: Gott. Wie sagt der Prophet: „Weißt du nicht? Hast du nicht gehört? Der HERR, der ewige Gott, der die Enden der Erde geschaffen hat, wird nicht müde noch matt." Zu unserem *irdischen* Leben freilich gehören die Grenzen, die physischen ebenso wie die psychischen, die körperlichen wie die seelischen. Wenn wir ehrlich mit uns selbst sind, erleben wir uns immer wieder als müde und unvermögend. Selbst kraftstrotzende junge Männer im Zenit ihrer physischen Kraft werden müde und matt, straucheln und fallen. Der Gott, den der Jesajaprophet seinen Hörer/innen verkündet, weiß um das Unvermögen und die Müdigkeit seiner Geschöpfe. Dieser Gott ist es aber auch, der täglich neu Kraft zum Aufstehen und Weitergehen gibt – trotz allem. Viele haben ihre eigene Geschichte und ihre eigenen Erfahrungen mit diesem Bibelabschnitt, der die Müdigkeit und das Unvermögen zulässt und der zugleich vom Zuwachs neuer Kraft spricht, die wir nicht aus dem Reservoir eigener Möglichkeiten schöpfen müssen.
Drei solcher Erfahrungen mit diesen Worten des Jesajapropheten will ich nennen:

Die erste Erfahrung ist eine ganz persönliche Erfahrung. Zwischen dem Abitur und dem Beginn meines Theologiestudiums arbeitete ich eine Zeitlang im Kinderdorf der Paulinenpflege in Winnenden. Ich war als Praktikant einer Gruppe mit neun verhaltensauffälligen Kindern und Jugendlichen zugeteilt. Und diese neun hatten in ihren wenigen Lebensjahren schon manche Erzieherin und manchen Praktikanten kommen und gehen sehen, einer hatte schon mehr als 30 erlebt. Und so konnte es nicht ausbleiben, dass sie auch mich austesteten und ich zum ersten Mal in meinem Leben hart an die Grenzen kam - bis dahin, dass einer mit dem Küchenmesser vor mir stand. Eigentlich wäre ich am liebsten weggelaufen. Aber das geht eben im wirklichen Leben nicht. An einem Abend stieß ich nach der Rückkehr aus der Gruppe auf das Bibelwort: *„Er gibt dem Müden Kraft, und Stärke genug dem Unvermögenden."* Und ich wusste: „Das gilt jetzt dir ganz persönlich. Da will Gott dich jetzt aufbauen und dir Mut machen." Es war beileibe nicht so, dass vom anderen Tag an alles ganz glatt gelaufen wäre. Ich merkte, wie sehr ich auf die Begleitung durch die erfahrenen Erzieherinnen in der Gruppe angewiesen war. Aber ich spürte die Stärkung von innen her, die mir dieses Wort aus dem Jesajapropheten gab. Es war eine innere Kraft, die mich standhalten ließ, trotz allem, die mir einen verständnisvollen Blick auf jedes der neun Kinder und Jugendlichen eröffnete. Es war eine Kraft, die mir ermöglichte, *mit* meinen Grenzen an dem mir zugewiesenen Platz zu bleiben. Ich spürte das Kraftfeld, das von diesem Bibelwort ausgeht, und das in meiner Lebensbilanz die Zeit in Winnenden mit diesen jungen Menschen und ihren speziellen Lebensgeschichten zu einer wertvollen Zeit werden ließ.

Die zweite Erfahrung mit diesem Wort aus dem Jesajapropheten: Theophil Askani, der große seelsorgliche Prediger in Ulm und Reutlingen, der mir viel bedeutet, *der am heutigen 27. April 91 Jahre alt geworden wäre*, der sprach in seiner allerletzten Predigt über dieses Jesajawort, das im Jahr 1938 sein Konfirmationsdenkspruch war: „Männer werden müde und matt, und Jünglinge straucheln und fallen. Aber die auf den Herrn harren, kriegen neue Kraft, dass sie auffahren mit Flügeln wie Adler, dass sie laufen und nicht matt werden." Vor dem Hintergrund seiner fortgeschrittenen Krebserkrankung sprach Askani davon, welche Macht und welche Würde in einem Menschenleben die Schwäche hat, das Müde-Werden und das Fallen. Aber der Gott, von dem Jesaja redet, weist die Schwäche nicht von sich. Er geht in der Gestalt Jesu Christi selbst in die Schwäche hinein und begegnet so dem Menschen. Es geschieht, sagte Askani, eine Verwandlung: Die Stärke wird entlarvt, und in den Schwachen wird er mächtig. Es war dem Prediger Askani abzuspüren, wie dieses Jesajawort ihn, der die Schwäche ganz hautnah durchleiden musste, mit neuer Kraft erfüllte – mit neuer Kraft für die letzte, tiefste Grenzsituation.

Die dritte Erfahrung mit diesem Wort aus dem Jesajapropheten: In meinem Heimatort wohnte ein Pfarrer, Kurt Dittert, der sich intensiv befasst hatte mit dem „Zweiten Jesaja", dem Deuterojesaja, der ab dem 40. Kapitel des Jesajabuches mit seiner Trostbotschaft zu Wort kommt und der deshalb auch „Jesaja der Tröster" genannt wird. Und dieser ältere Pfarrer führte mich bei jedem Besuch ein Stück weiter hinein in die Zeit Jesajas des Trösters. Immer deutlicher standen mir die Hörer Jesajas des Trösters vor Augen: Judäer, die nach der Zerstörung Jerusalems durch König Nebukadnezar nach Babylon verschleppt worden waren. Einige Jahre sind über das verödete Jerusalem und über das Schwemmland Babyloniens hinweg gezogen, ohne dass sich den Exulanten ein Silberstreif am Horizont gezeigt hätte. Im vergeblichen Warten auf eine Wende haben sie ihre Spannkraft verloren, sind in eine Depression verfallen. Sie wissen zwar noch: Sie sind die Nachkommen des Ahnherrn Jakob, die Jakobskinder. Jakob hatte für sich und seine Nachkommen die Verheißung erhalten, dass Gott behütend mit ihm auf dem Weg ist. Aber jetzt hockt das Volk, dem die Jakobsverheißung gilt, deprimiert da. Als heimatlose Gesellen sitzen sie an den Wassern Babels in der Fremde und klagen: *„Verborgen ist mein Weg vor dem Herrn, und an meinem Gott geht mein Recht vorüber."* Am Widerspruch zwischen Verheißung und Realität ist das Jakobsvolk im Exil müde geworden: müde zu hoffen, müde zu glauben, müde zu lieben, müde, weiter zu gehen.

Als einfühlsamer Seelsorger richtet Jesaja die judäische Exulantenschar auf. Er nimmt Anteil an ihrer Schwermut und ihrer Klage. Er spricht sie an mit „Jakob", dem Namen ihres Stammvaters. Damit gibt Jesaja ihnen zu verstehen: „Ihr tragt die unverbrüchlichen Verheißungen mit euch, die einst eurem Ahnvater gegeben wurden! Euch gilt wie Jakob die Zusage Gottes, dass er behütend mit euch auf dem Weg ist." Also: Allein schon die Anrede ‚Jakob' schlägt einen ersten Hoffnungsfunken. Dann hebt der Prophet wieder ins Bewusstsein, was Israel seit alters weiß, was sie in den Psalmen im Gottesdienst gelernt haben: Dass sie Gottes Geschöpfe sind; dass Gott der Schöpfer der *ganzen* Welt ist. Und, sagt der Prophet, Gottes Macht erstreckt sich sogar noch über das Himmelsheer der Gestirne – für die Babylonier waren die Sterne Schicksal bestimmende göttliche Mächte; für die Israeliten, für die Jakobskinder, aber sind die Sterne Geschöpfe Gottes. Gott kennt sie alle mit Namen. Dieser Gott ist unermüdlich am Wirken in dieser Welt. ***Und der ist's, der auch den einzelnen Müden nicht übersieht.***

Innere Stärke und äußere Standfestigkeit gewinnt, wer auf Gott „harrt", und nicht länger nur aus seinen eigenen Möglichkeiten existiert. Harren, das ist etwas anderes als das *ungeduldige* Warten, bei dem einer alle fünf Minuten auf die Uhr schaut. Das taugt nicht für unsere Geschichte mit Gott. Es ist auch etwas anderes als das *gleichgültige* Warten, in dem die Spannung zerbrochen ist. Das *Harren* auf Gott ist das *Beharren* auf seinen Zusagen, die er den Vätern und Müttern des Gottesvolkes gegeben hat. Gewiss, es gibt viel vergebliches Warten auf unserer Welt, und ständig will es das Warten auf Gott Lügen strafen. Und doch gewinnt das zuversichtliche Warten auf Gott vor den Enttäuschungen des Tages. „Jesaja der Tröster" sagt den Exulanten damals und uns heute: In dem Maße, wie wir Harrende, Auf-Gott-Gespannte bleiben, bekommen wir je und je die Kraft zugeführt, den Weg weitergehen zu können, der vor uns liegt. Die tägliche Kraft für den zu gehenden Weg – das ist das Wunder, das der Prophet seinen Hörern in Aussicht stellt.
Der Prophet beschreibt die „neue Kraft", die Gott den auf ihn Harrenden zuwachsen lässt, mit einem eindrucksvollen Bild: *„Sie werden auffahren mit Flügeln wie Adler."* Wenn auf der Falknerei Hohenbeilstein im Bottwartal der Adler mit mächtigem Flügelschlag abhebt zum majestätischen Flug über das Tal, duckt man unwillkürlich Kopf und Schultern. So hat Jesaja die Wirkung der Kraft Gottes gesehen, wenn sie über die Wartenden kommt. Der Flügelschlag des Königs der Lüfte ist ein imposantes Bild für die souveräne Macht Gottes über alle schleichenden, scheinbar allgegenwärtigen Mächte der Dunkelheit.

Aber nicht immer gleicht die neue Kraft dem Flügelschlag des Adlers. Manchmal ist die neue Kraft ganz dicht bei der Schwäche, hält Zwiesprache mit ihr und hat dabei ihre Wirkung im Verborgenen. Denn der große Gott, Schöpfer Himmels und der Erde, begegnet uns nicht nur in der Stärke, sondern auch in der Schwäche, in *seiner* Schwäche. Wenn wir ins Neue Testament schauen, sehen wir, wie uns in der Gestalt Jesu Christi der Gott der Adlerflügel ganz anders begegnet: als ein Menschenbruder, als ein Leidensbruder, als einer, der um unsere Schuld weiß und sie trägt, als einer, der mit uns in die Klagen und in die Grenzsituationen hinein geht. Er setzt sich der Schwäche aus. Mit seinem Sterben ist Jesus in die letzte Grenzsituation hinein gegangen. Aber Gott hat Jesus nicht im Tod gelassen. Gott hat über ihn als ersten die Kraft der Auferstehung kommen lassen, die ihn auffahren ließ aus der Tiefe von Tod und Grab. Die auf den Herrn harren, kriegen neue Kraft, dass sie auffahren mit Flügeln wie Adler – eine bildkräftige Umschreibung der Kraft der Auferstehung, an Jesus ein für allemal bewahrheitet. Diese Kraft der Auferstehung gibt unserer Hoffnung weite Segel *und* stärkt uns Hände und Sinne für unsere Gegenwart.

Zunächst: Diese Kraft gibt unserer Hoffnung weite Segel. Wer aus der Kraft der Auferstehung lebt, weiß, dass Leben mehr ist als die irdische Wegstrecke, die uns zugemessen ist. Mein Leben kommt von Gott her und führt zu Gott zurück. Aus dieser Gewissheit heraus muss ich in dieser irdischen Lebenszeit nicht in unersättlicher Lebensgier das letzte herausholen, rücksichtslos Gas geben und andere an die Wand fahren. Meine irdische Lebenszeit ist Teil einer viel umfassenderen Lebendigkeit vor Gott. In der Kraft der Auferstehung müssen am Ende meines irdischen Lebens Mattigkeit und Beschwernisse weichen. Johann Sebastian Bach sagt und singt davon in seiner „Kreuzstabskantate". Für Bach ist der Übergang vom irdischen ins ewige Leben zugleich die Erlösung von irdischen Gebrechen und Trübsalen, und er beschreibt dies mit Worten aus Jesaja 40: *„Endlich, endlich wird mein Joch / wieder von mir weichen müssen. / Da krieg ich in dem Herrn Kraft, / da hab ich Adlers Eigenschaft, / da fahr ich auf von dieser Erden / und laufe sonder matt zu werden, / o gescheh es heute noch!"*
Aber zugleich gilt auch das andere: Solange uns noch irdische Lebenszeit anvertraut ist, beflügelt die Kraft der Auferstehung uns zum Einsatz für das Leben hier auf

Erden. Auffahren mit Flügeln wie Adler – dieses Bild zielt nicht auf Abheben und Davonfliegen, als ginge uns das Untere nichts mehr an. Wer im Aufwind Gottes sich wie ein Adler aufschwingt, tut es aus Treue zur Erde. Überblick und Einsicht, die man oben gewinnt, müssen unten Auswirkungen haben. Der Horizont, der Ziel und Richtung weist, dient der Orientierung im Gestrüpp des Alltags. Gott gibt uns nicht Kraft, damit wir uns davonmachen, sondern, damit wir uns einmischen auf Erden.

Bei einer Prominenten-Umfrage zum Thema: „Auferstehung?" brachte es die ehemalige Bundesjustizministerin Herta Däubler-Gmelin treffend so auf den Punkt: „Auferstehungsglaube ist die Zuversicht, dass der Tod eben nicht das letzte Wort hat. Der Glaube an den auferstandenen Christus gibt die Kraft und den langen Atem, gegen all das zu kämpfen, was den Todesmächten dieser Welt Raum geben will: gegen Hass und Gewalt, gegen Ungerechtigkeit und Willkür. Gerade die Verheißung, dass Leben bei Gott nicht mit dem Tod endet, verpflichtet dazu, auf der Erde für das Leben einzutreten."

Kraft und langer Atem – sie wachsen uns zu, wo wir auf den Herrn harren. Üben wir es von neuem ein. Amen.

Geleitet vom Engel Gottes
Konfirmationspredigt am 29.04.2012 in der Martinskirche Langenau, Tobias 5, 23

Liebe Konfirmandinnen und Konfirmanden!
Liebe Angehörige! Und liebe Festgemeinde!
Mit dem heutigen Festgottesdienst der Konfirmation erreicht unser gemeinsames Konfirmandenjahr seinen Zielpunkt. Ein Jahr lang sind wir gemeinsam auf dem Weg gewesen – mit einigen von Euch im Religionsunterricht werden's sogar zwei Jahre. Unser gemeinsamer Weg durch das Konfirmandenjahr führte uns regelmäßig Mittwochnachmittags zusammen. Wir haben die Martinskirche erkundet, haben die Church-Night am 31. Oktober erlebt, das Adventsliedersingen, vor wenigen Wochen unsere Konfirmandenfreizeit in Würzburg mit allen rund 90 Langenauer Konfirmanden, mit Moschee- und Synagogenbesuch und unserer eindrücklichen Abendmahlsfeier, und schließlich auch die Goldene Konfirmation, an der Ihr mitgewirkt habt.
Eine konstante Begleiterin auf unserem Weg durchs Konfirmandenjahr war die **Konfirmandenbibel**, die Ihr zu Beginn Eures Konfirmandenjahrs im Bibelübergabe-Gottesdienst überreicht bekommen habt: im Stuhlkreis am Anfang unserer Konfirmandenstunde haben wir immer einen Psalm aus ihr gebetet, und wir haben uns wichtige Geschichten und Worte, die tragen, angestrichen – gewissermaßen als Wegzehrung, die Ihr Euch in Euren Lebensrucksack packt. Das letzte Wort, das wir uns in unserer Bibel angestrichen haben, steht im Buch Tobias im 5. Kapitel (Vers 23): **„So zieht hin! Gott sei mit euch auf dem Wege, und sein Engel geleite euch!"**
Um das Buch Tobias zu finden, mussten wir etwas blättern in unserer Bibel. Es ist auch nur in *den* Bibelausgaben zu finden, die die Apokryphen enthalten, diejenigen Schriften, die Martin Luther zwischen das Alte und Neue Testament gestellt hat, weil sie in der Sammlung der hebräischen Schriften des Alten Testaments nicht enthalten waren; Schriften, die in den letzten Jahrhunderten vor Jesu Auftreten entstanden sind. Die Erzählung von Tobias ist kein Tatsachenbericht, sondern eine farbenprächtige, ausgeschmückte Lehr-Erzählung mit weisheitlichen Motiven und märchenhaften

Zügen. Aber *in genau dieser Gestalt transportiert die Tobiasgeschichte bedeutende Lebensweisheiten und tiefe Glaubenswahrheiten:* Gott lässt Menschen verschlungene Wege gehen, die mitunter beschwerlich sind und dunkle Etappen umfassen können. Mut zum Leben, Zivilcourage, Barmherzigkeit mit den Bedürftigen sind Werte, die durchs Leben tragen. Und Gott hat seine Hand im Spiel, er führt mit ungeahnten, aber doch natürlichen Mitteln die Seinen zum Ziel und zum Heil.

Das Tobiasbuch erzählt eine Weggeschichte, in deren Verlauf Menschen tief gehende Erfahrungen mit dem Erwachsenwerden und Selbständigsein machen. Und deshalb ist es ein biblisches Buch, das Euch, liebe Konfirmandinnen und Konfirmanden, sehr nahe steht. Worum geht's in der Tobiasgeschichte?
Tobias senior und Hanna, die Eltern des jungen Tobias, haben im Leben Aufstieg und Fall erfahren, Licht und Dunkel, Dunkel und Licht. Tobias senior lebt auch in feindseliger Umgebung seinen Glauben. Dazu gehört es für Tobias, die Werke der Barmherzigkeit zu tun, z.B. Hungrige zu speisen, Nackte zu kleiden. Seinem in Not geratenen Stammesgenossen Gabaël in Rages in Medien gewährt er einen erheblichen Kredit, zehn Talente, rund 410 kg Silber. Die vom assyrischen König Erschlagenen begräbt er. Tote begraben ist sehr anstrengend, und so legt Tobias senior sich im Schutz einer Mauer nieder und schläft ein. Da lässt eine Schwalbe aus ihrem Nest ihren heißen Dreck auf seine Augen fallen, davon wird er blind. Rasch rutscht die Familie in die Armut ab. Um wieder über die Runden zu kommen, beauftragt der alte Tobias seinen Sohn, den jungen Tobias, den entliehenen Silberschatz zurückzuholen. „Suche dir einen zuverlässigen Begleiter, der für ein Wegegeld mit dir geht, damit du den Silberschatz bekommst, solange ich noch lebe", sagt der Vater zum Sohn. Vater und Mutter wissen, der junge Tobias muss ziehen, und sind doch in großer Sorge. Draußen auf dem Marktplatz findet der junge Tobias einen stattlichen jungen Mann, der reisefertig dasteht. Tobias weiß noch nicht, dass es ein Engel Gottes ist, der Engel Rafael, der sich als Asarja ausgibt. Und welch ein Glück – Asarja kennt Gabaël, dem der alte Tobias das Silber geliehen hatte. Der

Vater Tobias entlässt den jungen Tobias und den vermeintlichen Asarja, der in Wahrheit der Engel Rafael ist, mit den Worten: *"So zieht hin! Gott sei mit euch auf dem Wege, und sein Engel geleite euch!"*
Auf abenteuerlichen Wegen erfährt der junge Tobias immer wieder die helfende Hand des Engels. Der Engel rettet Tobias vor dem Riesenfisch, der am Ufer des Flusses Tigris nach Tobias schnappt und ihn verschlingen will. Der Engel belehrt Tobias, dass die Eingeweide dieses Fisches, den sie gefangen haben, zur Vertreibung von Dämonen und als Medizin nützlich seien. Dann führt der Engel den Tobias ins Haus des Raguël, eines entfernten Verwandten seines Vaters, und dessen Tochter Sara. Tobias heiratet Sara und befreit sie durch Gebet und das Verbrennen der aufbewahrten Fisch-Innereien in der Brautnacht von ihren Dämonen. Während Tobias bei seiner Braut bleibt, zieht Rafael nach Rages zu Gabaël und nimmt das Silber-Geld für Tobias in Empfang. Nach der vierzehntägigen Hochzeitsfeier kehren Tobias und Sara mit dem Engel, den sie immer noch für Asarja halten, zu Tobias senior und Hanna zurück. Bei der Begegnung mit seinem Vater streicht ihm Tobias die Fischgalle auf die Augen, wie der Engel es ihm gesagt hatte, und Tobias senior erlangt sein Augenlicht wieder. Vater und Sohn begehen die Heimkehr und Gesundung mit einem Freudenfest. Da gibt Rafael sich zu erkennen: Er ist der von Gott gesandte Engel, der dem alten Tobias und Sara helfen und den jungen Tobias auf seinem gefahrvollen Weg begleiten sollte. „Ich bin Rafael, einer von den sieben Engeln, die vor dem Herrn stehen. Friede sei mit euch! Fürchtet euch nicht! Nun ist's Zeit, dass ich wieder zu dem hingehe, der mich gesandt hat; dankt ihr aber Gott und verkündigt alle seine Wunder!" Sprach's und verschwand vor ihren Augen.
Liebe Konfirmanden, liebe Eltern und liebe Festgemeinde, das ist eine Geschichte, der man die Freude abspürt, mit der sie erzählt wurde, aber auch die Tiefgründigkeit, die hinter der bunten Erzählung sichtbar wird. **Da ist der junge Tobias**, der aufbricht, der die weite Reise unternehmen muss – und auf dieser Reise wird er erwachsen, sammelt viele Lebenserfahrungen, macht lebensentscheidende Begegnungen, findet die Partnerin fürs Leben und kehrt als gereifte Persönlichkeit zu den Eltern zurück. Als inneren Kompass für diese Reise ins Erwachsenwerden trägt

Tobias die **Werte in sich, die ihm die Eltern mitgegeben haben** und die, die ihn in Kindheit und Jugend begleitet haben: Gottvertrauen und das Tun der Werke der Barmherzigkeit. Und der junge Tobias hat die **Segenszusage im Rücken**, die ihm sein Vater mit auf den Weg gegeben hatte und die seine Schritte beflügelt. Unmittelbar vor der Abreise gab es ja eine Einsegnung – eine Einsegnung, wie sie nachher auch an Euch, liebe Konfirmandinnen und Konfirmanden, vollzogen wird. „Was bedeutet mir die Einsegnung?", haben wir uns auf unserem Konfi-Wochenende gefragt. Und Ihr habt u.a. geschrieben: „Für mich bedeutet die Einsegnung, dass Gott immer bei mir und anderen ist. Dass ich nie allein bin. Und die Taufe bestätige. Für mich bedeutet die Einsegnung nochmals eine Bestätigung des Glaubens an Jesus Christus." So, wie Ihr das selbst geschrieben habt, fällt Licht auf die Segensworte des alten Tobias. Wenn der sagt: „So zieht hin! Gott sei mit euch auf dem Wege...", dann klingt für uns als Christen darin die Zusage des auferstandenen Jesus Christus mit, die wir vorhin beim Aufsagen des Taufbefehls hörten: Christus spricht: „Siehe, ich bin bei euch alle Tage bis an der Welt Ende." Diese Zusage ist mehr als das billige: „Halt die Ohren steif, wird schon klappen, null Problem!" Nein, der Aufbruch ins Erwachsenwerden ist spannend, er ist mit Glück- und Freiheitserfahrungen verbunden, aber es gehören genauso Lernwege und Herausforderungen dazu, Glück und Traurigkeit, Erfolge und Niederlagen – erst die komplette Bandbreite der Erfahrungen macht die Buntheit wirklichen Lebens aus. Und dafür bekommt auch Ihr die Segenszusage mit: „So zieht hin! Gott sei mit euch auf dem Wege, und sein Engel geleite euch!" Sein Engel geleitet Euch, d.h. Gott aktiviert seine guten Mächte für Euch, mit denen er Euch umgibt, auf guten und weniger guten Wegen. Gottes Macht und Kraft ist um Euch, wie immer euer Weg sein wird, ob gerade leicht oder gerade schwer, ob hell oder dunkel. Du gehst nicht allein. Du wirst begleitet, so wie Tobias vom Engel Rafael begleitet wurde. Und mehr noch: Das Wort Engel heißt übersetzt ganz schlicht: Bote, Botin – und es erinnert Euch an Eure Lebensbestimmung als Christenmenschen: dass Ihr auch selber zu Boten und Botinnen der Barmherzigkeit und Liebe Gottes werdet, dass Ihr zu Boten und Botinnen der Auferstehungshoffnung werdet: Jesus ist auferstanden – und darum stehen wir auf und tun, was dem Leben dient, damit es kein lang gestreckter Tod ist, sondern blühen und gedeihen kann in seiner ganzen bunten, gottgewollten Fülle.

„So zieht hin!" – Glücklicherweise ist die Konfirmation heute nicht mehr wie in frühen Zeiten mit dem sofortigen Beginn des Arbeitslebens und dem Auszug in die Fremde verbunden. Aber Ihr, liebe Konfirmandinnen und Konfirmanden, seid auf dem Weg ins Erwachsenwerden, und d.h. Ihr übernehmt mehr und mehr Verantwortung für Euch selber, Ihr werdet mehr und mehr selbständig. **Für uns Eltern** heißt das, Euch mehr und mehr eigene Schritte zuzutrauen, Euch immer ein Stück mehr loszulassen. Und da ist es gut, dass im Tobiasbuch auch von den Eltern die Rede ist. Wir Eltern freuen uns über eigene Schritte, über das, was Ihr selber hinbekommt. Wir haben verstanden: Ihr seid nicht mehr die kleinen Wichte, die wir auf den Armen zum Taufstein getragen haben, wir sitzen nun einander gegenüber Auge in Auge. Aber weil Ihr uns so wertvoll seid, ist in den Elternherzen auch Sorge, und fließen bei manchem Abschied Tränen. Joachim Gauck, unser neuer Bundespräsident, erzählt von einer besonderen Abschiedssituation von seinen Söhnen. Jahrelang hatten Gaucks Söhne für ihre Ausreise aus der DDR gekämpft, wo ihnen aus politischen Gründen die Ausbildung zum Arzt verwehrt wurde und sie viele Schikanen erleiden mussten. Dann durften sie 1987 ausreisen. Auf dem Bahnsteig in Rostock wurde es ein tief emotionaler Abschied – ungewiss für wie lange. *„'Wein doch nicht!'", sagte ich zu meiner Frau. Ich hatte mich gegen das Zukunftsfieber der Aufbrechenden immun gemacht und wollte die Trauer der Bleibenden nicht teilen. Stattdessen erklärte ich meiner Frau die Welt: ‚Von Anbeginn der Zeit gehen erwachsene Kinder in die Welt hinaus, verlassen Eltern und Heimat. Was trauerst du also, wenn doch alles normal ist?"* [31] 25 Jahre später, vor kurzem in der Gesprächsrunde bei Beckmann, sagte Joachim Gauck sehr ehrlich, sehr offen und sichtbar bewegt: „Ich würde mir heute meine Gefühle nicht mehr so hart verbieten." Als *im Tobiasbuch* der junge Tobias und sein Engels-Begleiter losziehen, **da haben die Sorgen und die Tränen der Eltern ihren Raum.** Aber es ist auch das **Zutrauen** da, dass Gottes Segen den Aufbrechenden umhüllt und Gottes Engel ihn

---
[31] Joachim Gauck, Winter im Sommer – Frühling im Herbst, München 2009, S. 95

geleitet und durchbringen wird. Der alte Tobias sagt, und das könnten auch unsere Worte als Eltern sein: *"Ich glaube, dass ein guter Engel Gottes mein Kind geleitet und alles zum Besten lenkt, was ihm begegnet."* (Tobias 5,29)

Bei unserem Einzug in die Martinskirche, liebe Konfirmanden, sind wir an der Engelsfigur unter der Kanzel vorbeigezogen. Vielleicht haben die, die ihn vor 350 Jahren gemacht haben, auch an diese wunderbare Tobiasgeschichte gedacht. Durch ein Missgeschick hatte er vor Weihnachten einen Flügel verloren und stand einige Monate mit nur einem Flügel da – so, als wollte er Euch und uns alle an unseren Auftrag erinnern, den Luciano di Crescendo einmal so ausdrückte: „Wir sind Engel mit nur einem Flügel. Um fliegen zu können, müssen wir uns umarmen." Vor wenigen Tagen hat der Restaurator den zweiten Engelsflügel wieder angebracht. Zwei Flügel, symbolkräftige Hinweise darauf, dass der Engel in ewige Welt Gottes gehört, dass in ihm Gottes Kraft und Macht um uns und auf unserem Weg ist – und so erinnert er uns nun wieder an den Tobiassegen: „So zieht hin! Gott sei mit euch auf dem Wege, und sein Engel geleite euch!" Amen.

Der lebendige Herr der Kirche
Predigt über Apostelgeschichte 1, 1-14 am Sonntag Exaudi, 27.05.2001, in der Amanduskirche Bad Urach[32]

1 ¹ Den ersten Bericht habe ich gegeben, lieber Theophilus, von all dem, was Jesus von Anfang an tat und lehrte ² bis zu dem Tag, an dem er aufgenommen wurde, nachdem er den Aposteln, die er erwählt hatte, durch den Heiligen Geist Weisung gegeben hatte. ³ Ihnen zeigte er sich nach seinem Leiden durch viele Beweise als der Lebendige und ließ sich sehen unter ihnen vierzig Tage lang und redete mit ihnen vom Reich Gottes.

⁴ Und als er mit ihnen zusammen war, befahl er ihnen, Jerusalem nicht zu verlassen, sondern zu warten auf die Verheißung des Vaters, die ihr, so sprach er, von mir gehört habt; ⁵ denn Johannes hat mit Wasser getauft, ihr aber sollt mit dem Heiligen Geist getauft werden nicht lange nach diesen Tagen.

⁶ Die nun zusammengekommen waren, fragten ihn und sprachen: Herr, wirst du in dieser Zeit wieder aufrichten das Reich für Israel?
⁷ Er sprach aber zu ihnen: Es gebührt euch nicht, Zeit oder Stunde zu wissen, die der Vater in seiner Macht bestimmt hat; ⁸ aber ihr werdet die Kraft des Heiligen Geistes empfangen, der auf euch kommen wird, und werdet meine Zeugen sein in Jerusalem und in ganz Judäa und Samarien und bis an das Ende der Erde.

⁹ Und als er das gesagt hatte, wurde er zusehends aufgehoben, und eine Wolke nahm ihn auf vor ihren Augen weg. ¹⁰ Und als sie ihm nachsahen, wie er gen Himmel fuhr, siehe, da standen bei ihnen zwei Männer in weißen Gewändern. ¹¹ Die sagten: Ihr Männer von Galiläa, was steht ihr da und seht zum Himmel? Dieser Jesus, der von euch weg gen Himmel aufgenommen wurde, wird so wiederkommen, wie ihr ihn habt gen Himmel fahren sehen.

¹² Da kehrten sie nach Jerusalem zurück von dem Berg, der heißt Ölberg und liegt nahe bei Jerusalem, einen Sabbatweg entfernt.
¹³ Und als sie hineinkamen, stiegen sie hinauf in das Obergemach des Hauses, wo sie sich aufzuhalten pflegten: Petrus, Johannes, Jakobus und Andreas, Philippus und Thomas, Bartholomäus und Matthäus, Jakobus, der Sohn des Alphäus, und Simon der Zelot und Judas, der Sohn des Jakobus. ¹⁴ Diese alle waren stets beieinander einmütig im Gebet samt den Frauen und Maria, der Mutter Jesu, und seinen Brüdern.

Liebe Gemeinde!

Es mag in den frühen 80er Jahren des 15. Jahrhunderts gewesen sein, als der Bauherr der Amanduskirche, Graf Eberhard, der Baumeister Peter von Koblenz und der Propst des Brüderhauses St. Amandus in Urach, Gabriel Biel, drüben im Schloss zusammenkamen. Der Baumeister Peter hatte auf dem großen eichernen Tisch ein Pergamentblatt entrollt, auf dem einige Zeichnungen zu sehen waren. „Euer Gnaden,

---
[32] Die Predigt bildete den Auftakt zur Predigtreihe „Wovon die Kirche lebt – Texte aus der Apostelgeschichte" aus Anlass des 500/100-Jahr-Jubiläums der Stiftskirche St. Amandus in Bad Urach

hochwürdiger Propst", hob der Baumeister an und wandte sich den beiden Gesprächspartnern zu, „Jetzt sind wir so weit, wir können daran gehen, das provisorische Holzdach vom neu errichteten Chor abzunehmen und den Chor einzuwölben. Seht hier auf die Zeichnung, ich habe ein schönes Netzrippengewölbe vorgesehen. An den Hauptkreuzungspunkten auf der Mittellinie der Chordecke lasse ich Schlusssteine anbringen." „Ausgezeichnet, ganz ausgezeichnet", kommentierte der Graf die Ausführungen des Baumeisters. Und der Graf fuhr fort: „Hier am Chorhaupt, an herausragender Stelle, gehört der Kirchenheilige, der Kirchenpatron Amandus hin. Die Kirchenpatrone, die bei der Weihe 1477 neu hinzukamen, Maria und Andreas, sollten folgen." Der Baumeister Peter meinte schmunzelnd: „Mir liegt aus nachvollziehbaren Gründen auch eine Petrusdarstellung nahe." Jetzt ergriff der Propst Gabriel Biel das Wort: „Euer Gnaden, lieber Baumeister, Urach als Residenzstadt verdient eine Residenzkirche, die so groß ist wie die Stuttgarter Stiftskirche. So weit, so gut. Aber die neue Amanduskirche soll auch zu einem geistig-geistlichen Zentrum der Grafschaft Württemberg-Urach werden. Dieser innere Aufbau der Kirche kann aber nur gelingen, wenn Christus, der Herr der Kirche, im Mittelpunkt steht. Und ihr wisst, wir Brüder vom gemeinsamen Leben richten uns ganz aus nach den einfachen biblischen Weisungen zur Nachfolge Christi. Deshalb ist mein Rat: An der herausragenden Stelle im Chorhaupt sollte nicht eine Amandusdarstellung, sondern eine Christusdarstellung stehen - so wie dann im Langhaus auch an erster Stelle. Dieser Schlussstein an herausragender Stelle stellt Christus als den lebendigen Herrn der Kirche dar. Diesem Christusschlussstein *unter*ordnen würde ich das Meisterschild des Baumeisters, im Rippenbogen vom Chormittelfenster aus. Und diesem Christusschlussstein *nach*ordnen würde ich - im Scheitelpunkt des Gewölbes - die Kirchenheiligen Maria, Amandus und Andreas, sowie Petrus."

So oder so ähnlich könnte das Gespräch zwischen Bauherr, Baumeister und Geistlichem gelaufen sein. Und die von Gabriel Biel konzipierte Anordnung der Steine und ihr Bildprogramm ist bis heute so erhalten geblieben, allen Bilderstürmen und baulichen Eingriffen zum Trotz. So haben wir es bis heute vor Augen: Die Linien des sichtbaren Kirchenraums laufen zusammen in dem Schlussstein im Chorhaupt, der Christus darstellt. Damit setzt der sichtbare Kirchbau architektonisch um, was im Neuen Testament - am Schluss der Evangelien und am Anfang der Apostelgeschichte - berichtet wird. Dass nämlich Kirche sich nicht sich selbst verdankt. Vielmehr verdankt sie ihre Entstehung, Erhaltung und Vollendung dem lebendigen Herrn der Kirche.

So hat es Martin Luther sehr zuversichtlich gesagt: „Wir sind es ja doch nicht, die da die Kirche erhalten könnten. Unsere Vorfahren sind's nicht gewesen, unsere Nachkommen werden's auch nicht sein, sondern der ist's gewesen, ist's noch und wird's sein, der da sagt: Ich bin bei euch alle Tage bis zur Vollendung der Weltzeit."

Drei Linien aus unserem Predigttext aus dem Anfangskapitel der Apostelgeschichte: (1) Christus zeigt sich nach seinem Leiden den Aposteln als der lebendige Herr in einem Zeitraum von 40 Tagen. (2) Christus entzieht sich leiblich, um in neuer Weise über Raum und Zeit hinweg den Seinen nahe und gegenwärtig sein zu können, und (3) der wartenden und betenden Gemeinde verleiht Christus seinen Geist und macht sie zur Kirche in der Kraft des Geistes.

(1) Christus zeigt sich nach seinem Leiden den Aposteln als der lebendige Herr in einem Zeitraum von 40 Tagen. Der Anfang der Apostelgeschichte berichtet von der Scharnierstelle zwischen dem irdischen Weg Jesu und dem Weg der beginnenden Kirche. Es ist die Zeit, in der der Auferstandene seinen Jüngern erscheint, den Augenzeugen, den Aposteln. „Ihnen zeigte er sich nach seinem Leiden als der Lebendige und ließ sich sehen unter ihnen vierzig Tage lang und redete mit ihnen vom Reich Gottes." Der lebendige, auferstandene Christus, der sich ihnen in den Ostererscheinungen zeigt, hat das Leiden nicht einfach wie eine lästige Zwangsjacke abgestreift. Der Auferstandene trägt vielmehr bleibend die Spuren des Leidens an sich, insbesondere die Nägelmale an Händen und Füßen und den Lanzenstich in seiner Seite. So ist er auch dargestellt auf dem Chorschlussstein unserer Amanduskirche: als Schmerzensmann mit den Wundmalen, der in seinen Armen die Marterwerkzeuge trägt. Und doch ist er schon vom Glanz der Auferstehung und Vollendung seiner göttlichen Sendung umgeben. Damit ist sinnenfällig deutlich: Als auferstandener Herr ist Christus doch unser Menschenbruder, ja mehr noch, unser Leidensbruder. Gerade weil er die tiefste Tiefe des Leidens und der Gottverlassenheit durchgemacht hat, kann er uns in aller Solidarität nahe sein, wenn wir in die Grenzerfahrung von Leiden und Tod kommen. Als auferstandener Herr ist er aber zugleich der, der todesüberwindende Macht hat. Das Grab konnte ihn nicht halten, als der österliche Lebensfürst hat er das Grab gesprengt.

Als Auferstandener mit den Wundmalen erscheint Jesus denen, die mit ihm durchs Land gezogen waren und die er auch selber ausgesandt hatte. Durch seine Erscheinungen zeigt er sich ihnen als der lebendige Herr. Diese Ostererscheinungen geschahen offenbar nicht wortlos, sondern Christus lehrte die Jünger offensichtlich, den Verstehensrahmen für seinen Weg ins Leiden aus dem Alten Testament zu beziehen. Die Ostererscheinungen des Auferstandenen vor den Aposteln fanden über einen begrenzten Zeitraum hinweg statt. Die zeitliche Begrenzung und die fundamentale Bedeutung dieser Ostererscheinungen bringt Lukas zum Ausdruck in den „Vierzig Tagen". Diese vierzig Tage, die zurückverweisen auf die 40 Tage, die Mose auf dem Gottesberg verbrachte, unterstreichen die Periode der Zurüstung und Vorbereitung der Apostel für ihre kommenden Aufgaben. Karl Hartenstein hat sie in einer seiner Auslegungen die „heiligen vierzig Tage zwischen Auferstehung und Himmelfahrt" genannt und schreibt dazu: „Man kann über das Geheimnis der vierzig Tage nicht tief genug nachdenken, die Jesus Christus mit seinen Jüngern noch auf dieser Erde und doch schon als der Herr der Ewigkeit durchschreitet. Es sind die Tage, in denen den Jüngern, wie uns die Emmausgeschichte erzählt, die Augen geöffnet werden dafür, wer Jesus Christus ist: der Sohn Gottes, der Herr der Zeit und der Ewigkeit. Nun tut sich ihnen das Alte Testament im Lichte der Auferstehung und des Kreuzes auf. Nun beginnen die prophetischen Bücher zu reden, berührt von der Erfüllung in Christus. Nun leuchtet der Erdenweg Jesu in seiner ewigen Bedeutung auf...Nun werden sie aus Jüngern zu Zeugen seiner Auferstehung und können hingehen in alle Welt, um diese unbegreifliche Wunderbotschaft zu verkündigen. Die vierzig Tage sind der Quell des apostolischen Zeugnisses, der Predigt der Zwölfe, die hinausgehen in alle Welt, die heilige Schule, in der den Aposteln das Christusgeheimnis in seinen letzten Tiefen offenbar wird."

Die besondere Zeit der Begegnung des Auferstandenen mit seinen Jüngern, die der Evangelist Lukas mit den 40 Tagen andeutet, ist die Keimzelle von Kirche. Auf diese Initialerfahrungen der Augenzeugen, der Apostel, gründet sich die Kirche. Die Kirche ist gegründet auf den Grund der Apostel, denen der auferstandene Christus sich gezeigt hat, und auf den Grund der Propheten, in deren Licht der Weg Jesu verständlich wurde. Apostel und Propheten bilden den Grund, Christus ist der Eckstein oder besser Abschlussstein, so lesen wir im Epheserbrief. Auch dies ist im Kirchenraum der Amanduskirche architektonisch umgesetzt. Die Konsolsteine der Nordseite, auf denen die Streben der Seitenschiffe ruhen, stellen Apostel- und Evangelistengestalten dar, die Konsolsteine der Südseite Propheten. Nord- und Südseite wiederum verweisen auf die Christus-Schlusssteine.

(2) Dass der auferstandene Jesus den Jüngern sichtbar begegnete, geschah während einer besonderen, nicht wiederholbaren, begrenzten Zeit. In dieser Zeit konnte er nur bestimmten Einzelnen begegnen, seinen Jüngern eben. Diese besondere Zeit wird dadurch abgeschlossen, dass Jesus sich endgültig leiblich verabschiedet, leiblich entzogen wird. „Gen Himmel fahren" nennt Lukas dieses leibliche Entzogen-Werden Jesu, die Heimkehr zu seinem himmlischen Vater. **Christus entzieht sich leiblich, um in neuer Weise über Raum und Zeit hinweg den Seinen nahe und gegenwärtig sein zu können.**

(3) Der wartenden und betenden Gemeinde verleiht Christus seinen Geist und macht sie zur Kirche in der Kraft des Geistes. Die Jünger, so berichtet Lukas, kehren vom Ölberg zurück nach Jerusalem, wo sie auf sein Geheiß hin auf die Ausrüstung mit dem Heiligen Geist warten (Vers 4) und beieinander einmütig im Gebet sind (Vers 14). Ein sehr verhaltenes, stilles, konzentriertes Bild, das da am Ende unseres heutigen Bibelabschnittes steht.

Mit dem **Warten** auf die Kraft von Jesus Christus her und mit dem **Beten** beginnt die Kirchengeschichte. Warten-Können, bis Gott die Hände füllt, und intensives Gebet ist der Herzschlag der Kirche. Graf Eberhard hat davon gewusst, dass, wenn dieser

Herzschlag aus dem Takt kommt, das zum Schaden auch des Landes geschieht. Wenn das Gebet und Gotteslob in den Kirchen und Klöstern vernachlässigt wurde, dann waren das Heil und die Wohlfahrt des Landes gefährdet. Darum rief er die Brüder vom gemeinsamen Leben nach Württemberg und übergab ihnen die im Bau befindliche Amanduskirche, dass von hier aus eine große geistliche Erneuerungsbewegung und Reformen ausgehen sollten. Warten auf die Ausrüstung mit Gottes belebendem Geist und Beten ist bis heute der Herzschlag der Kirche. Einer Kirche zumindest, die etwas zu sagen hat und nicht nur von Aktion zu Aktion hetzt. Gewiss, wir haben dieses Jahr in und um die Amanduskirche aus Anlass des Jubiläums eine Fülle von Aktionen, die Zeit und Kraft kosten, die aber bei den Menschen neu Freude an der Kirche und der hier verkündigten Botschaft wecken möchten; Aktionen, die neue Zugänge zum Kirchenraum der Amanduskirche ermöglichen möchten. Aber unser heutiger Bibelabschnitt fragt uns an: Sind wir eine Kirche, die warten und beten kann oder nur auf Programme, Pläne und Projekte setzt? Eine Kirche, die warten und beten kann, setzt einzelne Christinnen und Christen voraus, die dies tun. Vielleicht ist es gut, angeleitet von Apostelgeschichte 1 sich an eine Bibelarbeit zu erinnern, die Dietrich Bonhoeffer 1935 unter dem Thema „Der Morgen" in Finkenwalde gehalten hat. Es ist eine kleine Anleitung und Ermutigung zum Warten und Beten: „In die ersten Augenblicke des neuen Tages gehören nicht eigene Pläne und Sorgen, auch nicht der Übereifer der Arbeit, sondern Gottes befreiende Gnade, Gottes segnende Nähe. Bevor das Herz sich der Welt aufschließt, will Gott es sich erschließen; bevor das Ohr die unzähligen Stimmen des Tages vernimmt, soll es in der Frühe die Stimme des Schöpfers und Erlösers hören." Aus solchem Wachen und Beten heraus, wie es die erste Jüngerschar nach Ostern praktiziert hat, erwächst wirkungsvolle Dynamik für ein einzelnes Leben und für die gesamte Kirche. Doch davon nächsten Sonntag mehr. Für heute möge der eine oder die andere unter dem Christus-Schlussstein am Chorhaupt stehenbleiben und sich an das Anliegen Gabriel Biels erinnern: Den wichtigsten Schlussstein im Chorhaupt für den lebendigen Herrn der Kirche, der sie erhält und trägt und dem wir entgegengehen. Amen.

Wunder, die der Heilige Geist bewirkt

Predigt über Apostelgeschichte 2, 1-23.32-33, am Pfingstsonntag, 23.05.2010,
Leonhardskirche und Martinskirche Langenau; Cyriakuskirche Wettingen

² ¹ Und als der Pfingsttag gekommen war, waren sie alle an einem Ort beieinander. ² Und es geschah plötzlich ein Brausen vom Himmel wie von einem gewaltigen Wind und erfüllte das ganze Haus, in dem sie saßen. ³ Und es erschienen ihnen Zungen, zerteilt wie von Feuer; und er setzte sich auf einen jeden von ihnen, ⁴ und sie wurden alle erfüllt von dem Heiligen Geist und fingen an zu predigen in andern Sprachen, wie der Geist ihnen gab auszusprechen.
⁵ Es wohnten aber in Jerusalem Juden, die waren gottesfürchtige Männer aus allen Völkern unter dem Himmel. ⁶ Als nun dieses Brausen geschah, kam die Menge zusammen und wurde bestürzt; denn ein jeder hörte sie in seiner eigenen Sprache reden. ⁷ Sie entsetzten sich aber, verwunderten sich und sprachen: „Siehe, sind nicht diese alle, die da reden, aus Galiläa? ⁸ Wie hören wir denn jeder seine eigene Muttersprache? ⁹ Parther und Meder und Elamiter und die wir wohnen in Mesopotamien und Judäa, Kappadozien, Pontus und der Provinz Asien, ¹⁰ Phrygien und Pamphylien, Ägypten und der Gegend von Kyrene in Libyen und Einwanderer aus Rom, ¹¹ Juden und Judengenossen, Kreter und Araber: wir hören sie in unsern Sprachen von den großen Taten Gottes reden." ¹² Sie entsetzten sich aber alle und wurden ratlos und sprachen einer zu dem andern: „Was will das werden?" ¹³ Andere aber hatten ihren Spott und sprachen: „Sie sind voll von süßem Wein."
¹⁴ Da trat Petrus auf mit den Elf, erhob seine Stimme und redete zu ihnen: „Ihr Juden, liebe Männer, und alle, die ihr in Jerusalem wohnt, das sei euch kundgetan, und lasst meine Worte zu euren Ohren eingehen! ¹⁵ Denn diese sind nicht betrunken, wie ihr meint, ist es doch erst die dritte Stunde am Tage; ¹⁶ sondern das ist's, was durch den Propheten Joel gesagt worden ist (Joel 3,1-5): ¹⁷ »Und es soll geschehen in den letzten Tagen, spricht Gott, da will ich ausgießen von meinem Geist auf alles Fleisch; und eure Söhne und eure Töchter sollen weissagen, und eure Jünglinge sollen Gesichte sehen, und eure Alten sollen Träume haben; ¹⁸ und auf meine Knechte und auf meine Mägde will ich in jenen Tagen von meinem Geist ausgießen, und sie sollen weissagen. ¹⁹ Und ich will Wunder tun oben am Himmel und Zeichen unten auf Erden, Blut und Feuer und Rauchdampf; ²⁰ die Sonne soll in Finsternis und der Mond in Blut verwandelt werden, ehe der große Tag der Offenbarung des Herrn kommt. ²¹ Und es soll geschehen: wer den Namen des Herrn anrufen wird, der soll gerettet werden.«
²² Hört diese Worte: Jesus von Nazareth, von Gott unter euch ausgewiesen durch Taten und Wunder und Zeichen, die Gott durch ihn in eurer Mitte getan hat - ²³ den habt ihr durch die Hand der Heiden ans Kreuz geschlagen und umgebracht. ³² Diesen Jesus hat Gott auferweckt; dessen sind wir alle Zeugen. ³³ Da er nun durch die rechte Hand Gottes erhöht ist und empfangen hat den Heiligen Geist vom Vater, hat er diesen ausgegossen, wie ihr hier seht und hört."

Liebe Gemeinde!

Der Bericht des Lukas vom Pfingstwunder zeigt uns eindrücklich, wie Kraft geladen, wie dynamisch der Geist ist, der über die Jünger kommt. Eben noch saßen Jesu Jünger, die Frauen, Maria und Jesu Brüder beisammen – im Obergemach des Hauses, wo sie sich aufzuhalten pflegten, „stets beieinander **einmütig im Gebet**". Ganz zurückgezogen, ganz in der Warteposition – so hat es uns Lukas im *1. Kapitel* der Apostelgeschichte geschildert. Und nun im *2. Kapitel* seiner Apostelgeschichte schildert Lukas das, was den Jüngern am jüdischen Wochenfest widerfuhr, das auf griechisch „Pentecostä" hieß, „das Fest fünfzig Tage nach dem Passafest". Über die hinter dicken Mauern abgeschottete Jüngerschaft Jesu kommt Gottes Geist, Gottes Kraft. Feuersglut und Sturmestoben sind die bildkräftigen Symbole, in denen sich die Energie und die Dynamik des Geistes im Bericht des Lukas verdichten. Die Wände des Hauses, in dem die Jünger versammelt waren, lösen sich gleichsam auf, und ganz Jerusalem wird nunmehr zum Schauplatz der Handlung, die zur Geburtsstunde der christlichen Kirche wird.

Vom Gebet zur Pfingstpredigt, diese Bewegung durchzieht die beiden ersten Kapitel der Apostelgeschichte. „***Vom Gebet zur Demo***", lautet der Titel einer der zahlreichen, letzten Sommer und Herbst erschienenen Publikationen, die an die 20jährige Wiederkehr der „Friedlichen Revolution" in der DDR erinnerten, die in den Kirchen begann und die aus der Kirche kam.

Die Demonstrationen des Herbstes 1989 wären ohne die Friedensgebete in den Kirchen nicht denkbar gewesen. Diese Friedensgebete, in denen für den Frieden in Europa und in der Welt, zwischen Ost und West gebetet wurde, waren keine Erfindung des Herbstes 1989 – Anfang der 80er Jahre waren sie entstanden, und lange Zeit waren es kleine Zahlen, die sich in den Kirchen zusammenfanden, und eine reale Veränderung war lange Zeit beim besten Willen nicht zu bemerken. Aber die Treue und Beharrlichkeit der Wenigen, die über Jahre hinweg „Fürbitte für alle Menschen, Bitte für den Frieden" taten, die „stets beieinander waren einmütig im Gebet", die sollte sich nun im Herbst 1989 auszahlen.

Der Pfarrer der *Leipziger Nikolaikirche*, *Christian Führer*, - ihr 7. Klässler kennt ihn aus unseren Religionsstunden im Herbst – erzählt, wie es schließlich am 9. Oktober 1989 zum „Wunder von Leipzig" kam – und ***was er erzählt, das klingt ganz pfingstlich***: Beim Friedensgebet hatten die Menschen in der Kirche Hoffnung geschöpft. Trotz eines Restes von Angst gingen sie aus der Kirche auf die Straße, mit Kerzen in den Händen – dem unübersehbaren Signal für die Gewaltlosigkeit. Von der

Kirche aus setzte sich der Zug durch Leipzigs Innenstadt in Bewegung. Pfarrer Führer schreibt: „Und das Wunder geschah. **Der Geist Jesu der Gewaltlosigkeit erfasste die Massen und wurde zur friedlichen ‚Gewalt'.** Die Menschen bezogen die Uniformierten, die herumstanden – Armee, Kampftruppen und Polizeikräfte – einfach ein. Verwickelten sie in Gespräche." Immer mehr Menschen schlossen sich an, 70.000 Menschen, waren es schließlich, die einmal den ganzen Leipziger Ring umrunden konnten, ohne dass die Staatsmacht eingriff. Und **Reinhard Höppner**, der frühere Ministerpräsident von Sachsen-Anhalt, erzählt, wie sie sich im selben Zeitraum in **Magdeburg im Dom** zum Friedensgebet versammelten. „Nach Singen und Predigt folgte das Gebet. Jeder konnte an das Mikrofon gehen und eine Bitte aussprechen. Schließlich ging ein Jugendlicher ans Mikrofon. Er sagte: ‚Ich glaube nicht an Gott. Und eigentlich weiß ich auch nicht richtig, was ein Gebet ist. Aber ich weiß, dass zwei Straßen weiter mein Vater in einem LKW der Kampfgruppen sitzt und auf seinen Einsatz wartet. Ich bitte darum, dass wir nicht aufeinander treffen und er womöglich auf mich schießen muss.' Ganz still wurde es im überfüllten Dom. Wohl jeder sprach diese Bitte mit. Alle wussten, worauf es ankommt: Keine Gewalt. In diesem Augenblick war ich mir sicher, dass wir nicht umsonst Woche für Woche für den Frieden gebetet hatten. Dass es diese Friedensgebete gab, hat die Revolution ohne Blutvergießen in unserem Land erst möglich gemacht."

Der 9. Oktober wurde so zum Tag der Entscheidung: Noch einmal Pfarrer Führer: „Dieser Tag der Gewaltlosigkeit hat den Durchbruch der Friedlichen Revolution gebracht, die in den Kirchen herangewachsen war und aus den Kirchen heraus auf die Straßen geführt hatte... Menschen, die in den Kindergärten mit Panzern spielen durften und an den Schulen zum militärischen Klassenkampf erzogen wurden, befolgten diese Botschaft von Jesus. Keine Gewalt. Und damit machten sie die Friedliche Revolution möglich, die überhaupt erste gelungene Revolution in der deutschen Geschichte. Für mich ist das ein Wunder biblischen Ausmaßes. Wie der Prophet Sacharja sagt: ‚Es soll nicht durch Heer oder Kraft, sondern durch meinen Geist geschehen.'" – unser Pfingstwochenspruch. Spuren des Pfingstwunders in unserer Zeit - ‚und wir sind dabei gewesen!' - Und damit wird deutlich: Die

Erfahrungen vom ersten Pfingsten einst, die Lukas in der Apostelgeschichte schildert, werden immer wieder neu zu Ermutigungen für heute. Gottes guter Geist kann bis heute Menschen bewegen, Menschenherzen wenden. Fragen wir, was uns die Pfingstgeschichte zum Wirken des Heiligen Geistes sagt, so entdecken wir, dass die Gemeinde Jesu Christi durch ein dreifaches Wunder ins Dasein gerufen wurde und bis heute erhalten wird: Der Heilige Geist bewirkt das Wunder der Verwandlung, der Verständigung, und der befreienden Verkündigung, die auf Veränderungen zielt.[33]

(1) Der Heilige Geist bewirkt das Wunder der Verwandlung. An Pfingsten geschieht die Wandlung: aus verschüchterten, verängstigten Jüngern werden mutige Zeugen des auferstandenen Jesus. Lukas nimmt in seiner Apostelgeschichte Petrus ganz besonders ins Blickfeld: Petrus, der in der Nacht von Jesu Gefangennahme aus lauter Angst Jesus dreimal verleugnet hat, Petrus, der sich auch nach Ostern mit den anderen im Haus verschanzt – und jetzt der Petrus, der vor einer ganzen Menge Leute öffentlich aufsteht und anfängt, frei und ohne Scheu von Jesus von Nazareth, dem Christus, zu reden. Mit Feuer und Flamme, be-geist-ert – das ist die pfingstliche Wandlung.

Petrus es ist, der bei diesem ersten Pfingstfest nach Jesu Tod und Auferstehung die Initiative ergreift: Er tritt der verwirrten Menschenmenge gegenüber und geht mit ihr in einer langen Pfingstpredigt die heiligen Schriften Israels durch, um die enthusiastischen Erlebnisse mit dem heiligen Geist in Verbindung mit dem Glauben an den Auferstandenen zu bringen. In der Folge seiner Wandlung durch den pfingstlichen Geist tritt Petrus als Sprecher der Jünger in Jerusalem auf. Er wird zum geistesmächtigen Prediger, theologisch schöpferischen Seelsorger, fähigen Organisator und erfolgreichen Missionsstrategen. Zwar war Paulus, die andere große Gestalt der ersten Stunde des Christentums, durch seine Schriftgelehrten-Ausbildung im Schriftlichen, im Literarischen Petrus, dem einstigen Fischer aus Betsaida, sicher haushoch überlegen. Aber Petrus muss im freien Vortrag ein geistesmächtiger Redner mit kraftvoller, ‚geisterfüllter' Verkündigung gewesen sein, denn anders wäre seine

---

[33] Die Dreigliederung der Bibelarbeit von Theo Sorg zu Apostelgeschichte 2, 1-13 in: Theo Sorg, Gemeinde im Aufbruch. Erfahrungen von einst – Ermutigungen für heute. Sieben Bibelarbeiten über Apostelgeschichte 2-6, Stuttgart 1978, dort S. 7ff

einzigartige Autorität als Sprecher der Jünger in Jerusalem, Leiter der Urgemeinde und später als Missionar außerhalb Palästinas gar nicht erklärbar. - Bis heute will Gott mit seinem Geist bei uns ankommen, in unserer Kirche, bei uns persönlich, mit seiner verwandelnden Kraft.

Der Heilige Geist hat verwandelnde Kraft. Er kann uns in schwieriger Situation ein biblisches Wort zum Leuchten bringen und uns dessen Trostpotenzial erschließen, so dass sich unsere Situation wandelt. Als Praktikant bei schwer erziehbaren und verhaltensauffälligen Kindern und Jugendlichen in der Paulinenpflege in Winnenden gelangte ich an meine Grenze. Eines Abends wurde mir in unerhörter Klarheit das Jesajawort lebendig: „Er gibt dem Müden Kraft, und Stärke genug dem Unvermögenden… Die auf den Herrn harren, kriegen neue Kraft, dass sie auffahren mit Flügeln wie Adler." Die Gewissheit, dass das nun mir persönlich galt, setzte neue Kräfte frei und ließ mich in meiner Gruppe bleiben, neues Licht fiel auf die schwierige Situation, und es wurde eine sehr wertvolle Zeit.

(2) Der Heilige Geist bewirkt das Wunder der Verständigung. Wir leben in einer Zeit, in der trotz moderner kommunikationstechnischer Medien die Kommunikationsfähigkeit immer mehr abnimmt. Achten wir an dieser Stelle auf unseren Text! Es ist die Rede von frommen Juden, die sich in alle Länder rund ums Mittelmeer zerstreut hatten. Aus dieser weltweiten jüdischen Diaspora waren sie nach Jerusalem zurückgesiedelt, um dort ihren Lebensabend zu verbringen. Diaspora-Juden, die längst die Sprache ihrer Gastländer sprachen. Sie vor allem werden zu Zeugen des pfingstlichen Geschehens. Sie hören das Evangelium in ihrem eigenen Dialekt, in dem sie aufgewachsen und längst heimisch geworden sind. „Wir hören sie in unsern Sprachen von den großen Taten Gottes reden."

Pfingsten ist das Fest des Verstehens und der Verständigung. Bis heute geschieht solches Verstehen in der weltweiten Kirche. Der Geist von Pfingsten hilft uns, in der Kirche, im eigenen Haus und zwischen den Konfessionen, *auszuhalten, dass wir in vielem verschiedener Meinung sind; aber zugleich durchzuhalten, dass wir einem Herrn gehören.* Freilich kann dieses „Durchhalten, dass wir einem Herrn gehören" sich auch als pfingstliche Ungeduld äußern. Wir kommen her vom zweiten ökumenischen Kirchentag in München. In einer der überfüllten Hauptveranstaltungen ging es um Ökumenische Brennpunkte, und zu denen gehört zweifelsohne das Thema „Abendmahl / Eucharistische Gastfreundschaft". „Getrennt am Tisch des einen Herrn?" lautete die Fragestellung. Die Sehnsucht nicht nur konfessionsverbindender Ehepaare, doch endlich ganz offiziell auch an der Abendmahlsfeier der anderen Konfession teilnehmen zu können, schaffte sich im Lauf der Podiumsdiskussion und der Statements der einzelnen Redner/innen immer wieder Raum. Doch am Ende des langen Nachmittags stand das Gefühl, „Und wieder sehen wir betroffen / den Vorhang zu und alle Fragen offen."

Und dann kam am anderen Tag Margot Käßmann, Deutschlands wohl bekannteste Protestantin. In ihrem Vortrag „Sind die Kirchen ein Zeichen der Hoffnung in der Welt?" sagte sie sehr klar: Die theologischen Unterschiede zwischen den Konfessionen im Verständnis des Abendmahls sind zur Genüge herausgearbeitet. Und es sind Unterschiede, die gar nicht eingeebnet werden sollen. Eine Ökumene, die schlicht alles vereinheitlichen würde, wäre langweilig. Vielfalt ist ja Bereicherung. Aber es geht um eine *eucharistische Vision von Kirche*: Dass wir Wege finden, in diesen Differenzen das Gemeinsame zu feiern. Einheit in versöhnter Verschiedenheit, Gemeinsamkeit in aller Differenz. Es geht gewiss nicht um ein Vermischen der Formen und Deutungen des Abendmahls. Aber erst wo wir in der Gebrochenheit und Verschiedenheit der Konfessionen am Abendmahlstisch, dem Tisch der Einheit zusammenkommen, können wir als Kirche Hoffnungszeichen für die Welt sein, weil der eine Geist der Einheit in aller Verschiedenheit sichtbar wird. Erst wo wir als Kirche die Verschiedenheit der theologischen Deutungen und Auffassungen bestehen lassen, aber an dem einen Tisch Jesu zusammenkommen, können wir nachdrücklich und glaubwürdig die Forderung stellen nach dem Zusammenkommen von Menschen aus dem Norden und dem Süden des Globus, von Palästinensern und Israelis, von Schwarzen und Weißen an dem einen Tisch der Versöhnung. Der pfingstliche Geist der Verständigung – wir brauchen ihn so dringend in unserer Kirche und zwischen den Konfessionen.

(3) Der Heilige Geist bewirkt das Wunder befreiender Verkündigung. Wo der Geist über einen Menschen kommt, redet er weniger von sich selbst, als von den großen Taten Gottes. So hat es Petrus getan, nach seiner großen Verwandlung. Er hat viele Wünsche gehabt, dieser Mann, und manche Sorgen - am Pfingsttag bleibt es dahinten, und als würde er zum ersten Mal erkennen, was wirklich ist, redet er von den Taten Gottes. Der Heilige Geist öffnet bis heute den Mund, befreiend von Christus zu erzählen, der uns zur Seite geht, helfend, tröstend, ermutigend. Und er redet vom Weg des Christus, der durchs Leiden hindurch zur Herrlichkeit führte. Die erste öffentliche Verkündigung des Petrus am Pfingstfest des Jahres 30 in Jerusalem, dass der gekreuzigte Jesus von Nazareth der von Gott auferweckte Herr und Messias sei, wurde zur Geburtsstunde verantwortlicher christlicher Theologie. Petrus, der erste Auferstehungszeuge, hat eine ganz entscheidende Rolle eingenommen bei der Ausformulierung der grundlegenden Bekenntnisaussagen der christlichen Gemeinde über Jesus Christus. „Diesen Jesus, den ihr gekreuzigt habt, hat Gott auferweckt", indem Petrus das verkündigt, weist er auf den Grund unserer Hoffnung als Christen. Und damit bin ich noch einmal bei *Margot Käßmann* und ihrem Hauptvortrag auf dem Ökumenischen Kirchentag in München. Sie hat darin die Hoffnung der Christinnen und Christen stark gemacht gegen die Resignation und den Lamento-Untergangsgesang: ‚Ich kann ja doch nichts tun.' Hoffnung, so sagte Margot Käßmann, ist eine Glaubenshaltung, die die Welt im Licht des Ostergeschehens sieht. Christliche Hoffnung ist auf Gottes Zukunft ausgerichtet, auf das neue Jerusalem, das Menschen immer wieder inspiriert hat, *diese* Welt zu verändern und zu verbessern.
„Wir sollten nie vergessen, dass es eine große segnende Gotteskraft gibt, die Veränderungen ohne Blutvergießen schaffen kann", war Christian Führers Fazit aus dem Wunder von Leipzig im Herbst 1989. Wenn der Geist dessen, der die Kirche gründete, in ihr Wohnungsnot leidet, schleichen sich andere Geister ein: der Geist der Sorge, der das stickige Klima der Resignation verbreitet. Wir sind angewiesen auf den frischen Wind von Gott. Diesen Wind können wir nicht selber erzeugen als die „Macher". Aber wir dürfen darum bitten, dass Gott seinen Geist unter uns wirksam sein lässt: „Komm, Gott, Schöpfer, Heiliger Geist!" Wo in unsere Kirchen so gebetet

und gefleht wird, werden unsere Kirchen *Einübungsorte* für Gewaltlosigkeit, *Ausdrucksorte* für Protest und Klage und *Ermutigungsorte* für den aufrechten Gang.[34] Amen.

---

[34] Friedrich Schorlemmer, „Machet Bahn, räumt die Steine hinweg!", in: Arnd Brummer (Hg.), Vom Gebet zur Demo. 1989 – Die friedliche Revolution begann in den Kirchen, Frankfurt 2009, S. 172-184, dort S. 181

Pfingst-Wirkungen

Predigt über Apostelgeschichte 2, 14.22.23.32.33.36-41, Pfingstsonntag, 08.06.2014, Martinskirche, mit Taufe

[14] Da trat Petrus auf mit den Elf, erhob seine Stimme und redete zu ihnen: „[22] Ihr Männer von Israel, hört diese Worte: Jesus von Nazareth, von Gott unter euch ausgewiesen durch Taten und Wunder und Zeichen, die Gott durch ihn in eurer Mitte getan hat, wie ihr selbst wisst – [23] diesen Mann, der durch Gottes Ratschluss und Vorsehung dahingegeben war, habt ihr durch die Hand der Heiden ans Kreuz geschlagen und umgebracht. [32] Diesen Jesus hat Gott auferweckt; dessen sind wir alle Zeugen.

[33] Da er nun durch die rechte Hand Gottes erhöht ist und empfangen hat den verheißenen Heiligen Geist vom Vater, hat er diesen ausgegossen, wie ihr hier seht und hört. [36] So wisse nun das ganze Haus Israel gewiss, dass Gott diesen Jesus, den ihr gekreuzigt habt, zum Herrn und Christus gemacht hat."

[37] Als sie aber das hörten, ging's ihnen durchs Herz, und sie sprachen zu Petrus und den andern Aposteln: „Ihr Männer, liebe Brüder, was sollen wir tun?"

[38] Petrus sprach zu ihnen: „Tut Buße und jeder von euch lasse sich taufen auf den Namen Jesu Christi zur Vergebung eurer Sünden, so werdet ihr empfangen die Gabe des Heiligen Geistes. [39] Denn euch und euren Kindern gilt diese Verheißung und allen, die fern sind, so viele der Herr, unser Gott, herzurufen wird."

[40] Auch mit vielen andern Worten bezeugte er das und ermahnte sie und sprach: „Lasst euch erretten aus diesem verkehrten Geschlecht!" [41] Die nun sein Wort annahmen, ließen sich taufen; und an diesem Tage wurden hinzugefügt etwa dreitausend Menschen.

Liebe Gemeinde!

Vorgestern, am letzten Schultag vor den Pfingstferien, war die Spannung der Schülerinnen und Schüler mit Händen zu greifen. Einerseits lag die Anspannung vor der unmittelbar bevorstehenden Klassenarbeit in der Luft, die noch am letzten Schultag geschrieben werden musste. Andererseits waren die Schülerinnen und Schüler schon dabei, innerlich auf „Ferienmodus" umzustellen: „Müssen wir noch Unterricht machen, können wir nicht Spiele machen?" Umso schöner, dass wir dann in der Reli-Stunde doch noch ins Gespräch kamen, weil ich zunächst augenzwinkernd sagte: „Eigentlich habt Ihr die Pfingstferien nur verdient, wenn Ihr auch sagen könnt, warum wir Pfingsten feiern!" Aber dann die ernsthafte Frage nachgeschoben: „Woran erinnert Ihr Euch beim Stichwort ‚Pfingsten'? Wie erklärt Ihr anderen Pfingsten?" Gleich die erste Antwort kam aus tiefem Herzen: „Ich erinnere mich", sagte jemand, „an ein mich beeindruckendes Bild aus meiner Kinderbibel, das Feuerflammen auf den Köpfen der Jünger Jesu zeigt." *Feuerflammen auf den Köpfen der Jünger Jesu*, manch einer wird ebenfalls beim Nachdenken über

„Pfingsten" zu allererst dieses Bild vor Augen haben, das in Kinderbibeln, auf Kunstwerken oder in Kirchenfenstern wieder und wieder zu sehen ist.

Wir haben dann miteinander nachgedacht über diese Feuerflammen auf den Köpfen der Jünger Jesu. Rasch war klar, dass in der Pfingstgeschichte nicht in einer Art *Faktensprache* von einem himmlischen Flammenwerfer gesprochen wird, dessen einzelne Flammen die Haare der Jünger versengen und ihre Kopfhaut verbrennen – das wäre ja grausig. Vielmehr macht die Pfingstgeschichte in ***bildhafter Sprache, in symbolischer Sprache*** klar, was der Heilige Geist bewirkt, der am Pfingsttag über die Jünger Jesu kommt. Der Heilige Geist als solcher ist ja unanschaulich, unsichtbar und unfassbar. Aber der Heilige Geist ist sehr wohl an seinen Wirkungen erkennbar. Am Pfingsttag geschieht es, dass – unter der Einwirkung des Heiligen Geistes – aus den verängstigten Jüngern Jesu, die sich seit seiner Kreuzigung völlig aus der Öffentlichkeit zurückgezogen hatten, dass aus diesen verängstigten Jüngern Jesu mutige Zeugen Jesu werden. Mutige Zeugen Jesu, die ihre Rückzugsorte verlassen, die in die Öffentlichkeit gehen und nun be-geist-ert von Jesus Christus und seinem Weg erzählen. Sie sind Feuer und Flamme für die Sache Jesu Christi. Sie sind nun Menschen, die für ihren Glauben brennen.

Unser heutiger Pfingst-Predigttext umfasst einige ***Kernsätze*** aus der Pfingstpredigt des Petrus, und er schildert, welche ***Wirkung*** diese Pfingstpredigt des Petrus auf die Zuhörer hatte. In einigen markanten ***Kernsätzen*** stellt Petrus seinen Zuhörern den Weg Jesu Christi vor Augen. Jesus, der Bürge und der Garant der Liebe Gottes, ging den Weg der Liebe in aller Konsequenz, bis ans Ende, bis in den Tod am Kreuz. Die führende Oberschicht Jerusalems hatte die Verurteilung Jesu und seine Auslieferung an die Römer betrieben. Darüber hinaus eröffnet Petrus aber eine tiefere Dimension zum Verstehen des Todes Jesu: Auch *unsere* Lieblosigkeit, auch *unsere* Gottvergessenheit, auch *unsere* Ungerechtigkeit, auch *unser* Anderen-Nicht-Gerecht-Werden haben Jesus ans Kreuz gebracht. Aber: Gott hat sich zum Bürgen seiner Liebe, Jesus, gestellt, er hat ihn bestätigt, indem er ihn aus dem Tod ins neue, ewige Leben gerufen hat, indem er ihn auferweckt hat. Und sie, die Jünger Jesu, wurden zu Zeugen der Auferstehung, indem der Auferstandene ihnen erschienen ist. Und mehr noch: Gott hat Jesus nicht nur auferweckt, er hat ihm den Ehrenplatz an seiner Seite gegeben. Jesus lebt und regiert nun mit seinem himmlischen Vater. Nachdem Jesus uns leiblich entzogen wurde, ist er nun in neuer Weise nahe und gegenwärtig: Im Heiligen Geist.

Unser Pfingst-Predigttext zeigt uns Petrus als einen geistesmächtigen Redner, der seinen Zuhörern Jesus als den Lebendigen und Gegenwärtigen nahe bringt – so nahe, dass der Funke überspringt. Die Pfingstpredigt des Petrus zeigt **Wirkung**, sie trifft mitten hinein in die Herzen der Zuhörer. Im Licht der Wahrheit Jesu, für die Petrus einsteht, erkennen sie ihre eigenen schuldhaften Seiten; im Licht der Wahrheit Jesu, für die Petrus einsteht, erkennen sie, dass der Glaube an den auferstandenen Christus einem Leben Halt und Grund gibt. Die Pfingstpredigt des Petrus hat ihre Seelen berührt, ihre Herzen in Brand gesetzt, und sie fragen: *„Ihr Männer, liebe Brüder, was sollen wir tun?"*

Antwort des Petrus: „Bittet Gott, dass er euch eure Schuld vergibt, wie es in der Vaterunser-Bitte heißt: Und vergib uns unsere Schuld. Und lasst euch taufen auf den Namen Jesu. Dann wird Gott auch euch seinen Heiligen Geist schenken, in dem Jesus als der Lebendige auch heute ganz nahe kommt." Unser Predigtabschnitt endet damit, dass sich an jenem ersten Pfingstfest 3000 Menschen taufen ließen; das war die Geburtsstunde der christlichen Kirche.

Liebe Gemeinde, liebe Familie Sihler, heute haben wir nicht 3000 Menschen getauft, das wäre ja mehr als die Hälfte der Kirchengemeinde Langenau, sondern den *einen* Täufling Maditha Sihler. Diese *eine* Taufe heute macht deutlich, dass zwischen Pfingsten und der Taufe ein innerer Zusammenhang besteht. Taufe heißt: Hineingestellt werden in den Wirkungsbereich des Heiligen Geistes. Und der Heilige Geist gibt dem Getauften, gibt Maditha, zu verstehen: Du bist Jesu Eigentum, in Zeit und Ewigkeit. Du kannst Dich Deines Lebens freuen, und Du musst auch die dunklen Seiten nicht unter den Teppich kehren, denn Jesus Christus geht Dir zur Seite, der um die Schuld weiß und sie trägt. Und weiter gibt der Heilige Geist zu verstehen: Du, die und der Du getauft bist, Ihr seid Teil der weltweiten Familie Jesu Christi, Ihr seid Teil der weltweiten Kirche geworden. Du als Getaufte und als Getaufter – Ihr seid

Botschafter Jesu in dieser Welt, die über Grenzen hinweg Jesu Geist der Versöhnung und des Friedens weitertragen – so wie es vorhin im Taufsegen hieß: „Der Herr erfülle dich mit seiner Liebe und mache dich zu einem Kind des Lichtes und des Friedens."

Botschafter Jesu, die über Grenzen hinweg Jesu Geist der Versöhnung und des Friedens weitertragen sind bitter nötig in einer Welt, in der der Ungeist des Unfriedens, des Hasses, der Zerstörung sich immer wieder breit macht. In diesem Jahr denken wir oft zurück an das Jahr 1914, an jenes Jahr, in dem der Erste Weltkrieg ausbrach. Was für eine Erschütterung, als in den Augusttagen 1914 der Ungeist des Krieges aus der Flasche gelassen wurde und sein Zerstörungswerk anrichten konnte. In der vorvergangenen Woche zeigte „das Erste" unter dem Titel „14 – Tagebücher des Ersten Weltkrieges" eine eindrückliche Dokumentation der Geschichte des Ersten Weltkrieges aus der Perspektive von Zeitzeugen, die ihre Erlebnisse in Tagebüchern, Aufzeichnungen und Feldpostbriefen festgehalten haben – keine Kriegsherren und Staatenlenker, sondern einfache Soldaten, Frauen, Jugendliche und Kinder aus den verschiedensten Völkern und Nationen. So wird etwa von der 14-jährigen Marina Yurlova erzählt, die im nördlichen Kaukasus mitten im Siedlungsgebiet der Kuban-Kosaken lebt. An einem strahlenden Sommertag hilft sie gemeinsam mit anderen älteren Mädchen in einem Sonnenblumenfeld bei der Ernte. Arbeiten müsste sie eigentlich nicht, denn das Feld gehört ihrem Vater, einem Kosakenoberst. Aber sie hat gehört, wie schön die Mädchen in der Mittagspause tanzen – das wollte sie auch einmal sehen. In Marina Yurlovas Tagebuch heißt es: *„Dann begannen die Kirchenglocken zu läuten. Der Gesang erstarb, die Tänzer hielten inne. Ich weiß noch, dass alle Mädchen dieselbe Handbewegung machten, als sie sich erschrocken bekreuzigten. Denn die Glocken läuteten nur, wenn Feuer ausbrach oder sonst etwas Schlimmes geschehen war. Es läutete auch in der benachbarten Stadt. Man weiß, wie Glocken klingen, wenn es weder Sonn- noch Feiertag ist, - wie machtvoll und ahnungsschwer. Es ist, als riefen sie um Hilfe. Und dann hörten wir den Hufschlag galoppierender Pferde auf den fernen Hügeln. Es* *waren Kosaken. Sie sprengten über die Felder und riefen immer wieder das eine Wort: Krieg! Krieg!"* Nach Kriegsausbruch sucht Marina Yurlova ihren Vater vergeblich an der Front. Sie findet Anschluss an eine Kosakeneinheit, kämpft während des gesamten Krieges als Kindersoldatin und wird dabei mehrmals schwer verwundet. Die „Tagebücher des Ersten Weltkriegs" zeigen in erschütternder Weise, wie verheerend der Ungeist des Hasses, der Gewalt und der Zerstörung im Ersten Weltkrieg gewütet hat.

Ich hätte mir zu Beginn dieses Jahres 2014 noch nicht vorstellen können, welche Kraft dieser Ungeist von Misstrauen und Gewalt in den letzten Monaten freigesetzt hat, genau 100 Jahre nach dem Ausbruch des Ersten Weltkriegs, in der Ukraine-Krise. Als gestern der neu gewählte ukrainische Präsident Petro Poroschenko sein Amt antrat, betonte er in seiner Antrittsrede gleich nach seiner Vereidigung, dass er in der Frage der von Russland annektierten Krim keine Kompromisse eingehen werde. Er betonte aber, er wolle ein Ende der Gewalt im Land: „Ich will keinen Krieg, und ich will keine Rache. Ich möchte Frieden und ich möchte, dass es zum Frieden kommt", so Poroschenko, und wir können nur hoffen und beten, dass es auf dieser Linie weitergeht.

Ja, wahrhaftig, Botschafter Jesu, die über Grenzen hinweg Jesu Geist der Versöhnung und des Friedens weitertragen, sind bitter nötig in einer Welt, in der der Ungeist des Unfriedens, des Hasses, der Zerstörung sich immer wieder breit macht. Was wir in der großen Welt und was wir in unserem überschaubaren Umfeld wahrnehmen, kann uns zuweilen schon entmutigen. Aber da ist der zuversichtliche Ton der Pfingstpredigt des Petrus so wichtig. Es ist, als riefe er in unsere Zeit hinein: Ihr müsst nicht deprimiert oder mit gesenktem Haupt durch dieses Jahr gehen. „Seht auf, erhebt eure Häupter!" heißt es in der Bibel. Aber ja doch! Wir glauben an den auferstandenen Christus und nicht an einen Toten. Wir haben Hoffnung für diese Welt und über diese Welt hinaus. Deshalb können wir die Spannung aushalten zwischen Erschütterung und Gottvertrauen, zwischen Ängsten und Mut zur Weltverbesserung. Deshalb fixieren wir unsere Blicke nicht auf das zerstörerische Werk des Ungeistes des Hasses und der Gewalt. Deshalb lassen wir uns ermutigen von Beispielen, wo Menschen im Vertrauen auf Jesu Geist gelebt haben und Veränderungen möglich wurden. Pfarrer Christian Führer aus Leipzig erzählt immer wieder davon, wie vor 25 Jahren dank der Friedensgebete in den Kirchen die Friedliche Revolution möglich wurde, die schließlich zur Öffnung der Mauer und zur Wiedervereinigung geführt hat. Jesu Geist der Gewaltlosigkeit hatte sich durchgesetzt, und Christian Führer beschreibt die Erfahrungen des Oktober 1989 als eine Art Pfingstwunder, weil Wirklichkeit geworden sei, was der Prophet Sacharja angekündigt hat: „Es soll nicht durch Heer oder Kraft, sondern durch meinen Geist geschehen, spricht der HERR." – unser Pfingstwochenspruch! Eindrücklich ist mir der Satz von Christian Führer: *„Wir sollten nie vergessen, dass es eine große segnende Gotteskraft gibt, die Veränderungen ohne Blutvergießen schaffen kann."* So können wir nur bitten: „Komm, Heiliger Geist, entzünde in uns dein Feuer der Liebe, das Wege zu einem guten Miteinander weist." Amen.

Grenzdurchbruch
Predigt über Apostelgeschichte 10, 21-35 am 7. Sonntag nach Trinitatis, 14.07.2013, Leonhards-, Martinskirche Langenau

[21] Da stieg Petrus hinab zu den Männern und sprach: „Siehe, ich bin's, den ihr sucht; warum seid ihr hier?"
[22] Sie aber sprachen: „Der Hauptmann Kornelius, ein frommer und gottesfürchtiger Mann mit gutem Ruf bei dem ganzen Volk der Juden, hat Befehl empfangen von einem heiligen Engel, dass er dich sollte holen lassen in sein Haus und hören, was du zu sagen hast."
[23] Da rief er sie herein und beherbergte sie.
Am nächsten Tag machte er sich auf und zog mit ihnen, und einige Brüder aus Joppe gingen mit ihm. [24] Und am folgenden Tag kam er nach Cäsarea. Kornelius aber wartete auf sie und hatte seine Verwandten und nächsten Freunde zusammengerufen.
[25] Und als Petrus hereinkam, ging ihm Kornelius entgegen und fiel ihm zu Füßen und betete ihn an. [26] Petrus aber richtete ihn auf und sprach: „Steh auf, ich bin auch nur ein Mensch." [27] Und während er mit ihm redete, ging er hinein und fand viele, die zusammengekommen waren.
[28] Und er sprach zu ihnen: „Ihr wisst, dass es einem jüdischen Mann nicht erlaubt ist, mit einem Fremden umzugehen oder zu ihm zu kommen; aber Gott hat mir gezeigt, dass ich keinen Menschen meiden oder unrein nennen soll. [29] Darum habe ich mich nicht geweigert zu kommen, als ich geholt wurde. So frage ich euch nun, warum ihr mich habt holen lassen."
[30] Kornelius sprach: „Vor vier Tagen um diese Zeit betete ich um die neunte Stunde in meinem Hause. Und siehe, da stand ein Mann vor mir in einem leuchtenden Gewand [31] und sprach: ‚Kornelius, dein Gebet ist erhört und deiner Almosen ist gedacht worden vor Gott. [32] So sende nun nach Joppe und lass herrufen Simon mit dem Beinamen Petrus, der zu Gast ist im Hause des Gerbers Simon am Meer.' [33] Da sandte ich sofort zu dir; und du hast recht getan, dass du gekommen bist. Nun sind wir alle hier vor Gott zugegen, um alles zu hören, was dir vom Herrn befohlen ist."
[34] Petrus aber tat seinen Mund auf und sprach: „Nun erfahre ich in Wahrheit, dass Gott die Person nicht ansieht; [35] sondern in jedem Volk, wer ihn fürchtet und recht tut, der ist ihm angenehm."

Liebe Gemeinde!

Es ist nicht mehr lange hin, und die Sommerferien beginnen, unsere Schülerinnen und Schüler fiebern ihnen entgegen. Und Sommerferienzeit ist für eine ganze Reihe unter uns Reisezeit – Reisezeit hin zu Zielen innerhalb unseres Landes, Reisezeit hin aber auch zu Zielen außerhalb unseres Landes. Wenn ich die Fotoalben meiner Kinder- und Jugendzeit durchblättere, so werde ich daran erinnert, dass es bis vor gar nicht allzu langer Zeit bei uns in Europa noch richtige Grenzen gab und richtige Grenzkontrollen auch. Nach Italien wurde kontrolliert. Wer nach Jugoslawien fuhr, wie es damals noch hieß, wurde schon strenger kontrolliert. Und die strengste Grenze mit den schärfsten Grenzkontrollen verlief mitten durch Deutschland – für viele

DDR-Bürger eine unüberwindliche Grenze. Und dann haben wir erlebt, wie Grenzen durchbrochen wurden und Grenzkontrollen wegfielen. Es gibt ein spannendes Buch von Andreas Oplatka mit dem Titel *„Der erste Riss in der Mauer"*. Dieses Buch erzählt davon, wie im politisch aufgeheizten Sommer 1989 Ungarn seine Grenzen zu Österreich öffnete und dadurch vielen DDR-Bürgern über diesen Umweg „Ungarn-Österreich" die Flucht in die Bundesrepublik ermöglichte. Der Fall der Berliner Mauer begann, als Ungarn seine Grenzen zu Österreich öffnete, ist das Resümee dieses eindrucksvollen Buches „Der erste Riss in der Mauer". Klar, diese Geschehnisse an der ungarisch-österreichischen Grenze wurden überstrahlt von der Maueröffnung im November 1989. Und dann wurde in der Folgezeit das Schengen-Abkommen umgesetzt, das schrittweise die Grenzkontrollen in Europa verschwinden ließ. So haben wir heute in weiten Teilen der EU freie Fahrt – nicht nur zu den Urlaubsorten. Aber dass es so weit kommen konnte, dazu bedurfte es jenes ersten Risses in der Mauer.

Der erste Riss in der Mauer, der erste Schritt über die Grenze – darum geht es auch im heutigen Predigttext. Petrus überschreitet eine bis dato unüberwindliche Grenze, um dem römischen Hauptmann Kornelius den christlichen Glauben nahe zu bringen. In der Apostelgeschichte des Lukas markiert die Kornelius-Geschichte diesen entscheidenden Wendepunkt, dass das Evangelium von Jesus Christus auch zu den nichtjüdischen Völkern hinausgetragen wird. Damit dieser entscheidende Wendepunkt allen Lesern und Hörern deutlich wird, hat Lukas, der Autor der Apostelgeschichte, die Korneliusgeschichte zur längsten Einzelerzählung seines Buches gestaltet; unser Predigttext ist nur ein Ausschnitt davon. Erinnern wir uns: die Apostel, also die ehemaligen Jünger Jesu, denen der Auferstandene begegnet war und sie beauftragt hatte, von seinem Wirken und seinen Worten weiterzuerzählen, diese Apostel waren allesamt geborene Juden. Aufgewachsen im jüdischen Glauben, in der jüdischen Tradition, im jüdischen Denken. Zur elementaren Erfahrung des jüdischen Volks gehört es, immer wieder von Fremdvölkern beherrscht worden zu sein, ins Exil verschleppt zu werden – und ohne die Ausbildung einer starken jüdischen Identität wäre das jüdische Volk in den Wirren und Stürmen der Weltgeschichte längst untergegangen. Zur jüdischen Identität gehört die Praxis der Beschneidung, die Einhaltung des Sabbat, die Orientierung an den Geboten. Zur jüdischen Identität gehören aber auch die Reinheitsgebote, um sich von der heidnischen Umwelt zu unterscheiden und abzugrenzen. Die Reinheitsgebote dienen der Vorbereitung auf den Gottesdienst, aber es gehören auch die Speisevorschriften für den Alltag dazu – so, dass es ganz klar ist: hier sind die Juden, da sind die unreinen Völker, die Heiden. Diese Reinheitsgebote halfen dem jüdischen Volk, in fremden Ländern ihre Identität zu wahren. Kehrseite war, dass unbefangener Kontakt mit Nichtjuden nahezu unmöglich war. **Ein frommer Jude betrat keinesfalls das Haus eines Nichtjuden. Und er hatte schon gar keine Tischgemeinschaft mit ihm.** Und ganz auf der Linie ihrer jüdischen Prägung, ihres jüdischen Denkens, ihrer jüdischen Herkunftsreligion wandten sich die Apostel, Petrus und all die anderen, mit ihrer Predigt von Jesus Christus zunächst ausschließlich an ihre jüdischen Mitmenschen. „Sie verkündigten das Wort niemandem als allein den Juden." (Apg 11,19), hält die Apostelgeschichte fest. Die ersten Gemeinden, die entstanden waren, erschienen ihrer Umwelt also zunächst als innerjüdische Sondergruppen.

Die Korneliusgeschichte erzählt, wie Petrus regelrecht gedrängt und bearbeitet werden muss, den Schritt über die Grenze zu setzen und zum römischen Hauptmann Kornelius zu gehen und ihm und seinem ganzen Haus die gute Nachricht von Jesus Christus zu verkündigen. Gott selber, so macht Apostelgeschichte 10 deutlich, bereitet Petrus und Kornelius auf ihre Begegnung vor und führt sie zusammen. Schauen wir zuerst auf **Kornelius**: Er ist römischer Hauptmann in der Stadt Cäsarea am Mittelmeer. Aus jüdischer Sicht gehört er zu den Heiden. Ja, er ist Nichtjude, aber ist dem Judentum gegenüber sehr aufgeschlossen. Als römischer Militär hat er sich offenbar mit den Besonderheiten und religiösen Gegebenheiten seines Einsatzortes vertraut gemacht. Er war von der jüdischen Religion so beeindruckt, dass er die jüdischen Frömmigkeitswerke, Almosengeben und Gebet, für sich und sein Hauswesen übernommen hatte. Damit ist er an die Schwelle des Judentums gelangt, gehört mit den Seinen zum Kreis der sogenannten „Gottesfürchtigen" – aber er steht noch jenseits der Mauer, jenseits der Grenze. Da die Gottesfürchtigen nicht beschnitten waren, galten sie für die Juden trotzdem als unrein. Diesem Kornelius wird durch einen Gottesboten, einen Engel, mitgeteilt, dass seine Gebete und Almosen von Gott zur Kenntnis genommen worden seien und belohnt würden – dann folgt die zunächst noch unverständliche Weisung, eine Abordnung in den 50 Kilometer entfernten Küstenort Joppe zu schicken und einen gewissen Simon Petrus nach Cäsarea herzuholen.

Simon Petrus seinerseits empfängt beim Gebet um die Mittagszeit eine Vision: Er sieht ein großes leinenes Tuch vom Himmel herabkommen, darin eine Vielzahl von Tieren, solche, die nach jüdischem Verständnis rein sind, aber auch solche, die nach jüdischem Verständnis unrein sind. Petrus sträubt sich, dieses unentwirrbare Ineinander von reinen und unreinen Tieren anzuschauen, und trotz Aufforderung will er keines der Tiere greifen, um es zu schlachten und zu verzehren, aus Sorge, es könnte ein unreines Tier sein. Doch da hört er die himmlische Stimme: „Was Gott rein gemacht hat, das nenne du nicht unrein." Eine für Petrus zunächst rätselhafte Vision, die ihn darauf vorbereitet, dass auch Menschen aus den sogenannten Heidenvölkern zur christlichen Gemeinde gehören werden. Weil Gott das Unreine rein gemacht hat, sind auch Menschen aus Heidenvölkern zur Teilhabe an der Gemeinde Jesu Christi erwählt und schenkt Gott ihnen seinen Geist.

Zunächst aber selbst noch im Unklaren, folgt Petrus der Bitte der Abordnung des Kornelius und geht nach Cäsarea mit. Als Petrus dann vor Kornelius steht, ist es wie ein Samenkorn, das aufspringt: *Petrus geht die Erkenntnis auf, dass das Evangelium von Jesus Christus die Grenze von rein-unrein aufsprengt, die Mauer zwischen Juden und Heiden bekommt ihren ersten Riss.* „Ihr wisst", sagt Petrus, „dass es einem jüdischen Mann nicht erlaubt ist, mit einem Fremden umzugehen oder zu ihm zu kommen; aber Gott hat mir gezeigt, dass ich keinen Menschen meiden oder unrein nennen soll. Darum habe ich mich nicht geweigert zu kommen, als ich geholt wurde." (V 28f)

Wir hören an dieser Stelle regelrecht, wie das Gehäuse des Judentums knackt, in dem sich die christliche Botschaft in ihren Anfängen befand. Petrus sieht den Menschen Kornelius, der vor ihm steht, er sieht ihn als ein Geschöpf Gottes, das einbezogen und hinein genommen wird in die Geschichte vom Leben, Sterben und Auferstehen Jesu Christi. *Menschen aus allen Völkern, also auch aus den Heidenvölkern, gilt die Gute Nachricht von Jesus Christus.* „Es gibt in der Kirchengeschichte keinen Schritt über die Grenze mehr, der in seiner Kühnheit jenem ersten Schritt vergleichbar wäre, da das Evangelium das Gehäuse und den Schutz jüdischer Tradition verlassen hat." (Askani) In unserem Predigttext erleben wir den Ursprungsmoment mit, in dem aus der innerjüdischen Sondergruppe von Jesusleuten die weltumspannende Religion Christentum wird. Das Christentum emanzipiert sich als erwachsene, selbstständige Tochter ihrer Mutterreligion Judentum. Das Christentum entfaltet eine staunenswerte missionarische Dynamik. Nachdem einmal das Gehäuse geknackt, der Riss durch die Mauer gesprungen ist, greift das Evangelium weit über das Heilige Land hinaus. Schon in den ersten nachchristlichen Jahrhunderten erreicht das Evangelium den germanischen Donauabschnitt, und bald wurde auch hier in Langenau auf den Resten eines römischen Tempels die erste christliche Martinskirche gebaut.

Allerdings: Von dem Moment an, da sich das junge Christentum vom Judentum löst, kommt es zu schmerzhaften Auseinandersetzungen, bisweilen bis auf Leben und Tod. Erst unterdrücken die jüdischen Synagogen-Gemeinden die kleinen christlichen Gemeinden. Mit der Tolerierung des Christentums im Römischen Reich und mit der Aufwertung zur Staatsreligion kommt es immer wieder zur Unterdrückung der jüdischen Gemeinden. Schnell sind neue Grenzziehungen entstanden und Mauern zwischen Christentum und Judentum in den Köpfen errichtet worden. Umso wichtiger ist es, uns heute von der Begegnung zwischen Petrus und Kornelius inspirieren zu lassen. Damals fanden einer, der aus der jüdischen Tradition herkam, und einer, der aus der Heidenwelt kam, im Namen Jesu zueinander. *Im Sinne der Petrus-Kornelius-Begegnung kann unsere Aufgabe heute nur die sein, Grenzen zu durchbrechen, Risse in die Mauern zu treiben und Brücken zwischen Christen und*

Juden zu bauen, im Dialog miteinander zu sein. Dialog heißt nicht, den eigenen Standpunkt aufzugeben, wohl aber, das Gemeinsame zu suchen. Schalom Ben-Chorin, einer der wichtigsten Initiatoren des jüdisch-christlichen Dialogs, hat einmal im Blick auf das Verhältnis von Juden und Christen den wegweisenden Satz gesagt: „Der Glaube Jesu einigt uns, der Glaube an Jesus trennt uns." Jesu grenzenloses Vertrauen auf Gott und Jesu Betonung des Doppelgebots der Liebe verbindet Christen und Juden, befähigt sie zum gemeinsamen Dienst für diese Welt. Dass Jesus für uns Christenmenschen Herr und Erlöser ist, brauchen wir deshalb nicht zu verschweigen.

Es ist entscheidend, dass wir uns heute von der Begegnung zwischen Petrus und Kornelius inspirieren lassen. Das hilft unserem Nachdenken über das Leben in einer Gesellschaft mit anderen Religionen, aber auch mit Menschen, die zunehmend und vehement Religion ablehnen. Es gilt, die Erkenntnis des Petrus in unsere Zeit hinein zu buchstabieren: „Nun erfahre ich in Wahrheit, dass Gott die Person nicht ansieht./Jetzt erst habe ich richtig verstanden, dass Gott niemanden wegen seiner Herkunft bevorzugt oder benachteiligt." Das ist eine der Schriftstellen, auf die sich christliche Toleranz beziehen kann. Toleranz ist für unsere moderne Gesellschaft unverzichtbar, will sie in Frieden zusammen leben. Toleranz heißt freilich nicht, alles ist gleichgültig. Toleranz relativiert den Glauben nicht, sondern sie ist eine Frucht des Glaubens. Toleranz gilt über die innergemeindlichen Zirkel hinaus auch denjenigen, die ihrerseits den an Christus Glaubenden kritisch begegnen. Tretet mit ihnen ins Gespräch, in den Dialog! Spart kritische Themen nicht aus! Toleranz aus Glauben erträgt andere Positionen. Toleranz aus Glauben zieht aber Grenzen gegen Rassismus, Gewaltbereitschaft, Antisemitismus und Menschenverachtung. Unsere Evangelische Kirche in Deutschland hat aus Anlass des Themenjahres „Reformation und Toleranz 2013" Thesen zur Toleranz aus Glauben formuliert, und eine davon lautet: „Toleranz hat ihre Grenze dort, wo das Denken und Handeln von Menschen das Leben und die Würde anderer gefährden und bedrohen. Als Kirche wollen wir eine verlässliche Anwältin sein für ein Leben aller Menschen in Würde und ein Ort des Widerstandes gegen jede Form der Intoleranz." Wir spüren, die grenzüberschreitende Begegnung von Kornelius und Petrus inspiriert uns und unsere Kirche bis heute.

Die Begegnung zwischen Petrus und Kornelius führt zur Taufe von Kornelius und allen, die zu seinem ganzen Hause gehören – Zeichen der Zugehörigkeit zu Jesus Christus und seiner Gemeinde. Und die Begegnung von Petrus und Kornelius mündet ein in die gemeinsame Feier des Abendmahls (Apg. 11,3). Am Abendmahls-Tisch ist Platz für Menschen ganz unterschiedlicher Prägung und Herkunft – Jesus Christus selbst fügt sie zu einer Tischgemeinschaft zusammen. Am Abendmahls-Tisch wird jedes Mal aufs Neue wahr, was Petrus aufgegangen war: „Gott bevorzugt oder benachteiligt niemanden wegen seiner Herkunft. Alle Menschen sind ihm willkommen, ganz gleich aus welchem Volk sie stammen, wenn sie nur Ehrfurcht vor ihm haben und so leben, wie es ihm gefällt." Amen.

Die Geburtsstunde der Kirche in Europa

Predigt über Apostelgeschichte 15,36-16,15 i.A. am 4. Sonntag nach Trinitatis, 08.07.2001, Amanduskirche Bad Urach[35]

[36] Nach einigen Tagen sprach Paulus [...]: „Lass[t] uns wieder aufbrechen und nach unseren Brüdern sehen in allen Städten, in denen wir das Wort des Herrn verkündigt haben, wie es um sie steht." [...] [40] Paulus aber wählte Silas [als Mitarbeiter] und zog fort [von Antiochien], von den Brüdern der Gnade Gottes befohlen. [41] Er zog aber durch Syrien und Zilizien und stärkte die Gemeinden. [16, 5] Da wurden die Gemeinden im Glauben gefestigt und nahmen täglich zu an Zahl.
[6] Sie zogen aber durch Phrygien und das Land Galatien, da ihnen vom Heiligen Geist verwehrt wurde, das Wort zu predigen in der Provinz Asien. [7] Als sie aber bis nach Mysien gekommen waren, versuchten sie, nach Bithynien zu reisen; doch der Geist Jesu ließ es ihnen nicht zu. [8] Da zogen sie durch Mysien und kamen hinab nach Troas.
[9] Und Paulus sah eine Erscheinung bei Nacht: Ein Mann aus Mazedonien stand da und bat ihn: „Komm herüber nach Mazedonien und hilf uns!" [10] Als er aber die Erscheinung gesehen hatte, da suchten wir sogleich nach Mazedonien zu reisen, gewiss, dass uns Gott dahin berufen hatte, ihnen das Evangelium zu predigen. [11] Da fuhren wir von Troas ab und kamen geradewegs nach Samothrake, am nächsten Tag nach Neapolis [12] und von da nach Philippi, das ist eine Stadt des ersten Bezirks von Mazedonien, eine römische Kolonie. Wir blieben aber einige Tage in dieser Stadt.
[13] Am Sabbattag gingen wir hinaus vor die Stadt an den Fluss, wo wir dachten, dass man zu beten pflegte, und wir setzten uns und redeten mit den Frauen, die dort zusammenkamen. [14] Und eine gottesfürchtige Frau mit Namen Lydia, eine Purpurhändlerin aus der Stadt Thyatira, hörte zu; der tat der Herr das Herz auf, sodass sie darauf Acht hatte, was von Paulus geredet wurde. [15] Als sie aber mit ihrem Hause getauft war, bat sie uns und sprach: „Wenn ihr anerkennt, dass ich an den Herrn glaube, so kommt in mein Haus und bleibt da." Und sie nötigte uns.

Liebe Gemeinde!

Beim Festakt anlässlich des 500. Geburtstags unserer Amanduskirche vor zwei Wochen überbrachte Bischof Geza Ernisa ein Grußwort der kleinen evangelischen Kirche in Slowenien. Manche unter uns haben's noch im Ohr, wie Bischof Ernisa die Uracher Kirchengemeinde zur wunderschönen Amanduskirche beglückwünschte. Er schloss den Herzenswunsch an, dass doch die Menschen dieser Kirche den Blick über das enge Tal hinaus nicht verlieren und den weiten Horizont behalten, dass sie sich als ein Glied der großen Familie protestantischer Kirchen in Europa verstehen - lokale Verwurzelung in europäischem Horizont! Er rief uns Württemberger dazu auf,

---
[35] Predigt im Rahmen der Predigtreihe „Wovon die Kirche lebt – Texte aus der Apostelgeschichte" aus Anlass des 500/100-Jahr-Jubiläums der Stiftskirche St. Amandus Bad Urach; in diesem Gottesdienst wurden getauft: David-Leon Stede, Annika Franziska Rau, Sophia-Mareen Roxane Barthel, Max Gerhard Hans Löhnert und Lukas Andreas Hauff.

wie schon seit der Reformation auch weiterhin unsere Verantwortung für die lutherischen Minderheitenkirchen in Europa wahrzunehmen.

Kirche in Europa - darum geht es in unserem heutigen Predigtabschnitt. Apostelgeschichte 16 erzählt, wie den Boten Jesu Christi der Weg nach Europa gewiesen wurde und wie es dann in Europa mit der Kirche begann. Und unser Bibeltext regt uns dazu an, weiterzudenken, welche Aufgabe die Kirche in Europa heute hat. Drei Linien also, denen wir in unserem Text nachgehen:

(1) Der verschlungene Weg der Boten Jesu nach Europa.
Paulus und Silas sind zur zweiten Missionsreise aufgebrochen. Zunächst besuchen sie junge Christengemeinden, die auf der vorangegangenen Reise entstanden waren. Hier sind es bekannte, geebnete Wege, die sie gehen können. Dann aber entwickeln Paulus und Silas neue Reisepläne und Missionsstrategien. Wichtige Großstädte in Kleinasien, der heutigen Türkei, sollen mit der frohen Botschaft von Jesus Christus erreicht werden. Aber die Wege, die sie sich vorgenommen haben, erweisen sich als ungangbar. Es wird neu geplant, aber sie kommen nicht in der erhofften Richtung weiter. So gelangen sie in die kleinasiatische Stadt Troas - voll Enttäuschung über ihre gescheiterten Missionspläne, mit dem Empfinden, als seien alle Türen zugeschlagen, unter dem Druck, Entscheidungen zu treffen, wie ihr Missionswerk fortzuführen sei.

Aber da tut sich ein unerwarteter Weg auf. In dieser entscheidungsschweren Zeit der Suche nach neuen Wegen und Konzeptionen sieht Paulus in einem nächtlichen Traum eine Erscheinung: Von Troas aus sieht er über das weite Meer hinüber nach Mazedonien - von Kleinasien aus das Tor nach Europa. Dort am Ufer sieht er einen Mazedonier stehen und hört seinen Hilferuf: „Komm herüber nach Mazedonien und hilf uns!"

Paulus hat offenbar seinen Mitarbeitern von dieser nächtlichen Erscheinung erzählt. Denn bemerkenswerterweise wird an dieser Stelle der Apostelgeschichte der 'Wir-

Stil' eingeführt: „Wir suchten sogleich nach Mazedonien zu reisen." Die dunkle Ungewissheit weicht. Ein Weg, mit dem sie nicht gerechnet haben, tut sich in aller Klarheit auf. Paulus und seine Mitarbeiter sind von der Gewissheit erfüllt, dass es kein aus der Verzweiflung geborener Wunschtraum ist, sondern dass Gott selber sie nach Mazedonien berufen hat, um ihnen das Evangelium zu predigen. Gott selber hat sie mit der Vision erfüllt, in Europa christliche Gemeinden zu gründen. Und nun wird ihnen im Rückblick deutlich, dass es der Geist Jesu, der heilige Geist selber, war, der ihnen frühere Pläne vereitelt, Türen verschlossen und Wege versperrt hatte - um dieses *einen* unerwarteten Weges willen, um ihnen diese eine, entscheidende Tür aufzutun.

Paulus hatte eigentlich nur in den auf der ersten Missionsreise gegründeten Gemeinden missionarische Nacharbeit treiben wollen. Und nun sehen wir, wie aus dieser Unternehmung Zug um Zug durch das Eingreifen des Geistes Jesu etwas weit Größeres wird. Deutlich ist aus den Worten der Apostelgeschichte, dass der missionarische Aufbruch nach Europa nicht aus menschlicher Initiative und Strategie herzuleiten ist.

Liebe Gemeinde, vor Entscheidungen, welchen Weg es einzuschlagen gilt, stehen wir immer wieder - im persönlichen Leben ebenso wie im Leben einer Kirchengemeinde oder der Kirche überhaupt.
Entscheidungen sind zu treffen, Weichen zu stellen, auf welche Konzeption von Gemeinde hinzuarbeiten sei, auf welche Gestalt von Kirche wir uns zubewegen sollen. Die zahlreichen Projekte und Zukunftspläne, die auch in unserer Landeskirche bewegt werden, haben sich kritisch daran prüfen zu lassen, ob sie ausschließlich dem Diktat betriebswirtschaftlicher Gesichtspunkte folgen oder ob sie wirklich dazu beitragen, Gemeinde immer mehr zu einem Ort werden zu lassen, an dem Erschöpfte aufatmen und Trostbedürftige Trost finden können.
Und es gilt, im persönlichen Bereich immer wieder zwischen verschiedenen möglichen und denkbaren Wegen zu entscheiden. Manchmal gibt es das, dass einem

in allem Abwägen schlagartig klar wird: dieser Weg ist es. Und aus solcher geschenkten Klarheit kann eine Dynamik, eine Vorwärtsbewegung erwachsen, wie wir sie bei Paulus und seinen Mitarbeitern wahrnehmen.

Aber nicht immer liegt es in Entscheidungssituationen so klar und so eindeutig vor unseren Augen, welchen Weg es einzuschlagen gilt. Manchmal kann eine oder einer nicht anders, als nach gewissenhaftem Abwägen den Fuß über die Schwelle ins Unbekannte hineinzusetzen und Schritte zu wagen - mit der Bitte auf den Lippen: 'Herr, wenn es nicht sein soll, lass mich den Weg zurückfinden und tu eine neue Türe auf.'

(2) Die Geburtsstunde der Kirche in Europa.
Paulus und seine Mitarbeiter haben sich in Bewegung gesetzt - nach Mazedonien, in die Stadt Philippi. Aber niemand wartet auf sie. Sie wissen sich von Gott hierher *be*rufen, sehen sich aber von den Philippern nicht *ge*rufen. Mühsam versuchen sie, sich in dieser für sie neuen Welt zu orientieren. „Wir blieben einige Tage in dieser Stadt", heißt es, und man spürt es den Worten ab, wie sie unschlüssig die Straßen durchziehen und nach Anknüpfungspunkten für die Botschaft suchen, die ihnen aufgetragen ist. Die große Vision von der Gründung christlicher Gemeinden in Europa, die Paulus drüben auf der anderen Seite des Meeres hatte, wird nun mit der harten Realität konfrontiert. Und doch ist es bewegend zu sehen, wie die Vision, die Paulus von Gott empfangen hatte, die Kraft hat, den vordergründigen Realitäten standzuhalten und sie zu wandeln.

Am Sabbattag gehen Paulus und seine Mitarbeiter hinaus vor die Stadt an den kleinen Fluss Gangites, wo sie eine jüdische Gebetsstätte vermuten und auch finden. Und Paulus und die Seinen lassen sich auch nicht davon irritieren, dass die Hörenden andere Leute sind als von der Vision in Troas her zu erwarten gewesen wäre: statt des erwarteten mazedonischen Mannes treffen sie eine kleine Gruppe von Frauen. Mit den Frauen kommen Paulus und seine Mitarbeiter ins Gespräch. Sie werden von sich erzählt haben und was sie nach Philippi geführt hat. Und dann auch von ihren Erfahrungen mit Jesus Christus.

Und da geschieht das Wunder, dass eine der Frauen intensiv zuhört. Es ist Lydia, eine Purpurhändlerin, eine Unternehmerin, die mit dem wertvollen Farbstoff Purpur und mit purpurdurchwirkten Stoffen handelte. Eine Frau, die als 'gottesfürchtig' beschrieben wird, d.h. im Kontakt mit dem Judentum stand. Kurzum, eine wohlhabende, unabhängige und religiösen Fragen gegenüber aufgeschlossene Frau hört zu.

Und an dieser Stelle nennt unser Text den, der im Verborgenen das Geschehen bestimmt. Von Lydia, der ersten Predigthörerin in Europa, heißt es: 'der tat der Herr das Herz auf, sodass sie darauf Acht hatte, was von Paulus geredet wurde'. Weil Christus selber ihr Herz für die Predigt des Evangeliums bereit gemacht hatte, wurde sie zur ersten Christin Europas. Sie ließ sich 'mit ihrem ganzen Hause' taufen. Lydia gewährt den Missionaren Quartier, und sie sammelt in ihrem Haus die erste Hausgemeinde auf europäischem Boden.

Aus dem Philipperbrief des Paulus wissen wir, dass aus diesen kleinen Anfängen eine große Christengemeinde herausgewachsen ist. Von Philippi aus konnte das Evangelium seinen Weg zu den Menschen in Europa nehmen. Lydia wurde Christin - die Geburtsstunde der Kirche in Europa. Aus einer kleinen Minderheit wurde in der Folgezeit eine große Bewegung, die Europa prägte und zum christlichen Abendland formte. So formte und durchdrang, dass im hohen und späten Mittelalter die Zeit reif war für die großen Kirchbauten, so auch für unsere Amanduskirche.

(3) Die Aufgabe der Kirche im vereinten Europa.
Unser Textabschnitt erzählt, wie das Evangelium nach Europa kam. Und er stellt uns heute die Frage: Wie bleibt das Evangelium in Europa? In Europa, das heute ganz stark bestimmt ist von Pluralismus und Säkularisierung.

Lukas und Max, Sophia-Mareen, Annika und David-Leon, unsere heutigen Täuflinge, werden die D-Mark nur noch vom Hören-Sagen kennen. Sie werden aufwachsen mit dem Euro, der in wenigen Monaten das neue Zahlungsmittel sein wird. Die entscheidende Herausforderung heute ist, ob Europa mehr sein wird als eine Währungs- und Wirtschaftsunion. Wird Europa auch eine Wertegemeinschaft, eine auf christlichen Werten beruhende Gemeinschaft bleiben? Wird das Evangelium von Jesus Christus, wird die biblisch-christliche Tradition mit ihrem Menschenbild, die einst Paulus und die Seinen auf verschlungenen Wegen nach Europa brachten und die sich von Philippi aus ausbreiteten - wird es auch in Zukunft Prägekraft haben? Die Hannoversche Landesbischöfin Margot Käßmann wurde in einem Interview unlängst nach der Rolle der Kirche in Europa gefragt. Ganz unmissverständlich sagte sie: „Europa ist geprägt durch das Christentum. Es ist die Aufgabe der Christen und der Kirchen, das Bewusstsein dafür wach zu halten, denn das Christentum birgt die Kräfte, die Europa eine Seele geben können".

Die christlichen Kirchen in Europa versuchen, näher zusammenzurücken. So haben im April diesen Jahres führende Kirchenvertreter europäischer Kirchen die „Charta Oecumenica" unterzeichnet, die deutlich macht, dass die Kirchen in Europa dafür Sorge tragen wollen, dass das Evangelium von Jesus Christus in die diffuse Sinnsuche und vielfältige Orientierungslosigkeit hinein gesagt wird, und dass die Kirchen sich aufgrund ihres christlichen Glaubens für ein humanes und soziales Europa einsetzen.
Aber die Charta stellt auch ganz klar, dass die Weitergabe der christlichen Botschaft die einzelnen Christinnen und Christen braucht, die ihren Glauben bezeugen. Margot Käßmann macht den Christen Mut, offensiv ihren Glauben in unserer Zeit zu vertreten: „Wir sollten uns nicht kleiner machen als wir sind." Unser größtes Problem ist, dass wir von der eigenen Sache nicht genug begeistert sind und so einer inneren Lähmung verfallen. Bitten wir Gott, dass er uns neu Freude schenkt und mit seinem Geist begabt, die christliche Botschaft weiterzugeben. Weitergabe der christlichen Botschaft - das beginnt ganz konkret damit, dass wir unseren Neugetauften die

Gestalt Jesu und den Glauben lieb machen. Dass wir sie im Lauf ihres Heranwachsens hineinnehmen in das Leben als Gemeinde. Dass wir uns einmal überlegen, was uns eigentlich an und in unserer Kirche Freude macht. Das diesjährige Amandusjubiläum mag dazu beitragen, an diesem Kirchenraum wieder neu Freude zu gewinnen. So kann der Funke überspringen - auch auf die nachwachsende Generation. Soll Europa eine Seele haben, braucht es Christinnen und Christen, die ihren Glauben mit Freude und aus innerer Überzeugung leben. Nur so sind wir frei und unverkrampft, auch ganz anders geprägten Kulturen und Überzeugungen zu begegnen.

Bischöfin Käßmann ist davon überzeugt: „Wir können an einer Zukunft Europas mitwirken, in der Menschenrechte oder soziale Gerechtigkeit im Sinne des Christentums zur Geltung gebracht werden. Ich will Europa nicht anderen überlassen, sondern es als Christin in und mit meiner Kirche mitgestalten." Lassen wir uns von dieser Überzeugung anstecken.
Amen.

Taufansprache zur Jona-Gestalt auf dem Taufstein der Uracher Amanduskirche

Liebe Tauffamilien, liebe Gemeinde!
Eines der bedeutendsten spätmittelalterlichen Ausstattungsstücke unserer Amanduskirche ist der Taufstein. Er ist zwar noch nicht wie die Kanzel 500 Jahre alt, aber beinahe: Wenn unsere Täuflinge volljährig sind, im Jahr 2018, können wir das 500jährige Taufstein-Jubiläum feiern. Die Brüder vom gemeinsamen Leben, die den Taufstein konzipiert und in Auftrag gegeben haben, haben in der Bildzone am Beckenrand acht Gestalten aus dem Alten Testament anbringen lassen. Diese acht alttestamentlichen Männer haben lange vor dem Zeitpunkt gelebt, an dem Jesus die Taufe einsetzte. Aber die Brüder vom gemeinsamen Leben nahmen hier eine mittelalterliche Auslegungstradition auf, die besagte: Jede dieser acht

Lebensgeschichten ist wie ein verborgener Hinweis auf *eine* Bedeutung, auf *eine* Dimension des Taufgeschehens.

So finden wir auf dem Uracher Taufstein Jona dargestellt, zusammen mit einem großen Fisch. Damit werden wir an die Geschichte eines Menschen erinnert, der von Gott angesprochen und beauftragt wird, die Menschen in der Stadt Ninive zur Umkehr von ihren Wegen zu rufen, die in die Katastrophe führen. Aber Jona möchte diesen Auftrag Gottes nicht ausführen und flieht vor Gott. Der Mensch, der vor Gott flieht, der Gott abschütteln möchte - in jedem Menschenleben gibt es diese Erfahrung. Aber Gott lässt Jona nicht los - ihm zugute. Gottes Anruf und Auftrag kann der Mensch nicht ungeschehen machen. Ebensowenig kann der Mensch die Taufe ungeschehen machen. Taufe ist ja ein Akt des Herrschaftswechsels. Mit der Taufe werden Menschen zeichenhaft von den Mächten dieser Welt befreit und der guten und rettenden Herrschaft Christi unterstellt. Sie werden zu Kindern Gottes, werden in den Glauben hineingenommen, gehören zu Jesus Christus. Diese Zugehörigkeit zu Jesus Christus ist wie ein Wasserzeichen in einem edlen Stück Papier, das man nicht ausradieren oder auslöschen kann. Ebensowenig kann die Taufe in einem Menschenleben ungeschehen gemacht werden, es komme, was da wolle. Es geht vielmehr ein Leben lang darum, verstehend zu durchdringen, was uns mit der Taufe geschenkt ist.

Jona wurde auf seiner Flucht vor Gott, so erzählt es die Geschichte, beim Sturm von den Seeleuten ins Meer geworfen. Gott sorgte dafür, dass ein Fisch ihn aufnahm. Drei Tage und drei Nächte war Jona im Bauch des Fisches, ehe er an Land gespieen wurde - Hinweis auf die Auferweckung Christi am dritten Tag nach seiner Kreuzigung. Wer getauft wird, wird in diese Lebensgeschichte Jesu mit hineingenommen. Taufe heißt: Eure Lebensgeschichte, David-Leon, Annika, Sophia-Mareen, Max und Lukas, ist von nun an ganz eng verbunden mit der Lebensgeschichte Jesu, mit seinem Tod und seiner Auferstehung. Ihr gehört alle Tage Eures Lebens und in Ewigkeit dem auferstandenen Herrn Jesus Christus, der der gute Hirte Eures Lebens ist. In diesem Vertrauen taufen wir heute David-Leon Stede, Annika Franziska Rau, Sophia-Mareen Roxane Barthel, Max Gerhard Hans Löhnert und Lukas Andreas Hauff. Amen.

Man darf's schon hier in dieser Welt ein Stückchen schön haben...

Predigt über 1. Johannes 4, 16b-21, 1. Sonntag nach Trinitatis, 13.06.2004 (Kommunal- und Europa-Wahlsonntag), Amanduskirche Bad Urach, mit Taufe[36]

16b Gott ist die Liebe; und wer in der Liebe bleibt, der bleibt in Gott und Gott in ihm.
[17] Darin ist die Liebe bei uns vollkommen, dass wir Zuversicht haben am Tag des Gerichts; denn wie er ist, so sind auch wir in dieser Welt. [18] Furcht ist nicht in der Liebe, sondern die vollkommene Liebe treibt die Furcht aus; denn die Furcht rechnet mit Strafe. Wer sich aber fürchtet, der ist nicht vollkommen in der Liebe.
[19] Lasst uns lieben, denn er hat uns zuerst geliebt. [20] Wenn jemand spricht: „Ich liebe Gott", und hasst seinen Bruder, der ist ein Lügner. Denn wer seinen Bruder nicht liebt, den er sieht, der kann nicht Gott lieben, den er nicht sieht. [21] Und dies Gebot haben wir von ihm, dass, wer Gott liebt, dass der auch seinen Bruder liebt.

Liebe Gemeinde!

Noch sehe ich die Oberin des Dzięgielówer Diakonissenmutterhauses in ihrer gütigen und doch so weitblickenden Art vor uns Pfarrern und Pfarrerinnen stehen. Auf unserem diesjährigen Pfarrkonvent, von dem wir vor wenigen Tagen zurückkehrten, hatten wir evangelische Kirchengemeinden und Einrichtungen in Polen besucht. Dadurch bekamen wir im Vorfeld des Gustav-Adolf-Festes einen Eindruck von der Situation der evangelischen Minderheit im katholisch geprägten Polen. Und so waren wir ins Diakonissenmutterhaus nach Dzięgielów gekommen, ganz im Süden Polens, an der Grenze zu Tschechien. Noch während wir uns in der Kapelle des Altenheims Sitzplätze suchten, sagte Oberin Lidia Gottschalk zu uns in den ersten Stuhlreihen: „Schöne Teppiche hier in der Kapelle – in der Ewigkeit wird's noch schöner sein, aber man darf's ja auch schon hier in dieser Welt ein Stückchen schön haben..." „Man darf's ja auch schon hier in dieser Welt ein Stückchen schön haben.", diese situative Formulierung hat sich mir gleich eingeprägt. Ja, dachte ich, damit ist treffend ausgedrückt, was Aufgabe der Christen und Christinnen ist: in christlicher Nächstenliebe dazu beizutragen, dass es für Menschen, die es nicht schön haben, schon jetzt in dieser Welt ein Stückchen schön wird.

Und dann erzählte die Oberin von den Ursprüngen ihres Hauses und den Anfängen ihrer Schwesternschaft. Sie erzählte, wie der erste Weltkrieg zu Ende ging und der

---

[36] Predigt wurde zugänglich gemacht unter www.gustav-adolf-werk.de: Service: Predigten und Predigthilfen

Staat Polen neu gebildet wurde. In dieser Umbruchszeit klopften arme, verwahrloste Kinder an der Pfarrhaustüre von Pfarrer Karol Kulisz – Kinder, die es alles andere als schön hatten, die vielmehr ums nackte Überleben kämpften – wie bis heute viele Kinder dieser Erde, gegenwärtig besonders die Kinder im Sudan. Nun ist es ja immer viel einfacher zu erzählen, alle Menschen seien Brüder, als gerade den als Bruder willkommen zu heißen, der in dem Augenblick läutet, in dem ich eigentlich etwas anderes vorhabe. Aber Pfarrer Kulisz war klar, dass diese Kinder jetzt für ihn die Brüder und Schwestern waren, denen seine Liebe und Fürsorge zu gelten hatte. Vielleicht hat er dabei auch an das Wort unseres Predigttextes gedacht: „Dies Gebot haben wir von ihm, dass, wer Gott liebt, dass der auch seinen Bruder liebe." Die ersten Kinder nahm er noch im Pfarrhaus auf. Aber dann wurde ihm klar, dass er andere Räume und vor allem weitere Mitarbeitende braucht, um das Liebeswerk aufzubauen, das die Not der Zeit erforderte. Vor dem Dorf war ein Hügel voller Gestrüpp, nur eine Schafhirtenhütte stand dort oben. Er konnte den Hügel bekommen, die Schafhirtenhütte zu einem Kinderheim um- und ausbauen, und 1923 eine Schwesternschaft gründen. Diese Schwesternschaft nahm sich der immer zahlreicheren Kinderschar an, bald kamen auch mittellose ältere Menschen dazu. Die Dzięgielówer Anstalten wurden für die vollkommen armen Kinder und alten Menschen zu einer Heimat, in der sie es „schon in dieser Welt ein Stückchen schön hatten". Und je länger Schwester Lidia erzählte, umso mehr war spürbar: Hier sind wir in einem Haus, das von der Liebe Christi bestimmt ist.

Und damit es Menschen „ein Stückchen schön haben auf Erden", brauchen sie die Erfahrung, geliebt zu werden, brauchen sie Menschen, die ihnen glaubwürdig in christlicher Geschwisterliebe begegnen. Diese Liebe hat ihre Quelle und ihren Grund in der Liebe Gottes. „Gott ist die Liebe", hören wir im 1. Johannesbrief als Grundaussage unseres christlichen Glaubens überhaupt. In zwei Schritten wird diese Grundaussage entfaltet. Der erste Schritt:

(1) Die Liebe Gottes – sie ist erschienen in Jesus Christus. Der 1. Johannesbrief macht uns deutlich: Die Liebe Gottes ist keine abstrakte Parole, sie ist auch nicht nur eine schöne Illusion, die je und je an der harten Wirklichkeit zerbricht; nein, die Liebe Gottes wird in Jesus Christus ganz irdisch-konkret und nimmt unser Fleisch und Blut an. Jesus ist der Bürge der Liebe Gottes.

Das hat Johannes auf dem Weg mit Jesus erfahren; und er hat Jesus lieb gewonnen. Deshalb will Johannes mit seinen Schriften und seiner Verkündigung anderen Jesus lieb machen.

In diesem Gottesdienst heute wurde die kleine Lara Brüggemann getauft. Ihre Eltern und Paten haben sich vor dieser Gemeinde bereit erklärt, das Ihre dazu beizutragen, dass Lara als Glied der Gemeinde Jesu Christi erzogen wird. Das heißt, elementar gesagt, Lara im Lauf ihres Heranwachsens die Gestalt Jesu lieb zu machen, dass sie aus solcher Erfahrung heraus dann eigene Erfahrungen machen kann. Natürlich geht es auch darum, ein Leben lang wesentliche Inhalte des christlichen Glaubens verstehend zu durchdringen. Entscheidend ist aber dies, dass Lara und alle Kinder, die am Taufstein der Amanduskirche getauft wurden, hier auf Menschen treffen, die die Liebe Gottes, die in Jesus erschienen ist, in ihrem Herzen gespürt haben. Dass sie auf Menschen treffen, die aus solcher Erfahrung heraus Kindern und Jugendlichen Jesus lieb machen, ganz besonders im Kindergottesdienst und in der Jugendarbeit.

Die Gestalt Jesu lieb machen – wie geht das zu? Nun, der 1. Johannesbrief hat ständig die anschaulichen Jesus-Geschichten im Johannesevangelium vor Augen und weist zu ihnen hinüber. Wo wir diese Jesus-Geschichten weiter erzählen, den Kindern – gerade auch denen, die hier am Taufstein der Amanduskirche getauft werden -, aber auch Erwachsenen, da tritt Jesus vor uns, und mit ihm die Liebe Gottes. Denken wir nur an jene Geschichte vom Abendmahlssaal, in der Jesus seinen Jüngern die Füße wäscht und den erstaunten Jüngern gegenüber sein Tun mit den Worten kommentiert: „Ein neues Gebot gebe ich euch, dass ihr euch untereinander liebt, wie ich euch geliebt habe."

(2) Mit dieser Geschichte sind wir beim zweiten Schritt, mit dem unser Abschnitt aus dem 1. Johannesbrief die Liebe Gottes entfaltet: **Die Liebe Gottes – sie gilt es weiter**

zu geben an den Bruder und an die Schwester – und damit meint Johannes die Mitchristinnen und Mitchristen in der eigenen Gemeinde.

Redet Johannes hier einer Liebe das Wort, die nur die Gleichgesinnten im Blick hat? Hat Johannes die Weite der Nächsten- und Feindesliebe, wie Jesus sie lebte, eingeengt?

Nein, Nächsten- und Feindesliebe sind bei ihm durchaus mit im Blick. Aber Johannes betont leidenschaftlich, dass diese Liebe erst einmal im Raum der Gemeinde zu praktizieren ist.

Die Gemeinde vor Ort ist das exemplarische Lernfeld für die Liebe untereinander – denn da nehmen wir uns am deutlichsten wahr mit unseren Begabungen und sympathischen Seiten, aber auch mit unseren für andere oft so schwer zu ertragenden Eigenheiten und Grenzen. Hier, in der konkreten Gemeinde vor Ort, gilt es, als solche unzulänglichen Schwestern und Brüder einander zu lieben. Und wenn in der Gemeinde die tatsächlichen Umgangsweisen miteinander und das Gebot: „Liebt einander!" einigermaßen zur Deckung gebracht werden, dann strahlt das aus - über die Gemeinde hinaus.

Das Gebot Jesu ernst nehmen und Bruder und Schwester zu lieben – darum geht es auch bei der Gustav-Adolf-Arbeit, die in diesen Wochen bei uns in Urach im besonderen im Blick ist: letzte Woche der Pfarrkonvent, der durch die Kontakte des Gustav-Adolf-Werks viele Begegnungen mit Evangelischen in Polen ermöglichte;
heute die Ausstellungseröffnung in der Kreissparkasse mit Arbeiten von Schülerinnen und Schülern über evangelische Minderheiten in Ost- und Südeuropa und Südamerika;
und dann in zwei Wochen das württembergische Gustav-Adolf-Fest in unserem Uracher Kirchenbezirk und hier in der Amanduskirche.

Immer wieder wird gefragt: „Warum sollen wir heute noch an den Schwedenkönig Gustav Adolf denken, der durch sein militärisches Eingreifen im 30jährigen Krieg die Evangelischen vor der völligen Niederlage gerettet hat und 1632 in der Schlacht von

Lützen bei Leipzig den Tod fand? Und dass man zu seinem 200. Todestag 1832 statt eines steinernen Gustav-Adolf-Denkmals ein Gustav-Adolf-Werk gründete, das bedrängten evangelischen Minderheiten hilft – ist das im Zeitalter der Ökumene nicht längst überholt?"

Liebe Gemeinde, ich denke nein. Und ich meine, unser heutiger Predigttext hilft uns zu einer Antwort. Kirche ist kein einheitlicher Großkonzern, sondern ist aus verschiedenen, geschichtlich gewordenen Gruppen und Konfessionen aufgebaut – mit so *verschiedenem* Temperament und Profil begabt und so *gleich* intensiver Jesusliebe erfüllt wie Petrus und Johannes, Maria Magdalena und Paulus. Und Ökumene recht verstanden ist kein grauer Einheitsbrei, sondern versöhnte, farbige Vielfalt in Traditionen und Formen. Und da ist es legitim und im Sinne unseres heutigen Predigttextes, sich im Besonderen den Geschwistern derselben Konfession zuzuwenden.

Für uns Pfarrer und Pfarrerinnen jedenfalls war es auf dem diesjährigen Pfarrkonvent ungemein bereichernd, evangelische Christen in Polen zu erleben, ein Land, in dem sie 0,2 % der Bevölkerung stellen – auf unsere Verhältnisse umgerechnet: 20 Evangelische in der ganzen Stadt Urach (10.000 Einwohner), weniger als eine durchschnittliche Schulklasse. Und umgekehrt ist es für Christen in der Diaspora ermutigend, zu erfahren: Wir sind nicht vergessen, wir sind miteinander eine große Familie der Evangelischen in Europa, für das wir heute wählen. Wir bilden mit den anderen Konfessionen zusammen Kirche in Europa, die sich für Gerechtigkeit einsetzt – dass es auch im neuen Europa alle Menschen „ein Stückchen schön haben".

Das Gebot Jesu ernst nehmen und Bruder und Schwester zu lieben – das haben die evangelischen Schwestern von Dzięgielów beherzigt. Und sie haben sich in ihrer Geschwisterliebe nicht entmutigen lassen, weil sie über den Tag hinaus sahen. Als Oberin Lidia Gottschalk weiter erzählte, tauchten immer wieder Stationen auf, wo Böses oder Entmutigendes die Liebe zu erdrücken suchte – und doch die in Christus gegründete Liebe den längeren Atem hatte.

Als 1939 mit dem Überfall Hitler-Deutschlands auf Polen der Zweite Weltkrieg begann, wurden die Schwestern vertrieben und die „braunen Schwestern" kamen, und unweit von Dzięgielów erreichte im Vernichtungslager Auschwitz menschliche Barbarei ihren unaussprechlichen Höhepunkt.

Mit dem Ende des Krieges kehrten die evangelischen Schwestern wieder zurück, im Vertrauen auf Gott begannen sie ihr Liebeswerk von neuem.

Kaum zehn Jahre später enteigneten die Kommunisten den Großteil ihres Landbesitzes und nahmen den Schwestern auch die Betreuung der Kinder weg. Arbeit mit alten und behinderten Menschen durfte die Kirche im Kommunismus treiben, und so stellten sich die Schwestern mit viel Liebe dieser Aufgabe.

Mit der Wende wichen die politischen Repressionen, aber ökonomische Schwierigkeiten stellten sich ein.

Die Oberin sprach von der wechselvollen irdischen Geschichte der Dzięgielówer Anstalten, die für sie vor dem Horizont der Ewigkeit verläuft. Die Geschichte und jedes einzelne Menschenleben gehen auf ein Ziel zu: den letzten, den jüngsten Tag, den Tag des Gerichts, wie unser heutiger Predigttext aus dem 1. Johannesbrief sagt.

Liebe Gemeinde, wie oft wurde – und wird! – in der christlichen Verkündigung das Gericht als **Droh**botschaft missbraucht, vor der Menschen sich fürchten und sich nicht selten von diesem so bedrohlich verkündigten Gott abwenden. Hören wir an dieser Stelle genau auf unseren Text: das Gericht ist Teil des Evangeliums, der **Froh**botschaft. Auf den Tag des Gerichts gehen Christinnen und Christen mit freudiger Zuversicht zu. Denn Gottes Gericht bringt es an den Tag: Nicht das Böse und Entmutigende hat das letzte Wort. Vielmehr hat die todesüberwindende Liebe Jesu Christi den längeren Atem. Christen gehen mit Zuversicht auf den Gerichtstag zu, weil im Gericht Gott seine Gerechtigkeit durchsetzen wird, die den Opfern Recht schafft und die Täter zurecht bringt. Als der kommende Richter der Opfer und der Täter wird der auferstandene Christus das Leid der einen und die Last der anderen überwinden und beide aus der Herrschaft des Bösen in die Gemeinschaft der

Gerechtigkeit Gottes bringen. Das Ziel seines Richtens ist der große Versöhnungstag auf dieser Erde.

Das Beispiel der Schwestern von Dzięgielów hat mir eindrücklich gezeigt, wie dieser Ausblick auf das Letzte dazu motiviert, im Vorletzten, in dieser Welt, so zu handeln, wie Jesus es vorgelebt hat. Unser Text sagt: „Wie er ist, so sind auch wir in dieser Welt." Wie er, Jesus Christus, ist und uns begegnen wird, nämlich in hingebender und aufrichtender Liebe, das spiegelt sich im Handeln der Christinnen und Christen wider. Diese hingebende und aufrichtende Liebe geben sie weiter – in aller menschlichen Unzulänglichkeit und Gebrochenheit, allen Gegenerfahrungen zum Trotz. „Lasst uns lieben, denn er hat uns zuerst geliebt." So werden wir erfahren, dass es schon jetzt in dieser Welt ein Stückchen schön wird.
Amen.

Erlösung!

Predigt über Jesaja 43,1, 5. Sonntag nach Trinitatis, 20.07.2014, Leonhardskirche (mit Taufen) und Martinskirche Langenau

Liebe Gemeinde!

Mensch, war das aufregend – das WM-Finale Deutschland gegen Argentinien, das am vergangenen Sonntagabend im Maracanã-Stadion in Rio de Janeiro mit dem 1:0-Sieg für Deutschland endete! Dieses Final-Spiel war bis zur letzten Minute so spannend, dass manch einer vor Anspannung beinahe die Tischplatte durchgebissen oder den Sessel durchgescheuert hatte. Die Sportreporter redeten in der Liveübertragung und in den Zeitungsberichten ganz begeistert, ganz überschwänglich, und gebrauchten ganz starke Worte. *Ein* Wort fiel mir besonders auf, das so häufig wie selten sonst verwendet wurde: *Erlösen*. Da war zu lesen: „Manuel Neuer zeigte vollen Einsatz, Benedikt Höwedes traf nur den Pfosten, Mario Götze *erlöste* Deutschland in der Verlängerung." Oder: „Nach der Verlängerung dann endlich die *Erlösung*: Mario Götze hatte das Spiel als Joker entschieden." Oder: „Mario Götze, in der 88. Minute für Klose eingewechselt, nahm den Ball mit der Brust an und setzte ihn ins lange Eck. Zehn Minuten Zittern, dann kam der *erlösende* Abpfiff."

Der Sonntagabend war der Abend der starken Worte, aber auch der großen, ausdrucksstarken Bilder. So rückte während der Liveübertragung eines der Wahrzeichen Rios de Janeiros ins Bild, die 30 Meter hohe Christusstatue über der Stadt. Wiederum bemerkenswert: Cristo **Redentor**, Christus, der *Erlöser*, heißt die über 80 Jahre alte Statue. Eine Christusfigur, die ihre Arme weit ausgebreitet hat, schützend, segnend, über der ganzen Stadt. Während im Maracanã-Stadion Argentinier und Deutsche mit ganzem Einsatz um den WM-Pokal kämpften, ging hinter Christus dem Erlöser, hinter Cristo Redentor, die tropische Sonne als riesiger Glutball unter, ein starkes Bild: Der Erlöser breitet seine Hände über die Stadt und das Stadion, während im Stadion jeder Fanblock angespannt fieberte: Hoffentlich kommt bald das *erlösende* Tor für unsere Mannschaft! Und nach dem erlösenden

Abpfiff wurde noch einmal die Christusstatue eingeblendet, die nun in den Nationalfarben Deutschlands angestrahlt war. Ja, was für ein Abend!

Und **ein Wort, das ursprünglich aus der Sprache und Gedankenwelt der Bibel stammt,** *erlösen*, **wird zu einem der wichtigsten Worte jenes historischen 13. Juli 2014**, als Fußball-Deutschland sich den vierten Stern holt, weil zum vierten Mal Weltmeister geworden. Schüler/innen aus der 6. und 7. Klasse haben dieses Mal beim Abfassen der Predigt mitgeholfen, als wir im Religionsunterricht überlegt haben: Wo gebrauchen wir eigentlich in unserem Alltag dieses Wort „erlösen", das im Zusammenhang des WM-Finales so oft gefallen ist? Und was bedeutet es in seinem ursprünglichen Sinn in der Bibel?

Einige Schüler-Statements, wo wir in unserem Alltag das Wort „erlösen" gebrauchen: *„Das Wort ‚Erlösung' könnte man am Anfang der Ferien benutzen, da man dann sechs Wochen von der Schule erlöst ist." „Wenn ich nach einem Referat nicht mehr nervös bin und der Druck weg ist, dann bin ich von diesem Referat ‚erlöst'". „Ich benutze das Wort Erlösung dann, wenn eine stinklangweilige Schulstunde gerade vorbei ist, oder andere doofe Situationen." „Wenn ich aufs Klo muss und endlich eins finde." „Erlösung ist, wenn Lasten wegfallen." „Wenn man tierische Angst vor etwas hat und es dann auf einmal vorbei ist, dann ist man ‚erlöst'" „Als mein Opa mehrere Jahre lang Krebs hatte und dann nach zehn Jahren starb, wurde er erlöst von seiner Krankheit und den Schmerzen." „Ich verstehe das Wort ‚erlösen' so: Wenn man befreit wird von etwas, wenn man stark erleichtert ist, wenn mir jemand vergibt."*

Diese zuletzt genannte Situation, in der *wir* das Wort ‚erlösen' verwenden, war auch schon die Brücke zur *Bibel* und ihrem Gebrauch des Wortes „Erlösung". **„*Erlöse uns von dem Bösen, mach uns frei vom Bösen"***, an diese Vaterunser-Bitte dachten sofort mehrere Schüler. Und einigen fiel die Seite zum Thema „Taufe" in unserem Konfirmanden-Arbeitsbuch ein. Ein Foto mit einem jungen Mann, der tief ins Wasser eingetaucht ist, und der dabei ist, aufzutauchen, damit er wieder Luft bekommt und nicht ertrinkt – und daneben das Wort aus dem Jesajapropheten (43,1): **„So spricht**

Gott der Herr, der dich geschaffen hat: Fürchte dich nicht, denn ich habe dich *erlöst*. Ich habe dich bei deinem Namen gerufen; du bist mein."

Da ist es wieder, dieses Wort „erlösen". Diejenigen, die dieses Prophetenwort als erste hörten, wurden von seinem Klang der Befreiung und Hoffnung berührt. Die ersten Hörer dieses Wortes waren Jerusalemer und Judäer, die weitab ihrer Heimat in der Verbannung saßen, in Babylon – ohne Hoffnung, ohne Perspektive, mit dem Gefühl: wir sind von Gott und der Welt vergessen, keiner sieht, wie dreckig es uns geht. Der Prophet erinnert sie an einen Vorgang, den sie alle kennen: Wenn ein verarmter Israelit so überschuldet war, dass er sich selbst in Schuldknechtschaft hatte verkaufen müssen, dann war sein nächster Angehöriger dazu verpflichtet, als sein Löser, sein Erlöser aufzutreten und ihn freizukaufen. Genauso, sagt der Prophet, handelt Gott als Erlöser, indem er sein Volk aus fremder Gewalt befreit. „Fürchte dich nicht, denn ich habe dich erlöst", spricht der Herr. Das gilt nicht nur für die Vergangenheit, sondern Gott tut es gewiss, sagt der Prophet. Er ist schon dabei, sein Volk aus Babylon zu erlösen. Auch wenn die vorfindliche Wirklichkeit noch eine ganz andere Sprache spricht. Noch sind die Jerusalemer und Judäer in Babylon. Aber Gott wird ihre Situation wandeln. Innerlich, indem er ihre Schuld vergibt, durch die sie sich in diese Situation hinein manövriert haben, indem er Hoffnungslosigkeit und Mutlosigkeit überwindet. Und Gott wandelt ihre Situation äußerlich, indem er ihre Befreiung anbahnt und den Befreier, den Perserkönig Kyros, schon auf den Weg geschickt hat. „So werden die Erlösten des HERRN heimkehren und nach Zion kommen mit Jauchzen (Jes 51,10)". Was Jesaja schon klar vor seinem inneren Auge sieht, wird wenige Jahre später frohe Wirklichkeit.

„So spricht Gott der Herr, der dich geschaffen hat: Fürchte dich nicht, denn ich habe dich *erlöst*. Ich habe dich bei deinem Namen gerufen; du bist mein." – für uns Christen bekommt dieses Wort den Klang der Stimme Jesu Christi. Martin Luther hat das ganz intensiv erlebt. Als junger Mönch im Augustinerkloster in Erfurt und dann in Wittenberg kämpft Martin Luther mit dem erdrückenden Gefühl eigenen

Ungenügens vor Gott. So viele fromme Leistungen er auch vorzuweisen hat – er kann das quälende Empfinden nicht loswerden, von Gott dennoch nicht anerkannt zu werden. „Ich hasse diesen zornigen Gott, der uns Menschen zunichtemacht, so sehr wir uns auch anstrengen, ihm wohl zu gefallen." schreit er sich nachts in seiner Klosterzelle von der Seele. Sein Beichtvater Johann von Staupitz gibt ihm noch in der Nacht den seelsorgerlichen Rat: „Schau von dir weg auf Jesus Christus! Der hat alles für dich getan. In ihm schenkt Gott dir seine Liebe und sein Erbarmen." Als sichtbares Zeichen drückt er Luther ein Umhängekreuz in die geöffnete Hand und fordert ihn auf: *„Sprich mir nach: Christus, ich bin dein, erlöse mich."* Martin Luther sagte später, dass ihm durch Staupitz zum ersten Mal das Befreiende der biblischen Botschaft aufleuchtete, und das sollte für sein ganzes weiteres Leben prägend werden. - So ist das ja bis heute: Der Glaube wird von Person zu Person weitergegeben, unsere Neugetauften brauchen solche Menschen wie Staupitz, die ihnen die Gestalt Jesu, den Glauben, die Kirche lieb machen – und da haben Sie, liebe Pat/inn/en, neben den Eltern eine ganz wichtige Aufgabe.

Jesus Christus löst uns aus den Fängen der Schuld und aus den Stricken der Todesmächte, schon jetzt in dieser Zeit, und dann erst recht in der ewigen Welt Gottes, dem Ziel unserer irdischen Wege. Jesus Christus löst uns aus den Fängen der Schuld und aus den Stricken der Todesmächte, weil wir in seinen Augen so einzigartig wichtig sind, weil wir sein eigen sind, weil er uns mit Namen kennt. Dafür ist die Taufe auf seinen Namen ein ganz starkes, ein unüberbietbares Zeichen. Wir haben heute Clara Emilia Lang und Maximilian Alexander Bohrmann am Taufstein der Leonhardskirche getauft. Ursprünglich wurden die Täuflinge im Taufbecken ganz untergetaucht, um symbolisch anzudeuten: Auf uns allein gestellt gehen wir unter im Meer von Sünde, Schuld und Tod. Aber dann wurden die Täuflinge wieder emporgehoben aus dem Wasser, um symbolisch deutlich zu machen: Jesus Christus rettet, erlöst, aus dem Meer von Sünde, Schuld und Tod. Als befreite, gestärkte, ermutigte Menschen können wir unseren Weg ins Leben hinein gehen – ins Leben, das ein buntes Mosaik im Wechselspiel von Licht und Schatten ist. So hat es schon Jesus selbst erlebt, der den Tod erlitten hat, aber von Gott aus den Stricken des Todes gelöst wurde, auferweckt wurde. Die Auferstehung Jesu Christi begründet unsere Hoffnung auf Auferstehung unserer Toten. Und so ist christliche Hoffnung eine Glaubenshaltung, die die Welt im Licht des Ostergeschehens sieht. Christliche Hoffnung ist auf Gottes Zukunft ausgerichtet, auf Gottes neuen Himmel und neue Erde. Diese Ausrichtung auf Gottes Zukunft hat die Menschen immer wieder inspiriert, *diese* Welt zu verändern und zu verbessern – und grade nicht in den Lamento-Untergangs-Gesang einzustimmen: „Ich kann ja doch nichts tun."

Denken wir noch einmal an das starke Bild vom letzten Sonntag: Die Christusstatue in Rio, Cristo Redentor, Christus, der Erlöser, im Glanz der Abendsonne, als das Spiel noch hin- und herwogt und offen ist wie das Leben selber. Christus, der Erlöser, hält seine Arme weit ausgebreitet, schützend, segnend. *Ihm* vertrauen wir Maximilian Bohrmann, Clara Lang und uns selber an. Er ruft uns bei unserem Namen und stärkt uns für die Schritte auf unseren Wegen. Mit ihm an der Seite machen wir immer neue *lösende* Erfahrungen: dass unsere Angst kleiner wird, dass unser Herz weiter wird, dass wir trotz allem Hoffnung für unsere Welt und unsere heran wachsenden Kinder haben. Amen.

Dein Gott ist mein Gott

Predigt über Römer 11, 25-32, 10. Sonntag nach Trinitatis (Israelsonntag), 08.08.2010, Leonhardskirche und Martinskirche Langenau

Liebe Gemeinde!

Es war nicht nur für Langenau, sondern für die ganze Freie Reichsstadt Ulm mit ihrem großen Gebiet eine Sternstunde, als 1490 der Martinskirchturm bis zum Achteck fertig gestellt wurde. Nur wenig später aber fiel ein dunkler Schatten auf das Treiben der Reichsstadt. Man schrieb das Jahr 1499, als aus der Reichsstadt Ulm wie aus fast allen südwestdeutschen Territorien die Juden ausgewiesen und vertrieben wurden. Und damit man ja alle jüdischen Spuren auslösche, wurde frevntlicherweise der jüdische Friedhof in Ulm abgeräumt und eingeebnet. Die behauenen Grabsteine waren begehrtes Baumaterial und wurden zum Hausbau und zum Münsterbau in Ulm verwendet, aber auch an anderen Orten der Reichsstadt verbaut. So gelangten Grabsteine des abgeräumten Ulmer jüdischen Friedhofs auch nach Langenau. Die beiden Hälften eines Grabsteins wurden umgekehrt als Altarstufen im Chor unserer Martinskirche eingebaut. Bemerkenswert: Gerade an der sensibelsten Stelle der Kirche, nämlich dort, wo die Kommunion und später das evangelische Abendmahl ausgeteilt wurden, hat man einen zerstörten jüdischen Grabstein eingebaut. Hier wurde die jüdische Tradition buchstäblich – und von den Gemeindegliedern unbewusst – mit Füßen getreten. Erst bei der Innenrenovierung vor 25 Jahren hat man den Grabstein wieder entdeckt und ihn dann später am nordwestlichen Pfeiler in der Martinskirche aufgestellt. [37]

Das geistige Klima, das am ausgehenden Mittelalter und in der frühen Neuzeit zur Ausweisung und Vertreibung der Juden und zur Zerstörung ihrer Spuren geführt hat, beschreibt der jüdische Rabbiner und Gelehrte Leo Trepp in seinem Buch „Die Juden" wie folgt: „Die angebliche Verruchtheit der Juden wurde dem Volk unaufhörlich vor Augen gehalten. Skulpturen und Bilder in den Kirchen zeigten die Synagoge mit einer Binde über den Augen und gebrochenem Stab oder Juden, in

---
[37] Eine Abbildung des jüdischen Grabsteins in der Martinskirche findet sich am Ende des Bandes, Seite 199.

scheußlicher Karikatur, am Euter einer so genannten Judensau säugend. Dies verstärkte neben Hasspredigten der Priester die Verachtung der Juden bei einer Bevölkerung, die nicht lesen konnte und ihre Bildung nur aus dem gesprochenen Wort oder der bildlichen Darstellung erhielt." (S. 67) In der Tat wurde über viele Jahrhunderte hinweg in der christlichen Auslegung und Predigt die Substitutionslehre vertreten: Israel habe gesündigt, indem es Jesus nicht als den Christus anerkannt hat, und deshalb ist der Bund Gottes mit Israel aufgekündigt und auf die Heidenvölker übergegangen, Israel sei verworfen und die Gnade Gottes auf die Christen übergegangen. Volkstümlich gesagt: Die Juden haben bei Gott ausgespielt; der alte Bund ist erledigt, zerbrochen!

Beim Apostel Paulus hören wir ganz andere Töne. Paulus ermahnt die Heidenchristen in Rom, sich nicht über Israel zu erheben. Paulus stellt der israelkritischen Haltung der römischen Christen, ihrem Antijudaismus, die deutliche Ermahnung zur Solidarität mit ganz Israel entgegen. „Ihr römischen Heidenchristen", sagt Paulus, „werdet nicht überheblich gegenüber den Juden. Denn das Judentum ist die Wurzel, in der die aufwachsenden Zweige des Christentums ihren Halt und Grund finden. Rühmst du dich aber, so sollst du wissen, dass nicht du die Wurzel trägst, sondern die Wurzel trägt dich! (Röm 11, 18)" Dann folgt einer der ganz grundlegenden Abschnitte im Römerbrief, in denen Paulus deutlich macht, dass Gottes Bund mit Israel ungekündigt bleibt, dass trotz Israels Nein zum Evangelium Gottes Erwählung Israels bestehen bleibt, dass Israel Gottes sehr geliebtes Volk ist. In Römer 11, Vers 25-32, dem Predigttext in unserer württembergischen Landeskirche für den heutigen Israelsonntag, schreibt Paulus:

[25] Ich will euch, liebe Brüder [und Schwestern], dieses Geheimnis nicht verhehlen, damit ihr euch nicht selbst für klug haltet: Verstockung ist einem Teil Israels widerfahren, so lange bis die Fülle der Heiden zum Heil gelangt ist; [26] und so wird ganz Israel gerettet werden, wie geschrieben steht (Jesaja 59, 20; Jeremia 31, 33): „Es wird kommen aus Zion der Erlöser, der abwenden wird alle Gottlosigkeit von Jakob. [27] Und dies ist mein Bund mit ihnen, wenn ich ihre Sünden wegnehmen werde."

²⁸ Im Blick auf das Evangelium sind sie zwar Feinde um euretwillen; aber im Blick auf die Erwählung sind sie Geliebte um der Väter willen. ²⁹ Denn Gottes Gaben und Berufung können ihn nicht gereuen. ³⁰ Denn wie ihr zuvor Gott ungehorsam gewesen seid, nun aber Barmherzigkeit erlangt habt wegen ihres Ungehorsams, ³¹ so sind auch jene jetzt ungehorsam geworden wegen der Barmherzigkeit, die euch widerfahren ist, damit auch sie jetzt Barmherzigkeit erlangen. ³² Denn Gott hat alle eingeschlossen in den Ungehorsam, damit er sich aller erbarme.

Liebe Gemeinde, Paulus schärft mit diesen Worten den römischen Christen damals und der Christenheit heute unüberhörbar ein, dass sie nicht das Recht haben, den jüdischen Glauben mit Füßen zu treten und zu verachten. Haltet euch nicht selbst für klug, nehmt euch in Acht vor Überheblichkeit, so schreibt Paulus es uns ins Stammbuch. Anstelle von Antijudaismus und christlicher Israelvergessenheit muss die prinzipielle christliche Israelsolidarität treten. Dabei ist Paulus nicht blauäugig und nicht realitätsblind. Paulus hat ein ums andermal die schmerzliche Erfahrung gemacht, dass die allermeisten seiner jüdischen Landsleute das Evangelium von Jesus Christus ablehnten. Dabei war Paulus selber doch seit seiner Begegnung mit dem auferstandenen Christus vor Damaskus mit Feuereifer Nachfolger und Botschafter Jesu Christi. Ganz erfüllt war er von der Wirklichkeit des Auferstandenen, zutiefst überzeugt war er davon, dass in der Person Jesu, durch sein Leben und seine Auferstehung, das Reich Gottes schon angebrochen ist. Zutiefst überzeugt war er davon, dass Jesus der von Israel so sehnsüchtig erwartete und von den Propheten angekündigte Messias ist. Auf seinen Missionsreisen ist Paulus immer zuerst in die Synagogen gegangen und hat dort das Evangelium von Jesus Christus verkündigt. Aber seine jüdischen Gesprächspartner hielten ihm entgegen: „Wenn der Messias kommt, dann ändert sich diese alte Welt grundstürzend, alle Fremdherrschaft, alles Leid hat dann ein Ende – was aber hat sich seit Jesu Kommen geändert? Ist diese Welt nicht immer noch so unerlöst wie vorher?" Und oft blieb es nicht bei der verbalen Ablehnung, oft wurde Paulus unsanft hinausgeworfen, gar misshandelt und verfolgt. Im 2. Korintherbrief schreibt Paulus: „Von den Juden habe ich fünfmal erhalten vierzig Geißelhiebe weniger einen; ich bin dreimal mit Stöcken geschlagen, einmal gesteinigt worden..." (2. Kor 11, 24f) Paulus hätte allen Grund gehabt, verbittert zu werden. Aber bei Paulus ist weder Verbitterung noch Zorn zu spüren. Paulus sagt den Christen ein **Geheimnis**. Und mit Geheimnis meint er nichts Mysteriöses oder Rätselhaftes. Mit Geheimnis meint Paulus Gottes Zukunftsplan für das jüdische Volk, wie er sich ihm durch Gebet und Schriftstudium erschlossen hat. Geheimnis, das ist Gottes Zukunftsplan, der schon in Israels heiligen Schriften niedergelegt war und für den Gott selber dem Paulus die Augen geöffnet hat. Der alles entscheidende Zielsatz lautet: **Ganz Israel wird gerettet werden!** Das ist das Ziel der Wege Gottes.

In der gegenwärtigen Zeit, so Paulus, hat das Evangelium von Jesus Christus die Funktion, einen Teil Israels vorübergehend zu verhärten, um damit die nichtjüdischen Völker in eine Beziehung zum Gott Israels zu bringen, die ihnen zum Segen gereicht. Paulus im Original: „Verstockung ist einem Teil Israels widerfahren, so lange, bis die Fülle der Heiden zum Heil gelangt ist, und so wird ganz Israel gerettet werden." (V 25f) Paulus deutet also das Nein der meisten Juden zum Evangelium theologisch: Gott mutet seinem erwählten Volk zu, zu Gunsten der Völkerwelt zunächst zurückzustehen, um dann wie die Völkerwelt die Erlösung zu erfahren. Ganz entscheidend aber: Das Nein Israels zum Evangelium hebt Gottes Ja zur Erwählung Israels nicht auf. Yuval Lapide, ein jüdischer Ausleger, erklärt die Israellehre des Apostels Paulus so: Die Juden sind und bleiben die *Ersterwählten*, die Heiden, also die nichtjüdischen Völker, die *Zweiterwählten*. Im Blick auf die anstehende Erlösung hat Gott die zeitlichen Prioritäten geändert: zunächst bedürfen die Heiden der Erlösung, und erst danach bedürfen ihrer die Juden – die Heiden werden so zu den *Ersterlösten* und die Juden zu den *Zweiterlösten*.

Also, um es mit Paulus noch einmal ganz klar zu sagen: Gott hat die Erwählung Israels nicht aufgehoben! Und es ist keineswegs so, dass die Juden bei Gott ausgespielt hätten und der alte Bund zerbrochen sei. Gottes Bund mit Israel ist ungekündigt! Gott ist und bleibt seinem Volk Israel in Treue verbunden. Ja mehr noch: Die Juden sind im Blick auf die Erwählung durch Gott „Geliebte um der Väter willen": So wie Gott der Gott Abrahams und Saras, der Gott Isaaks und Rebekkas, der Gott Jakobs und Leas und Rahels war, der Gott der Erzväter und Erzmütter Israels, so bleibt er der treue Gott für alle ihre Nachkommen. Ihnen gilt Gottes große Liebe. Ihnen allen gilt Gottes Erlösungswerk.

Wir spüren den Respekt des Paulus für den eigenständigen Weg Israels zum Heil. Wir lernen aus diesen Worten des Paulus, dass die Rettung Israels Gottes eigene Sache ist, die unseres missionarischen Bemühens nicht bedarf. Es geht darum, dass Christen und Juden sich auf gleicher Augenhöhe begegnen.

Und so bin ich dankbar, dass es das gibt: das ganz ehrliche Gespräch über den jüdischen und den christlichen Glauben. In solch ehrlichem, aufrichtigem Dialog kann es geschehen, dass ein jüdischer Mensch die Gestalt Jesu lieb gewinnt und Christ wird. *Unser Gott kann solches geschehen lassen - wer wollte es ihm wehren?* Und in solch ehrlichem, aufrichtigem Dialog kann es geschehen, dass ein Christ in seinem Herzen Feuer fängt für den jüdischen Glauben und Jude aus freier Wahl wird. Ich hatte in den letzten Jahren immer wieder das Glück, im Haus Strohmaier in Reutlingen den jüdischen Rabbiner Leo Trepp zu treffen – 1913 in Mainz geboren, 1938 mit knapper Not dem Tod entronnen. Zusammen mit Gunda Wöbken-Ekert hat er jüngst ein interessantes Buch mit dem Titel „Dein Gott ist mein Gott" veröffentlicht. Es erzählt, wie seit der Antike immer wieder Menschen vom Judentum fasziniert waren und übergetreten sind. Und in diesem Buch sind Erlebnisberichte von Menschen zu lesen, die zum Judentum übergetreten sind, beginnend mit der Geschichte von Gunda Wöbken-Ekert, die von Haus aus Christin war und zur Jüdin aus freier Wahl wurde. *Unser Gott kann solches geschehen lassen - wer wollte es ihm wehren?*

Der Israel-Sonntag mahnt uns, nach einer langen Unheilsgeschichte zwischen Juden und Christen unablässig das Gespräch und die gemeinsamen Wurzeln zu suchen. In einem unserer Gespräche sagte Rabbiner Leo Trepp zu meinem Erstaunen: „Das

Jesus-Wort: ‚Niemand kommt zum Vater denn durch mich.' (Johannes 14, 6) ist ganz wichtig: Die Juden *sind* schon beim Vater, die anderen *werden durch Jesus zum Vater geführt*." Leo Trepp meinte damit: Christen und Juden sind Partner, Geschwister mit je eigener Identität in der Geschichte Gottes mit seinem Volk. Miteinander teilen sie die Überzeugung, dass in dieser Welt die Liebe des himmlischen Vaters sich durchsetzen wird – trotz allem. So sehr der Glaube *an* Jesus Juden und Christen trennt, so sehr beflügelt sie miteinander die Hoffnung auf den neuen Himmel und die neue Erde, darin Gerechtigkeit wohnt und die Tränen getrocknet werden. (Jesaja 25,8; 66,13; Offenb 21,4). Also: Juden und Christen verbindet die Hoffnung, dass durch Gottes Erbarmen die Erlösung der Welt herbeigeführt wird.

So hat es Paulus in einem Wort aus dem Jesajabuch gefunden, das er auswendig in seinen Worten so zitiert: „Es wird kommen aus Zion der Erlöser, der abwenden wird alle Gottlosigkeit von Jakob." In der Hoffnung auf das Kommen des Erlösers treffen sich der jüdische und der christliche Weg. Der Erlöser, der aus Zion kommen wird, ist der, auf den die Juden sehnsüchtig warten. Wir Christen werden in ihm den wieder kommenden Jesus Christus erkennen. Und Juden und Christen werden ihn gemeinsam begrüßen mit den Worten: „Gelobt sei, der da kommt, im Namen des Herrn!"[38]

Wie sehr wir des erlösenden Handelns Gottes bedürfen, wie sehr wir auf das Kommen des Erlösers angewiesen sind, zeigt der Blick in die unerlöste Welt. Eine der schmerzlichsten Stellen, die gegenwärtig sichtbar sind, ist das Land Israel selbst. Der israelisch-palästinensische Konflikt ist tief verfahren. Es wäre zu einfach, nur einer Seite die Schuld daran zu geben. Gewalt erzeugt Gegengewalt, Unterdrückung nährt den Hass. In einer erschütternden Dokumentation in der vergangenen Woche wurde gezeigt, wie die im Gazastreifen regierende Hamas-Organisation schon Vierjährige im Kindergarten auf das Märtyrertum vorbereitet, als höchste Form des Kampfes gegen Israel.

---

[38] Vgl. Mt 23,39; Lk 13,35; Ps 118,26

Und wiederum dürfen wir auch nicht alle Palästinenser als Terroristen verunglimpfen. Es war ein wichtiges Signal, dass vor wenigen Tagen auf der Vollversammlung des Lutherischen Weltbundes in Stuttgart der palästinensische Bischof Munib Younan zum neuen Präsidenten von 70 Millionen Lutheranern gewählt wurde. Er repräsentiert die Minderheit palästinensischer Christen und wird immer wieder die Aufgabe thematisieren, das Menschenmögliche für einen gerechten Frieden zwischen Israelis und Palästinensern zu tun.

Denn die Juden und Christen verbindende Hoffnung auf Gottes erlösendes Handeln zeigt schon hier und jetzt Wirkung. Aller Unerlöstheit unserer Welt zum Trotz lässt sich aus dieser Hoffnung leben. Diese Hoffnung nimmt Christen und Juden in die Pflicht, dass sie Zeuginnen und Zeugen Gottes sind. In Wort und Tat bezeugen sie Gottes Gerechtigkeit, aller Ungerechtigkeit der Welt zum Trotz. Sie bezeugen Gottes Barmherzigkeit, und tun dies gegen alle Erbarmungslosigkeit dieser Welt. Christen und Juden begegnen einander auf Augenhöhe.

Ich denke noch einmal an die Zeiten, in denen das anders war: 1499 wurde der Ulmer jüdische Friedhof abgeräumt. 1938 wurde die Ulmer Synagoge zerstört und die Juden Ulms in die Konzentrationslager verschleppt und zum großen Teil ermordet. Dieser Tage erleben wir, wie wenige Schritte vom alten Standort der Synagoge entfernt auf dem Ulmer Weinhof das Erdreich schon aufgegraben ist, um eine neue Ulmer Synagoge zu errichten. Und ich hoffe und wünsche mir, dass es nicht beim Bau der Synagoge bleibt, sondern dass es zu wirklichen Begegnungen zwischen Juden und Christen kommt, so, wie ich es mit Rabbiner Leo Trepp erlebt habe. Er feierte mit uns, einer kleinen Schar Christinnen und Christen, den Sabbatbeginn. Und wir spürten bei allem Anderssein eine ganz große Nähe vor dem Angesicht des Gottes Abrahams, Isaaks und Jakobs, des Vaters Jesu Christi. Es war in diesem Feiern die gemeinsame Hoffnung in unseren Herzen lebendig, dass Gott den neuen Himmel und die neue Erde heraufführen und den Erlöser senden wird. Und es war zu spüren, dass wir miteinander davon leben, wie Paulus schreibt, „dass Gott sich aller erbarme". Amen.

Wem viel vergeben wurde, der zeigt viel Liebe
Predigt über Lukas 7, 36-50, 11. Sonntag nach Trinitatis, 22.08.2004, Amanduskirche Bad Urach

[36] Es bat ihn aber einer der Pharisäer, bei ihm zu essen. Und Jesus ging hinein in das Haus des Pharisäers und setzte sich zu Tisch. [37] Und siehe, eine Frau war in der Stadt, die war eine Sünderin. Als die vernahm, dass er zu Tisch saß im Haus des Pharisäers, brachte sie ein Glas mit Salböl [38] und trat von hinten zu seinen Füßen, weinte und fing an, seine Füße mit Tränen zu benetzen und mit den Haaren ihres Hauptes zu trocknen, und küsste seine Füße und salbte sie mit Salböl.
[39] Als aber das der Pharisäer sah, der ihn eingeladen hatte, sprach er bei sich selbst und sagte: „Wenn dieser ein Prophet wäre, so wüsste er, wer und was für eine Frau das ist, die ihn anrührt; denn sie ist eine Sünderin."
[40] Jesus antwortete und sprach zu ihm: „Simon, ich habe dir etwas zu sagen."
Er aber sprach: „Meister, sag es!"
[41] „Ein Gläubiger hatte zwei Schuldner. Einer war fünfhundert Silbergroschen schuldig, der andere fünfzig. [42] Da sie aber nicht bezahlen konnten, schenkte er's beiden. Wer von ihnen wird ihn am meisten lieben?"
[43] Simon antwortete und sprach: „Ich denke, der, dem er am meisten geschenkt hat." Er aber sprach zu ihm: „Du hast recht geurteilt."
[44] Und er wandte sich zu der Frau und sprach zu Simon: „Siehst du diese Frau? Ich bin in dein Haus gekommen; *du* hast mir kein Wasser für meine Füße gegeben; *diese aber* hat meine Füße mit Tränen benetzt und mit ihren Haaren getrocknet. [45] *Du* hast mir keinen Kuss gegeben; *diese aber* hat, seit ich hereingekommen bin, nicht abgelassen, meine Füße zu küssen. [46] *Du* hast mein Haupt nicht mit Öl gesalbt; *sie aber* hat meine Füße mit Salböl gesalbt. [47] Deshalb sage ich dir: Ihre vielen Sünden sind vergeben, denn sie hat viel Liebe gezeigt; wem aber wenig vergeben wird, der liebt wenig."
[48] Und er sprach zu ihr: „Dir sind deine Sünden vergeben."
[49] Da fingen die an, die mit zu Tisch saßen, und sprachen bei sich selbst: „Wer ist dieser, der auch die Sünden vergibt?"
[50] Er aber sprach zu der Frau: „Dein Glaube hat dir geholfen; geh hin in Frieden!"

Liebe Gemeinde!

Während meiner Sommerurlaubs-Lektüre stieß ich seit langem wieder einmal auf den historischen Roman „Lichtenstein" des schwäbischen Dichters Wilhelm Hauff. Die geschilderte Handlung spielt im ereignisreichen Jahr 1519, als Herzog Ulrich von Württemberg vom Schwäbischen Bund aus seinem Land vertrieben wird. Es ist eine Geschichte voller Leidenschaften und Liebe. Im Mittelpunkt steht die Liebe des jungen Ritters Georg von Sturmfeder mit Marie von Lichtenstein, die auf Seiten des vertriebenen Herzogs stehen. Und immer wieder taucht an entscheidenden Stellen der Handlung eine geheimnisvolle Figur auf, ein ehemaliger Spielmann, der Pfeifer von Hardt. In unerschütterlicher Treue, in dankbarer Zuneigung begleitet er den Herzog auf seiner Flucht, versteckt ihn in der Nebelhöhle, weist ihm durch seine Ortskenntnis entscheidende Schleichwege.

Und dann gibt es eine Szene, in der der junge Ritter Georg von Sturmfeder den Pfeifer von Hardt bittet: „Erzähle mir, was Dich so ausschließlich und so eng an den Herzog knüpft." Und da beginnt der Pfeifer von Hardt zu erzählen, wie er beim Aufstand des Armen Konrad 1514 zu den Anführern gehörte, die sich gegen den Herzog auflehnten und gegen ihn rebellierten. Alle Anführer seien später jedoch gefasst worden und hätten ihr Leben verwirkt. Aber ihn hatte der Herzog begnadigt und ihm seine große Schuld erlassen. Als der Pfeifer von Hardt von diesem Freispruch erzählte, so schreibt Wilhelm Hauff, „füllte sich das sonst so kühn und listig blickende Auge mit Tränen". Und unter Tränen erzählte der Pfeifer von Hardt weiter, wie er gelobt hatte, fortan aus Dankbarkeit und in liebender Hingabe im Dienst des Herzogs zu stehen.

In Wilhelm Hauffs Romanfigur des Pfeifers von Hardt deutet sich etwas von jener Grundbewegung an, die unüberbietbar und theologisch prägnant in der Begebenheit sichtbar wird, die der Evangelist Lukas uns überliefert hat. Da ist von Sünde und Vergebung die Rede, da wird im Tun der Frau überschwängliche Liebe sichtbar, und Jesus kommentiert ihr Tun mit den Worten: „Wem viel vergeben ist, der zeigt viel Liebe."

Der Pfeifer von Hardt stand vor Herzog Ulrich, den der Dichter Wilhelm Hauff zwar in wohltuend sympathischen Farben zeichnet, aber der doch ein schwankender Charakter war, der selber manchen Fehler begangen und manche Schuld auf sich geladen hatte.

Die Frau im Lukasevangelium stand vor Jesus, der, wie die Zeugen dieser Szene bekennen, an der Stelle Gottes Sünden vergibt für Zeit und Ewigkeit. Und der nicht nur einzelne begnadigt wie ein mittelalterlicher Herrscher, sondern der unser aller Chance ist.

„Wem viel vergeben ist, der zeigt viel Liebe", wir wollen diesen Spitzensatz unserer Geschichte in drei Abschnitten entfalten: Wem viel vergeben ist, der zeigt viel Liebe:

Darum die Kälte und Distanz des Untadeligen; daher die überschwängliche Liebe der Sünderin; und: darin die Chance für uns alle.

(1) Wem viel vergeben ist, der zeigt viel Liebe - darum die Kälte und Distanz des Untadeligen. Jesus ist eingeladen an den Tisch eines Pharisäers. Es ist bemerkenswert, dass Lukas die Erinnerung aufbewahrt hat, dass es unter den Pharisäern, dieser frommen Gruppe im Judentum, solche gab, die sich ehrlich für Jesus interessierten, die das Gespräch mit ihm suchten. Der Pharisäer Simon gehörte zu denen, die sagten: „Komm, Herr Jesu, sei du unser Gast..." Die Gastmähler der damaligen Zeit fanden nicht hinter verschlossenen Türen statt. So konnte es geschehen, dass das Mahl erst so recht begonnen hatte und gerade die ersten Fäden des Gesprächs geknüpft waren, und dass da die Frau hereinkommt, die offenbar in der ganzen Stadt bekannt war. Über das, was nun geschieht, ist der Pharisäer Simon peinlich berührt. Die Frau beginnt, sich an Jesu Füßen zu schaffen zu machen. Konnte sie auch, da der zu Tisch Liegende sie von sich wegstreckte. Den Strom der Tränen, der auf Jesu Füße fällt, wischt sie mit ihrem langen Haar weg, dann salbt sie Jesu Füße.

Simon beißt sich auf die Lippen und versucht, nach außen hin Fassung zu bewahren, aber in seinem Inneren denkt er voller Verachtung und Herablassung: „Wie kann der sich mit dieser Frau da abgeben, wie kann der sie gewähren lassen und ihr somit Gemeinschaft gewähren? Wenn er ein Prophet wäre, dann müsste er doch wissen, wer und was für eine die Frau da ist."

Liebe Gemeinde, wer immer korrekt und untadelig durch's Leben kommt, wie Simon es von sich offenbar für möglich hält, der kann dies Geschehen nur distanziert und kühl betrachten. Wer nie auch nur eine Träne der Reue über eigene Schuld und Unzulänglichkeit geweint hat, wer nie auch nur eine Träne der Rührung über erfahrene Vergebung vergossen hat, dem ist und bleibt das Verhalten dieser Frau ärgerlich und letztlich rätselhaft. Wer nicht an das Wunder der Umkehr und des Neuanfangs durch Gottes Gnade in einem Menschenleben glaubt, weil er in sich und an sich von alledem nie etwas erfahren hat, legt sein Gegenüber fest auf das, wie er ihn oder sie schon immer kannte.

Der Stuttgarter Oberhofprediger und Prälat Karl von Gerok hat zu unserer Geschichte einmal in einer Predigt gesagt: „O meine Lieben, wenn der große Gott im Himmel auch so urteilte über eine arme Menschenseele, so hart, so streng, so lieblos und wegwerfend, dann wären schon viel Seelen verworfen worden, die nun Zierden der Kirche, Vorbilder der Christenheit, leuchtende Zeugen der göttlichen Gnade und Wahrheit sind. Kein David hätte gesungen: 'Lobe den HERRN, meine Seele, und vergiss nicht, was er dir Gutes getan hat', und kein Petrus hätte den Auftrag erhalten: 'Weide meine Schafe', keine Maria Magdalena wäre getröstet worden, wenn Gott so urteilte, wie Simon über jene Sünderin urteilte. Weil wir nur sehen, was aus dem Menschen geworden ist und nicht, was aus ihm noch werden kann: darum urteilen wir so lieblos über unsere in Schuld geratenen Geschwister."

(2) Aber wem viel vergeben ist, der zeigt viel Liebe - daher die überschwängliche Liebe der Sünderin. Lassen wir nun Simon stehen und gehen hinüber zu der Frau. Von ihr erfahren wir, dass sie sich auf den Weg machte, sobald sie vernommen hatte, dass sich Jesus im Haus des Pharisäers Simon beim Gastmahl aufhielt. Ihr Bedürfnis, Jesus ihre dankbare Liebe zu zeigen, muss so groß gewesen sein, dass sie die zu erwartenden Blicke und Tuscheleien über sie nicht mehr fürchtete. Ihre liebende Dankbarkeit und ihre dankbare Liebe waren keine Augenblicksbegeisterung, sondern entsprangen der Vergebung und dem Erbarmen, die ihr widerfahren waren.

Die Frau hatte also eine entscheidende Vorgeschichte mit Jesus, die unser Text noch in Spuren andeutet. Wenn Jesus im Gespräch mit Simon sagt: „Diese hat, seit ich hereingekommen bin, nicht abgelassen, meine Füße zu küssen", so müsste man eigentlich nach dem Urtext übersetzen: „Diese, *von der her* ich zu dir, Simon, gekommen bin..." Und das Fazit, das Jesus im Gespräch mit Simon über das ergreifende Verhalten der Frau zieht, ist so zu verstehen, dass die Frau mit ihrem Liebeshandeln nicht Jesu Vergebung verdient, sondern dass sie mit ihrem

Liebeshandeln ihre Dankbarkeit über die ihr widerfahrene Vergebung ausdrückt - mit diesen eindrucksvollen, rührenden Gebärden, ohne Worte. „Du siehst, dass ihr viel vergeben worden ist, daran, dass sie so viel Liebe erweist." Und dann bestätigt Jesus in der Öffentlichkeit noch einmal die Vergebung, die er der Frau zuvor schon unter vier Augen zugesprochen hatte.

Aus der Vergebung leben, das lässt Liebe entstehen - das kann man an der Frau sehen. Und die Frau ist so bewegt von der Erfahrung der Vergebung, dass sie ihre liebende Dankbarkeit auch in einer Gesellschaft zeigt, in der sie ihren Ruf weg hat. Jesus müsste doch wissen, wer und was für eine Frau das ist, die ihn da anrührt, denn sie ist eine Sünderin, denkt Simon der Pharisäer.

Beim Evangelisten Lukas bleibt die Frau namenlos. Das ist ein feiner, die Würde dieser Frau achtender Zug. Erst die christlich-abendländische Tradition giert nach Namen und zerrt die Frau erneut ans Licht der Öffentlichkeit. Die Kirchenlehrer Augustin und Gregor der Große haben die Sünderin mit Maria Magdalena gleichgesetzt, die im unmittelbar auf unseren Predigttext folgenden Abschnitt bei Lukas genannt wird und von der Lukas berichtet, dass Jesus sieben Dämonen aus ihr ausgetrieben habe.
Fortan war man sich im Lauf der Kirchengeschichte nicht nur darin sicher, *wer sie war*, sondern auch, *worin ihre große Sünde bestand*. Die Sünde entstand nach der Auffassung Augustins vor allem durch das verwerfliche Ausleben der Sexualität. Die Frau, als Maria Magdalena identifiziert, der „viele Sünden vergeben wurden", konnte also ohne Weiteres eine stadtbekannte Prostituierte sein, schloss Augustin in seiner Auslegung. In der Begegnung mit Jesus hat sie unter Tränen der Reue mit ihrem bisherigen Leben abgeschlossen, ist umgekehrt, und hat in der Nachfolge Jesu ein neues Leben begonnen. So predigte etwa Gregor der Große am Ende des 6. Jahrhunderts: „Wir glauben, dass sie, die Lukas ein sündiges Weib nennt, jene Maria (Magdalena) ist, aus der sieben Teufel ausgetrieben wurden. Und was anderes wird durch die sieben Teufel bezeichnet als alle Laster und Fehler insgesamt. Es ist klar,

dass die Frau, die zuvor auf schändliches Tun bedacht war, Salben für sich verwandt hatte, um ihrem Leibe Wohlgeruch zu verleihen. Was sie also schändlicherweise für sich verbrauchte, das brachte sie nun löblicherweise Gott zum Opfer. Sie kehrte die Zahl ihrer Sünden in die Zahl von Tugenden um, damit alles an ihr, was in ihrem Sündenleben Gott verachtet hatte, nun ihm in Buße diene."

Und so ist die große Sünderin als Maria Magdalena, als ehemalige Prostituierte, über die Jahrhunderte hinweg tief im Gedächtnis der abendländischen Christenheit haften geblieben. Sie ist zum beliebten Motiv der Gemälde von Rubens bis Tizian geworden: als reuige Sünderin dargestellt, die noch in der unterwürfigen und zugleich anstößigen Haltung der Büßerin die üblichen Kennzeichen der Prostituierten behält: langes, aufgelöstes Haar, unbedeckte Schultern, und in manchen Darstellungen fallen die Hüllen noch tiefer.[39]

Aber, liebe Gemeinde, diese Wirkungsgeschichte baut eine enorme Distanz zu der Frau in unserer Geschichte auf. Wir sagen: „So bin ich doch nicht. So schlimm nun also gewiss nicht." Und schnell blicken wir aus der Distanz eines Simon oder seiner Tischgenossen auf die Frau und halten sie uns vom Leib.

Aber so einfach will Lukas es uns nicht machen. Ich sage es noch einmal: Lukas verschweigt taktvoll den Namen der Frau, und Lukas bezeichnet die Art der Sünde mit keinem Wort näher. Und Lukas will uns damit deutlich machen: was der Frau widerfahren ist - in ihrer vorgängigen Begegnung mit Jesus unter vier Augen - und was die Frau aus überschwänglicher Liebe tut, das hat Modellcharakter auch für unser Leben und soll uns ganz nahe kommen. Lukas reiht diese Begebenheit der Salbung Jesu durch die Sünderin ein in seine Perlenkette von Begebenheiten, wo Jesus, der Sünderheiland, verlorene Menschen sucht, findet und sie erlöst. Und in diese Geschichte sollen auch wir hineinkommen.

---

[39] Vgl. Renate Wind, Maria - aus Nazareth, aus Bethanien, aus Magdala. Drei Frauengeschichten, Gütersloh 1999³, S. 71ff

Und darum nun: **(3) Wem viel vergeben ist, der zeigt viel Liebe - darin die Chance für uns alle.** Liebe Gemeinde, es ist für uns - für jedes einzelne von uns, für uns als Kirche -, entscheidend, dass wir diesen Weg der Frau zu unserem Weg machen: nämlich im Angesicht Jesu unsere Sünde zu bekennen und Erbarmen und Vergebung zu erfahren, und von daher zum Tun der Liebe ermutigt zu werden.

Das gilt für uns als einzelne: Wo wir uns der Wahrheit und Liebe Jesu aussetzen, wie sie uns in den Geschichten des Neuen Testaments begegnet, da leuchtet sie in unser Leben hinein und leuchtet auch die versteckten Winkel aus. Wie wohl kann es tun, vor den Herrn zu treten und mit den Worten der alten Beter zu sprechen: „Herr, im Lichte deiner Wahrheit und Liebe erkenne ich, dass ich gesündigt habe an meinem Nächsten und an dir." Wie viel Lieblosigkeit, wie viel Verhältnisstörungen, wie viel Nichtverstehen zwischen mir und meinen Mitmenschen, aber auch zwischen mir und Gott! Und wie belastet das, wenn es in uns vor sich hin frisst und schwelt. Und wie heilsam ist es, wie jene Frau über sich zu erschrecken, unter Tränen vielleicht Schuld zu bekennen - und von Christus freigesprochen zu werden! Das macht zur Liebe fähig. Wir müssen nicht gleich einander die Füße mit Salböl salben! Aber vergebungsbereiter, nachsichtiger, weniger nachtragend könnten wir schon werden, und diejenigen nicht übersehen, die Gott uns als Schwester oder Bruder in den Weg stellt.

Aber auch die Kirche hat es nötig, sich diese namenlose Frau zum Vorbild zu nehmen. Nur ein Beispiel: Wir kommen her vom Israelsonntag, der am letzten Sonntag in unseren Kirchen begangen wurde. Ein ganz wichtiger Sonntag, an dem die Kirche an die Schuld- und Unheilsgeschichte der Christen mit ihren jüdischen Schwestern und Brüdern zu erinnern hat, aber auch an die gemeinsame Zukunft unter Gottes Verheißung des neuen Himmels und der neuen Erde. Und zu sagen, wie wichtig das ist, das Gespräch und die Begegnung mit leibhaftigen jüdischen Gesprächspartnern und ihrem tiefen Glauben. Drüben in Reutlingen hat das Gespräch mit dem jüdischen Rabbiner Leo Trepp dazu geführt, dass die Kirchengemeinde vor ein paar Jahren in der Marienkirche eine Gedenktafel angebracht hat, auf der es heißt: „Wir bekennen, dass in unserer Stadt das Zeugnis von Jesus Christus und von Gottes Liebe durch vielfache Verfolgung der Reutlinger jüdischen Gemeinde verdunkelt worden ist. Durch Jesus Christus aus Blindheit und Schuld zur Umkehr gerufen, bezeugen wir neu die bleibende Erwählung des jüdischen Volkes und Gottes Bund mit ihm." Ja, es schmerzt, Schuld auszusprechen und zu bekennen. Aber solches Aussprechen und Bekennen eröffnet Zukunft und neue Begegnung. So haben wir es erlebt, eine kleine Schar von Christinnen und Christen, dass jener Rabbiner Leo Trepp, der einst mit knapper Not dem Tod entronnen war, mit uns den Sabbatbeginn feierte. Und wir spürten bei allem Anderssein die ganz große Nähe vor dem Angesicht des Gottes Abrahams, Isaaks und Jakobs, des Vaters Jesu Christi. Und es war spürbar die gemeinsame Hoffnung, dass nämlich Gott Zukunft gibt, dass er den neuen Himmel und die neue Erde heraufführen wird. Und dass bis dahin wir schon jetzt Zeichen der Liebe setzen können.

Ich denke jetzt zum Schluss noch einmal an die Gestalt des Pfeifers von Hardt aus Wilhelm Hauffs Roman „Lichtenstein". In einer dramatischen Aktion müssen die letzten Getreuen des Herzogs Ulrich ihm den Fluchtweg über die Steinbrücke bei Köngen am Neckar freikämpfen. Dabei wird der Pfeifer von Hardt zu Tode getroffen. Im Sterben ruft er dem Herzog zu: „Herr Herzog, wir sind quitt!" Liebe Gemeinde, so korrekt wir auch zu leben versuchen, mit Gott können wir nicht quitt sein. Wir brauchen Jesus Christus, der die Quittung für unsere Schuld bezahlt hat, damit wir Befreiung und Vergebung erfahren. Unter seinem Angesicht erkennen wir unsere Sünde, mit seinem Freispruch kleben wir nicht an unserer Sünde fest. Wir sind befreit zu brennender Liebe, wie sie die Frau praktiziert hat. Wie sie hören auch wir für diesen Weg der Liebe das Wort Jesu: „Geht hin in Frieden!" Amen.

Auf festem Grund
Predigt über 1. Korinther 3, 9-15, am 12. Sonntag nach Trinitatis, 07.09.2014, Leonhardskirche und Martinskirche Langenau

⁹ Denn wir sind Gottes Mitarbeiter; ihr seid Gottes Ackerfeld und Gottes Bau. ¹⁰ Ich nach Gottes Gnade, die mir gegeben ist, habe den Grund gelegt als ein weiser Baumeister; ein anderer baut darauf. Ein jeder aber sehe zu, wie er darauf baut. ¹¹ Einen andern Grund kann niemand legen als den, der gelegt ist, welcher ist Jesus Christus.
¹² Wenn aber jemand auf den Grund baut Gold, Silber, Edelsteine, Holz, Heu, Stroh, ¹³ so wird das Werk eines jeden offenbar werden. Der Tag des Gerichts wird's klarmachen; denn mit Feuer wird er sich offenbaren. Und von welcher Art eines jeden Werk ist, wird das Feuer erweisen. ¹⁴ Wird jemandes Werk bleiben, das er darauf gebaut hat, so wird er Lohn empfangen. ¹⁵ Wird aber jemandes Werk verbrennen, so wird er Schaden leiden; er selbst aber wird gerettet werden, doch so wie durchs Feuer hindurch.

Liebe Gemeinde!

Wenn ich manche Bibelworte höre oder lese, stehen mir sofort farbige Bilder vor Augen, die für mich mit diesen Bibelworten verbunden sind. So geht es mir auch mit dem Kernwort des heutigen Predigttextes: „Einen anderen Grund kann niemand legen als den, der gelegt ist, welcher ist Jesus Christus." Wenn ich diesen Satz höre oder lese, muss ich sofort an die Stadtkirche der Lutherstadt Wittenberg denken. Im Inneren dieser Kirche steht eines der berühmtesten Bildwerke des Malers Lucas Cranach: der Wittenberger Reformationsaltar. Auf den Bildtafeln dieses Altars hat der Maler Lucas Cranach all das ins Bild gesetzt, was für die Kirche der Reformation grundlegend ist. Auf großflächigen Bildtafeln hat er Taufe, Abendmahl und Beichte dargestellt. D.h. Kirche ist da, wo getauft wird, wo sich die Gemeinde zum Abendmahl versammelt und wo Beichte gehört und Vergebung zugesprochen wird. Aber das alles hat seinen Grund in der Predigt von der Liebe Gottes in Jesus Christus, dem Gekreuzigten und Auferstandenen – das hat der Maler im Sockelbild des Altars, in der Predella, dargestellt. Auf diesem Sockelbild steht der Altar, und auf der Spitze, da ist eine Spruchtafel mit dem Bibelwort aus 1. Korinther 3, 11: „Einen anderen Grund kann niemand legen als den, der gelegt ist, welcher ist Jesus Christus."
Interessanterweise hat der Maler Cranach auf den Bildtafeln nicht irgendwelche idealtypischen Phantasiegestalten gemalt, sondern reale, zeitgenössische Menschen aus der Stadt Wittenberg. So auch in dem Grund-legenden Bild, in der Predella: Auf der Kanzel steht nicht irgendjemand, sondern Martin Luther, der 34 Jahre lang

regelmäßig in der Wittenberger Stadtkirche gepredigt hat, über 2.000 Predigten sind von ihm überliefert. Und auch bei denen, die zuhören, erkennt man lauter Wittenberger Leute, u.a. Luthers Frau Katharina, seinen ältesten Sohn, das Hänschen, und sogar den Maler Lucas Cranach selber. Die Botschaft, die Cranachs Bild zum Thema „Predigt" vermittelt, ist unmissverständlich: Nur einer steht im Mittelpunkt – und das ist Jesus Christus, der Gekreuzigte. Die Predigthörer stehen allesamt am linken Bildrand, Martin Luther auf der Kanzel am rechten Bildrand. Er weist mit der rechten Hand auf Jesus Christus. Jesus Christus, der Gekreuzigte, steht im Bild-Mittelpunkt, von ihm geht Kraft aus, das ist daran zu sehen, wie sein Lendentuch weit in den Raum herein wirbelt. Dieses berühmte Kunstwerk und das Bibelwort, das darüber steht: „Einen anderen Grund kann niemand legen als den, der gelegt ist, welcher ist Jesus Christus" – die machen deutlich: Kirche lebt davon, dass sie sich immer wieder neu ihres unverrückbaren Grundes vergewissert, und Kirche lebt davon, dass es öffentlich wahrnehmbare menschliche Gesichter gibt, die für gelebtes Christsein einstehen. Unverrückbarer **Grund** in Christus, wahrnehmbare menschliche **Gesichter**, beides macht Kirche aus.

Schon von Anfang an war Kirche keine abstrakte Idee, sondern wurde von konkreten Personen getragen. Denn Gott handelt durch Menschen. Es ist Gottes Wille, dass wir nicht an eine Leuchtschrift am Himmel gewiesen sind, sondern an Personen. Es hat Gott, dem Herrn, gefallen, Personen, Menschen zu gebrauchen, um sein Werk zu treiben in dieser Welt. Theophil Askani sagt einmal sehr eindrücklich: „Das ist nämlich gar nicht selbstverständlich, sondern sehr erstaunlich und eigentlich unfassbar, dass Gott sein heiliges Wort in Menschenhände und in Menschenmund legt, dass er die Geschichte von Jesus Christus, die die Welt verändert und bewegt, auf die Jahrtausende gewartet haben, von Zöllnern und Fischern berichten lässt und von einem Paulus durch die Länder tragen." [40] Genau darum geht es im Zusammenhang unseres heutigen Predigtabschnitts. Paulus redet in seinem Brief an

---
[40] Theophil Askani, Investiturpredigt am 15.12.1957 über 1. Korinther 4, 1-5, in der Stuttgarter Markuskirche; zitiert bei: Martin Hauff, Theophil Askani, Prediger und Seelsorger aus Passion, Stuttgart 1998, S. 222

die Korinther davon, dass Gott seine Gemeinde mit menschlichen Mitarbeitern baut. *„Wir sind Gottes Mitarbeiter"*, schreibt der Apostel Paulus im klaren Wissen, dass jeder dieser Mitarbeiter sein eigenes, unverwechselbares Profil hat, jeder seine Stärken und seine Schwächen auch. Paulus stellt dabei klar: *Er* war es, der die Gemeinde in Korinth gegründet hat: *„Ich, nach Gottes Gnade, die mir gegeben ist, habe den Grund gelegt als ein weiser Baumeister, ein anderer baut darauf."* So, als wolle er sich sofort korrigieren, mindestens aber ein Missverständnis ausräumen, betont Paulus sogleich: Der Grund ist gelegt und liegt nun unverrückbar da: nämlich die Christusgeschichte mit Kreuz und Auferstehung. Mit dieser grundlegenden Botschaft von Christus, dem Gekreuzigten und Auferstandenen, hat Paulus die Gemeinde in Korinth gegründet. Der gekreuzigte und auferstandene Herr Jesus Christus ist Grund, Mitte und Ziel der Gemeinde. Die Apostel, und zu ihnen gehört Paulus, die stehen als Zeugen der Auferstehung Jesu Christi am Anfang der Verkündigung des Evangeliums. Alle späteren Verkündiger sind abhängig von der kirchengründenden Predigt der Apostel, der ersten Zeugen. D.h. alle kirchliche Verkündigung ist ihrem Wesen nach aktualisierende Auslegung des Zeugnisses der Apostel.

Martin Luther hat ja Gottes Barmherzigkeit und Gnade nicht in einer unmittelbaren Eingebung, nicht durch einen Blitz vom Himmel wiederentdeckt, sondern indem er die Briefe des Apostels Paulus wieder und wieder gelesen hat. Tagelang hat er intensiv darum gerungen, wie die Worte des Paulus im Brief an die Römer wohl richtig zu verstehen seien: „Im Evangelium wird offenbart die Gerechtigkeit, die vor Gott gilt, welche kommt aus Glauben in Glauben…" Durch Gottes Erbarmen, sagt Luther, geht ihm das Verständnis dieser Stelle auf, es kommt zum reformatorischen Durchbruch: „Gerechtigkeit Gottes" meint nicht den Zorn des richtenden und strafenden Gottes, sondern die göttliche Barmherzigkeit, die uns unzulänglichen Menschen durch die Tat Christi geschenkt wird. Martin Luther formulierte diese Wiederentdeckung der Barmherzigkeit Gottes als Lehre von der Rechtfertigung des Menschen vor Gott. Das bedeutet: Der Mensch ist unwiderruflich von Gott anerkannt worden als jemand, dessen Würde unantastbar ist. Nicht meine Leistungen machen mich zu der Person, die ich bin, aber auch nicht meine Fehlleistungen definieren mich. Die menschliche Person ist mehr als die Summe ihrer Taten oder ihrer Untaten. Diese Anerkennung können wir uns nicht durch eigene Leistungen erarbeiten. Sie wird uns von Gott geschenkt, allein aus Gnade. Diese zentrale Erkenntnis ist es wert, dass wir 2017 „500 Jahre Reformation" feiern – da wird es sicher manche Aktionen, auch öffentlichkeitswirksame Aktionen geben. Ob das Jubiläum ein Erfolg wird, wird aber wesentlich davon abhängen, dass wir uns dieser befreienden, frohe Botschaft in unserer evangelischen Kirche neu vergewissern; dass wir diese befreiende, frohe Botschaft als Schatz des Glaubens in die Ökumene und in die Gesellschaft einbringen.

Denn das ist doch so entscheidend, dass es viele Menschen gibt, die ihren christlichen Glauben wahrnehmbar in ihrem Umfeld, in die Gesellschaft einbringen, die darüber sprechen, was der tragende Grund ihres Lebens ist, die deutlich machen: „Einen anderen Grund kann niemand legen als den, der gelegt ist, welcher ist Jesus Christus." ***Wir sind sehr froh um diejenigen Personen, um diejenigen markanten Gesichter, die den christlichen Glauben wahrnehmbar in der Öffentlichkeit einbringen und die über den tragenden Grund ihres Lebens sprechen.***

„Jetzt erst recht!", so hat die Journalistin und Autorin Anna von Bayern ihre eben erschienene Biografie über **Wolfgang Bosbach** betitelt. Wolfgang Bosbach, Politiker mit Leib und Seele, manchmal auch Querdenker, einer der bekanntesten und anerkanntesten Unions-Politiker Deutschlands, ist seit 20 Jahren Mitglied des Deutschen Bundestages. Er zeigt Rückgrat und findet deutliche Worte, selbst wenn er sich dafür gegen die eigene Fraktion stellen muss. Seit seiner Krebsdiagnose hat er sich mit der Frage beschäftigt, was er mit der ihm verbleibenden Zeit anfängt. Seine Antwort lautet: „Jetzt erst recht. Bundespolitik mit ganzer Kraft. Vollgas!" Wolfgang Bosbach macht keinen Hehl daraus, dass ihm das christliche Menschenbild wichtige Leitlinie in politischen Entscheidungen ist. Und auch persönlich spricht er über seinen Glauben als den tragenden Grund seines Lebens. So sagte er Anna von Bayern gegenüber, „er fühle sich jedenfalls in Gottes Hand geborgen. Besonders der Psalm

103 hat es ihm angetan: ‚Lobe den Herrn, meine Seele, und vergiss nicht, was er dir Gutes getan hat.' Er hat sich gefragt, warum diese Krankheiten, der Krebs und die Herzschwäche, ausgerechnet ihn getroffen haben, bis Margot Käßmann ihm sagte, dass das die falsche Frage sei. Er solle sich lieber fragen, warum es *nicht* ausgerechnet ihn treffen solle. Das hat ihm geholfen." [41]

Wir sind sehr froh um diejenigen Personen, um diejenigen markanten Gesichter, die den christlichen Glauben wahrnehmbar in der Öffentlichkeit einbringen. Dazu zähle ich auch Bundespräsident Joachim Gauck. Er hatte in der zurückliegenden Woche einen sehr heiklen Auftritt zu bewältigen. Am 1. September wurde an den Ausbruch des Zweiten Weltkriegs vor 75 Jahren erinnert – am Ort des Kriegsausbruchs, auf der Westerplatte bei Danzig. Bundespräsident Gauck hat eine vielbeachtete und vieldiskutierte Rede gehalten, in der er nicht nur Rückblick gehalten hat, sondern ganz aktuell an die Adresse des russischen Präsidenten Wladimir Putin gerichtet sagte, Europa müsse sich all jenen in den Weg stellen, die internationales Recht brechen, fremdes Territorium annektieren und Abspaltung in fremden Ländern militärisch unterstützen. Nicht allen hat diese Äußerung gefallen. Andererseits wäre es eine blasse Rede gewesen, wenn der Bundespräsident den aktuellen Ukraine-Konflikt unerwähnt gelassen hätte. Joachim Gauck trägt seinen christlichen Glauben nicht wie einen Pokal vor sich her, aber es ist spürbar, dass er von seinem christlichen Glauben, von dem er sich getragen weiß, die innere Festigkeit bezieht, Dinge beim Namen zu nennen – und nicht ständig und zuerst zu fragen: „Was erhöht meine Beliebtheitswerte?" Eine Kommentatorin sagte zu Recht, wie ich finde: *„Es ist gut, dass Gauck nicht nur als Grüßaugust auf die Westerplatte gefahren ist, sondern sich auch zu den aktuellen Fragen geäußert hat. Und Gauck hat schon immer seine Meinung gesagt. Das liegt in seiner ostdeutschen Pfarrerbiografie begründet. Und es ist gut, dass er sich nicht verbiegen lässt. Dadurch ist er glaubwürdig."*

---

[41] Anna von Bayern, Wolfgang Bosbach. Jetzt erst recht! Die Biografie, München 2014², S. 205

Ja wahrhaftig, wir sind sehr froh um diejenigen Personen, um diejenigen markanten Gesichter, die den christlichen Glauben wahrnehmbar in der Öffentlichkeit einbringen. Und zugleich ist die Bitte ausgesprochen, dass jede und jeder an seinem Platz den christlichen Glauben wahrnehmbar in der Öffentlichkeit einbringt und Mut zum Bekenntnis hat, und diese Bitte richtet sich auch an den Ingenieur, die Kassiererin, die Ärztin, den Landwirt. Kirche wächst durch uns, oder sie wird ihre Bedeutung verlieren.

Dabei sind die, die den christlichen Glauben wahrnehmbar in der Öffentlichkeit einbringen und die das Evangelium verkünden, nicht fehlerlose Superstars. Es sind Menschen mit ihren Stärken, aber auch mit ihren Unzulänglichkeiten, die ihr Leben in den Dienst Christi stellen. Als Paulus seinerzeit von Korinth aus weiter gezogen war, kamen andere Verkündiger, Apollos und Petrus. Die Korinther fingen an zu vergleichen und zu beurteilen. In den Augen mancher Korinther schnitt Paulus ganz schlecht ab. Ihr Beurteilen glitt über ins Verurteilen und Richten: „Der bringt's nicht! Der wird seinem Auftrag nicht gerecht!" Dabei hat das Bewerten und Beurteilen anderer hinsichtlich Leistung und Gesundheitszustand bis heute sein relatives Recht – die Notwendigkeit von Schulzeugnissen, dienstlichen Beurteilungen oder Einstufungen des medizinischen Dienstes wird niemand in Bausch und Bogen verwerfen. Solche Beurteilungen sind freilich nie unanfechtbar können immer nur den Rang des Vorläufigen haben.

Aber wir müssen keine letzten Urteile übereinander und über uns selbst abgeben. Und wir können es auch gar nicht. So bestreitet Paulus den Korinthern auch das Recht, ein letztgültiges Urteil über seinen apostolischen Dienst zu fällen. Denn das letzte, endgültige Urteil steht Jesus Christus allein zu, wenn er wieder kommt. Er wird den „Tag des Gerichts" heraufführen, und dieser Tag des Gerichts wird klarmachen, wie einer auf dem vorgegebenen Grund „Jesus Christus" weitergebaut hat, ob sein Wirken Bestand hat oder vergeht. Es ist ein befreiendes und ermutigendes Gericht, weil Christus selber Richter ist und nicht die Korinther. Weil Menschen nicht ins Herz sehen können und auch nichts vom Weg des göttlichen Wortes in die Herzen der Menschen wissen, steht das letzte Urteil über Wert oder Unwert des missionarischen Wirkens des Paulus allein dem Herrn zu.

Der Herr, der richtet und das Verborgene ans Licht bringt, würdigt die treue Arbeit der Verkündigenden. Jeder Schritt zur Weitergabe der guten Botschaft in Worten und jede Tat der Liebe wird festgestellt und gewürdigt, in Gottes Reich verewigt und verherrlicht. Nicht zur Befriedigung menschlichen Leistungs- und Anspruchsdenkens, sondern als Ausdruck seiner königlich schenkenden Gnade gibt Gott sein Lob und seinen Lohn dazu.

Paulus gibt also zu verstehen: Die Hoffnung auf das Urteil Jesu Christi macht mich unabhängig vom Urteil der Menschen, und sie lässt mich zugleich sehr vorsichtig werden, wenn ich daran gehe, andere zu beurteilen. Dieses Wissen lässt in einer Gemeinde, in einer Kirche die Bereitschaft wachsen, *auszuhalten*, dass wir in vielem verschiedener Meinung sind, und *durchzuhalten*, dass wir einem Herrn gehören.[42] Amen.

---

[42] Diese Formulierung verdanke ich Theophil Askani; er gebraucht sie in seinem Vortrag „Die Kirchenwahlen als Einübung des Glaubens" (1977), zitiert bei Martin Hauff, Theophil Askani, Prediger und Seelsorger aus Passion, Stuttgart 1998, S. 296

Unterwegs mit Gottes Reisesegen
Predigt über 1. Mose 28, 10-19a, 14. Sonntag nach Trinitatis, 01.09.2013, Martinskirche Langenau

¹⁰ Aber Jakob zog aus von Beerscheba und machte sich auf den Weg nach Haran ¹¹ und kam an eine Stätte, da blieb er über Nacht, denn die Sonne war untergegangen. Und er nahm einen Stein von der Stätte und legte ihn zu seinen Häupten und legte sich an der Stätte schlafen.
¹² Und ihm träumte, und siehe, eine Leiter stand auf Erden, die rührte mit der Spitze an den Himmel, und siehe, die Engel Gottes stiegen daran auf und nieder.
¹³ Und der HERR stand oben darauf und sprach: „Ich bin der HERR, der Gott deines Vaters Abraham, und Isaaks Gott; das Land, darauf du liegst, will ich dir und deinen Nachkommen geben. ¹⁴ Und dein Geschlecht soll werden wie der Staub auf Erden, und du sollst ausgebreitet werden gegen Westen und Osten, Norden und Süden, und durch dich und deine Nachkommen sollen alle Geschlechter auf Erden gesegnet werden. ¹⁵ Und siehe, ich bin mit dir und will dich behüten, wo du hinziehst, und will dich wieder herbringen in dies Land. Denn ich will dich nicht verlassen, bis ich alles tue, was ich dir zugesagt habe."
¹⁶ Als nun Jakob von seinem Schlaf aufwachte, sprach er: „Fürwahr, der HERR ist an dieser Stätte, und ich wusste es nicht!" ¹⁷ Und er fürchtete sich und sprach: „Wie heilig ist diese Stätte! Hier ist nichts anderes als Gottes Haus, und hier ist die Pforte des Himmels."
¹⁸ Und Jakob stand früh am Morgen auf und nahm den Stein, den er zu seinen Häupten gelegt hatte, und richtete ihn auf zu einem Steinmal und goss Öl oben darauf ¹⁹ und nannte die Stätte Bethel (d.h. „Haus Gottes").

Liebe Gemeinde!

Die Worte, die wir eben gehört haben, nehmen uns in eine dramatische Lebensgeschichte hinein. Von Jakob ist heute die Rede, von diesem Ewig-Zweiten, der alles daran setzt, Erster zu werden. Dieses Lebens-Muster ist gut bekannt. Und dass das schwere Konflikte verursacht, ebenfalls. So musste Jakob Hals über Kopf aufbrechen, fliehen. Jakob – ein Mensch unterwegs. Ein Mensch unterwegs aus dem Ungeordneten in das Ungewisse.

Jakob – unterwegs aus dem Ungeordneten heraus

Jakob ist zunächst der Mensch, der unterwegs ist aus dem Ungeordneten heraus. Jakob hat ja seinen Bruder Esau betrogen, hat ihm mit List den Erstgeburtssegen entrissen. Er hat den alten, blinden Vater Isaak angelogen und sich als Esau ausgegeben. Als Esau erfährt, dass sein Bruder ihm den Erstgeburtssegen weggenommen hat, kocht er vor Wut. Die Mutter Rebekka rät ihrem Lieblingssohn Jakob, sich sofort aus dem Staub zu machen und in der fernen Stadt Haran bei ihrem Bruder Laban um Unterschlupf zu bitten. Hals über Kopf flieht Jakob, um dem

Bannstrahl des Hasses des geprellten Bruders zu entkommen. Jakob, der Mensch, unterwegs aus dem Ungeordneten heraus.

Jedes von uns kennt das, dass manches ungeordnet hinter uns liegt. In Kindertagen konnte es passieren: Die schöne Tasse aus Mutters Teeservice, die wir zerbrochen haben und die wir ganz still in den Schrank zurückgestellt haben – hoffentlich merkt sie's nicht; und doch hatten wir ein ungutes Gefühl dabei. Und später dann: Der Kollege oder die Nachbarin, über die ich vor anderen abfällig geredet habe und denen gegenüber ich jetzt ein schlechtes Gewissen habe, und doch ist der Weg zum anderen und zur offenen Aussprache so weit. Es sind oft komplexe Verwicklungen, tiefgehende Verletzungen und schwer einholbare Versäumnisse zwischen Menschen, in die ein Pfarrer als Seelsorger mit hinein genommen wird. Manches lässt sich mit Behutsamkeit und Gottvertrauen ordnen. Manches aber muss zunächst einmal so stehen bleiben, und ein pragmatischer Weiterweg muss gefunden werden. Nein, Jakob, der sich in Schuld verstrickt hat, der unterwegs ist aus dem Ungeordneten heraus, ist mir wirklich nicht fremd. Allzu deutlich erkenne ich mich selbst in ihm wieder.

Jakob – unterwegs in das Ungewisse hinein

Aber auch das andere ist uns so nahe, das zu Jakob und seiner Biographie gehört: Jakob, der aus dem Ungeordneten herkommt, ist unterwegs in das Ungewisse hinein. Wie wird es weitergehen? Wird Jakob die wochenlange Reise nach Haran schaffen? Und wenn er unversehrt ankommt, wie wird er bei seinem Onkel Laban aufgenommen werden?

Wie wird es weitergehen – diese Frage stellt sich für ein jedes ganz persönlich. Ein gesundheitlicher Einbruch beim Partner oder eine unvorhersehbare Lebens-Wendung lassen bisherige Selbstverständlichkeiten zerbrechen, und der Weg führt ins Ungewisse.

Jakobs Traum – mit drei Bildeinstellungen auf die Himmelsleiter

Jakob – der Menschen unterwegs aus dem Ungeordneten in das Ungewisse. Er rückt uns ganz nahe. So nahe, dass wir ihn jetzt einholen, als er auf seinem Fluchtweg zum ersten Mal die Schritte verlangsamt. Die Sonne war untergegangen, die Nacht rasch herein gebrochen. An der Stätte, an der er sich nun zwangsläufig zur Ruhe legt, liegen zahlreiche Steine - einen davon legt Jakob zum Schutz hinter seinen Kopf. Erschöpft schläft Jakob unter dem weiten Himmel ein. Mitten in seiner selbstverschuldeten Krise, auf der Flucht vor dem eigenen Bruder, träumt Jakob nun den Traum von der Himmelsleiter. Drei sich überblendende Bilder nimmt sein inneres Auge wahr, entsprechend heißt es dreimal: „und siehe!"

Jakob sieht im Traum *ein erstes Bild*: *Und siehe*, eine Leiter, übersetzt Luther, eigentlich eine Treppe oder eine aufgeschüttete Rampe, auf der Erde hingestellt und mit der Spitze bis zum Himmel reichend, so, dass Himmel und Erde sich berühren. Der schlafende Jakob war den ganzen zurückliegenden Tag über nur von seinen Sorgen gehetzt und von seinem menschlichen Kalkül getrieben worden – jetzt öffnet sich sein irdisches Leben für die andere, größere Wirklichkeit Gottes. Träume machen aufmerksam auf das Besondere im Drunter und Drüber des Alltags. Träume unterbrechen den Alltag der Geläufigkeiten und haben ihre Bedeutung besonders in lebensgeschichtlichen Übergängen. Träume können zum Einfallstor des Göttlichen in das irdische Leben werden.

Und dann ist da *das zweite Bild*: „*Und siehe*, die Engel Gottes stiegen daran auf und nieder." Mir fällt die Reihenfolge auf: Von der Erde steigen sie hinauf und steigen dann wieder herunter. Also waren die Engel bereits, von Jakob noch unerkannt, mit ihm auf seinem Weg. Jakob, der meinte, an dieser nächtlichen Ruhestätte einsam und verlassen zu sein, gänzlich unbehaust, hinter einem Stein unzulänglichen Schutz suchend, der war gar nicht allein. Die Engel Gottes waren vielmehr die ganze Zeit bei ihm. Nun steigen sie hinauf und wieder herab zur Erde, um ihn auf seinem weiteren Weg zu begleiten, wenn er die Grenzen des Landes überschreitet und sich in der Fremde bewähren muss.

Das dritte Bild, das ist nicht mehr stumm, sondern sprechend: Gott, der Herr, steht ganz oben auf der Treppe. Nicht als stumme Erscheinung, vielmehr stellt er sich dem Jakob vor: ‚Ich bin der HERR, der Gott deines Großvaters Abraham und deines Vaters Isaak.' Und Gott verheißt ihm Zukunft – dem flüchtenden Jakob, der nicht viel mehr als sein nacktes Leben, eine kleine Ölflasche und einen Wanderstab besitzt, ihm soll das ganze Land einmal gehören, und er wird es weitergeben an eine zahlreiche Nachkommenschaft. Und das Wichtigste: Gott gibt dem Jakob einen Reisesegen mit auf seinem Weg ins Ungewisse, indem er ihm Schutz auf dem Weg in die Fremde und die Rückkehr zusagt: „Und siehe, ich bin mit dir und will dich behüten, wo du hinziehst, und will dich wieder herbringen in dies Land."

Gott macht den Weg in die Zukunft frei

Mir fällt wohltuend auf, dass Gott den Jakob nicht zuerst auf das Ungeordnete anspricht, dass er seinen Bruder betrogen und seinen Vater belogen hat. Gott macht ihm den Weg in die Zukunft frei: „Siehe, ich bin mit dir und will dich behüten, wo du hinziehst." Und indem Gott den Weg in die Zukunft frei macht, kann Jakob sich auch dem Ungeordneten, das hinter ihm liegt, stellen und muss es nicht verdrängen. So bereitet Gott den Weg für die Versöhnung mit seinem Bruder Esau. Und die wird dann im weiteren Verlauf der Geschichte auch berichtet: Jahre später kehrt Jakob mit einer großen Familie zurück. Es kommt zur Klärung der Vergangenheit, so dass, wie es in 1. Mose 32 heißt, dem Jakob die Sonne aufging. Es kommt zur versöhnenden Begegnung mit Esau. Aber auf dem ganzen langen und weiten Weg dorthin war Jakob getragen von der Zusage Gottes: 'Siehe, ich bin mit dir und will dich behüten, wo du hinziehst...ich will dich nicht verlassen.'

Gottes Zuspruch an Jakob – Stärkung für unsere Aufbrüche heute

Wer einen Umzug an einen neuen Wohnort vor sich hat, spürt, wie nahe ihm diese bedingungslose Zusage Gottes kommt, aufrichtend, tröstend: „Siehe, ich bin mit dir und will dich behüten, wo du hinziehst, ich will dich nicht verlassen." Wer eine neue Arbeitsstelle antritt, die und der können für ihren Aufbruch in dieses persönliche Neuland und das neue kollegiale Umfeld diesen Zuspruch Gottes an Jakob für sich persönlich nehmen: „Siehe, ich bin mit dir und will dich behüten, wo du hinziehst." Und wer sich voll innerer Unruhe fragt: „Jetzt habe ich alles gewissenhaft abgewogen, aber ist die Entscheidung für genau diese Stelle und für genau diesen Ort auch wirklich die richtige?" – der höre sehr genau Gottes Zuspruch, der nicht auf eine bestimmte Richtung begrenzt ist: „Ich bin mit dir, *wo du hinziehst*."

Auch wenn es sich um innere Aufbrüche handelt, wenn es kein Umzug an einen neuen Ort ist – unser menschliches Leben ist ja wie eine Reise. Wir sind unterwegs auf der Straße unseres Lebens, vom ersten bis zum letzten Tag. Unser Leben ist ein Wandern hin zur großen Ewigkeit. Packen wir den Zuspruch Gottes an Jakob als Stärkung ein in unseren persönlichen Lebens-Rucksack: „Siehe, ich bin mit dir und will dich behüten, wo du hinziehst...ich will dich nicht verlassen."

In Christus ist Gott die Himmelstreppe herabgestiegen

Der Gott, den Jakob ganz oben auf der Himmelstreppe stehen sah, begegnet uns in der Gestalt Jesu Christi noch einmal anders: In Jesus Christus begegnet uns der große Gott nicht als einer, der hoch über unseren Köpfen und Schicksalen thront, sondern als der, der die Himmelstreppe herabgestiegen und ganz auf dieser Erde angekommen ist. In der Schriftlesung (Johannes 1, 43-51) hatten wir gehört, dass der Menschensohn Jesus der „Ort" auf Erden ist, an dem der Himmel offen und Gott gegenwärtig ist. In Christus begegnet der große Gott als ein Menschenbruder, der herabgekommen ist zu uns, als einer, der um die Schuld weiß und sie trägt, als einer, der neben uns mit unterwegs ist.

Mit Gottes Reisesegen vertrauensvoll weiterziehen

Im Vertrauen auf den Reisesegen Gottes lasst uns die neuen Wege in der vor uns liegenden Zeit gehen, ganz getrost: „Siehe, ich bin mit dir und will dich behüten, wo du hinziehst." Das heißt nicht, dass die Wege nun immer eben und ohne Hindernisse wären. Wohl aber gibt Gott uns die Kraft, an den Hindernissen und Umwegen zu wachsen und zu reifen. Und er wird uns dahin leiten, wo er uns will und braucht.[43] Amen.[44]

---

[43] EG 395,2
[44] Die Anregung zu Jakob als dem Mann, der aus dem Ungeordneten ins Ungewisse ging, verdanke ich der Predigt von Theophil Askani über Johannes 3,16 (24.12.1980), in: Theophil Askani, Da es aber jetzt Morgen war, stand Jesus am Ufer, Reutlingen o.J., S. 48-52

Durch den Glauben fielen die Mauern

Predigt über Hebräer 11, 1.30; Drittletzter Sonntag im Kirchenjahr, 09.11.2014
(25 Jahre Mauerfall), Martinskirche, mit Taufen

Liebe Tauffamilien Faßmann und Trackl, Kohn und Duca, Menyhert und Bückle! Liebe Gemeinde!

Drei Kinder haben wir in diesem Gottesdienst getauft – Lukas, Angelina und Collin. „Seid ihr bereit, das Eure dazu beizutragen, dass Eure Kinder als Glieder der Gemeinde Jesu Christi erzogen werden?", so wurden Sie, liebe Eltern und Paten, gefragt. Bei dieser Frage geht es darum, den heranwachsenden Kindern die Kirche, Jesus Christus, den Glauben lieb zu machen. Den Glauben lieb machen, das kann dort geschehen, wo Menschen, die das Vertrauen der Kinder haben – Eltern, Paten, Kinder- und Jugendmitarbeiter aus der Kirchengemeinde-, ihnen von Erfahrungen mit dem Glauben erzählen – von Erfahrungen, die sie selber gemacht haben, von Erfahrungen mit dem Glauben, die in Geschichten der Bibel gespeichert sind. Wo heranwachsende Kinder so zum Glauben geführt werden, da kann es geschehen, dass sie ihn dann auch selber entdecken. Wo heranwachsende Kinder so zum Glauben geführt werden, kann es geschehen, dass sie den Glauben an Gott, an Jesus Christus, als etwas ganz Wesentliches für ihr eigenes Leben aufnehmen. Sie spüren, dass der Glaube an Gott ihrem Leben Halt und Geborgenheit gibt.

Unser heutiger Predigttext aus dem Hebräerbrief beschreibt, was Glauben heißt und wie Glaube, Gottvertrauen, Menschen durch die Zeiten hindurch getragen hat. Ich lese uns Hebräer 11, die Verse 1 und 30, zunächst in der Luther-Übersetzung, dann in der Übersetzung der Guten Nachricht:

11 1 Es ist aber der Glaube eine feste Zuversicht auf das, was man hofft, und ein Nichtzweifeln an dem, was man nicht sieht.
30 Durch den Glauben fielen die Mauern Jerichos, als Israel sieben Tage um sie herumgezogen war.

¹¹ ¹ Gott vertrauen heißt: sich verlassen auf das, was man hofft, und fest mit dem rechnen, was man nicht sehen kann. ³⁰ Weil die Israeliten Gott vertrauten, stürzten die Mauern von Jericho ein, nachdem das Volk sieben Tage lang um die Stadt gezogen war.

Zwei Dinge sind dem Hebräerbrief beim Glauben wichtig: **Erstens:** Christlicher Glaube, Gottvertrauen, hat eine Hoffnungsperspektive, **und zweitens:** christlicher Glaube findet sich nicht alternativlos mit dem Vorfindlichen ab – so beschreibt der Hebräerbrief das Wesen des Glaubens.

Zum einen: Christlicher Glaube hat eine Hoffnungsperspektive: *„Es ist aber der Glaube eine feste Zuversicht auf das, was man hofft."* Als Christen glauben wir nicht an einen Toten, sondern an den auferstandenen Jesus Christus (auf dessen Namen wir unsere Täuflinge getauft haben), der die Grabesmauern durchbrochen hat. Deshalb haben wir Hoffnung für diese Welt und über diese Welt hinaus. Hoffnung bedeutet, auch gegen alle Gefühle, Wahrscheinlichkeiten und Erfahrungen der Vergangenheit an Gottes Zukunft festzuhalten. Hoffnung bedeutet, die Gegenwart auch gegen allen Augenschein in Zuversicht vor Gott zu gestalten. Solche Hoffnung macht weder diesseitsflüchtig noch todessüchtig, sondern gerade lebenstüchtig! Ich kann hoffnungsvoll leben, und das heißt ich lasse mich lieber von der Freude überraschen und vom Gelingen widerlegen, als vom Missgeschick bestätigen. Ich kann hoffnungsvoll leben, das heißt, ich muss die Schlechtigkeit der Welt nicht täglich neu entdecken und beklagen, sondern ich setze sie als Tatsache voraus, um ihr das Bestmögliche entgegenzusetzen.[45]

Und das ist ja *das andere, was dem Hebräerbrief beim Glauben wichtig ist*: *„Der Glaube ist ein Nichtzweifeln an dem, was man nicht sieht."* Der Glaube ist auf Gottes Zukunft ausgerichtet, auf Gottes neuen Himmel und neue Erde, die man noch nicht

---
[45] Vgl. dazu: Hans-Joachim Eckstein, Ihr werdet den Himmel offen sehen. Über die Wiederentdeckung der Hoffnung, Vortrag bei der Landesversammlung 2001 in Denkendorf, Jahresgabe 2001 Ev. Sammlung; S. 9.21; Margot Käßmann, Fantasie für den Frieden, oder: Selig sind, die Frieden stiften, Frankfurt 2010, S. 17.21

sieht. Und trotzdem inspiriert die Hoffnung auf Gottes Zukunft Menschen immer wieder von neuem dazu, diese Welt zu verändern und zu verbessern – und grade nicht in den Lamento-Untergangsgesang einzustimmen: „Ich kann ja doch nichts tun." Der christliche Glaube findet sich nicht alternativlos mit dem Vorfindlichen ab, im persönlichen Leben nicht, in der Gesellschaft nicht, in der Welt nicht. Vielmehr geht es darum, sein Leben aus der Kraft des Glaubens zu gestalten. Aber wie geht das?

Der Hebräerbrief lässt - nach der Wesensbeschreibung des Glaubens - „großes Kino" anlaufen. Denn im gesamten Kapitel Hebräer 11 werden im Zeitraffer die Lebensgeschichten von Menschen aus dem Alten Testament kurz angerissen. Dabei wird deutlich gemacht, wie diese Menschen aus ihrem Glauben an Gott heraus die Herausforderungen und Aufgaben ihrer Gegenwart gemeistert haben, wie das Gottvertrauen sie getragen hat. Der Glaube wird sichtbar als tragender Grund des einzelnen Menschenlebens, des ganzen Volkes Israel, der ganzen Gesellschaft.

Glaube hat also eine ganz persönliche Seite, und Glaube wirkt sich zugleich aus auf das Umfeld, auf die Gesellschaft, in der ich lebe.

Lebenssituationen, in denen die verändernde Kraft des Glaubens spürbar war - ich halte den langen Film in Hebräer 11 nur an einer Stelle an, nämlich dort, wo es heißt: *Durch den Glauben fielen die Mauern Jerichos, als Israel sieben Tage um sie herumgezogen war. // Weil die Israeliten Gott vertrauten, stürzten die Mauern von Jericho ein, nachdem das Volk sieben Tage lang um die Stadt gezogen war.* Dieser eine Satz verweist auf eine bewegende Geschichte aus dem Alten Testament. Das Volk Israel war auf seinem Weg aus Ägypten durch die Wüste ins verheißene Land vor die stark befestigte Stadt Jericho gelangt. Unüberwindbar starke Mauern umschlossen die Stadt. Gott hatte Josua, dem Anführer der Israeliten, gesagt: „Sechs Tage lang soll das ganze Volk jeweils einmal um die Mauern von Jericho ziehen. Aber am siebten Tag soll das ganze Volk siebenmal um die Stadt ziehen. Dann wird Gott ihnen die Stadt übergeben." Wie Gott es ihnen aufgetragen hatte, zogen die Israeliten sechs Tage lang jeweils einmal um die Stadt, am siebten Tag aber umrundeten sie die Stadt siebenmal. Dann bliesen die Priester die Posaunen. Beim Hall der Posaunen fielen die Mauern Jerichos ein. Die Israeliten konnten kampflos die Stadt betreten. Eine zentrale Erfahrung von Menschen aus dem Alten Testament ist in dieser Geschichte festgehalten: Wer auf Gott vertraut, wer an ihn glaubt, der kann's erleben, dass unüberwindlich scheinende, festgefügte Mauern einstürzen – wirkliche Mauern zwischen Menschen, aber auch Mauern in den Köpfen, die Menschen voneinander entfremden. *Durch den Glauben fielen die Mauern Jerichos.*

Liebe Gemeinde, die eigentümliche Transparenz dieser Geschichte vom Fall der Mauern Jerichos ist heute, am 9. November 2014, mit Händen zu greifen. Denn heute genau vor 25 Jahren war jener historische Tag, an dem die Berliner Mauer fiel.
Ich erinnere mich noch genau an jenen 9. November 1989. Ich lernte gerade in meinem Tübinger Studentenzimmer auf's I. theologische Examen. Da klopft spätabends mein Zimmernachbar, streckt seinen Kopf rein und sagt: „Du, komm schnell rüber, das musst du sehen!" Gemeinsam schauten wir in den kleinen Fernsehbildschirm und sahen die unzähligen Menschen, die den Grenzübergang Bornholmer Straße zwischen Ost- und Westberlin passierten, sahen in Naheinstellung Menschen, die sich ergriffen in den Armen lagen - und immer wieder schüttelten wir den Kopf: „Das ist ja unglaublich, dass die Grenze offen ist, dass die Mauer gefallen ist..." Noch im Januar 1989 hatte SED-Generalsekretär Erich Honecker erklärt: „Die Mauer wird in 50 und auch in 100 Jahren noch bestehen!" Auf einer Berlin-Fahrt hatte ich als Schüler Anfang der 1980er Jahre die innerdeutsche Grenze und die Berliner Mauer noch erlebt. Und jetzt das, was wir am späten Abend des 9. November 1989 live am Bildschirm sahen – unglaublich!

Wir hatten zwar gespürt, dass es im Lauf des Jahres 1989 im gesamten damaligen Ostblock grummelte und brodelte, wir hatten im Sommer 1989 die Bilder gesehen, als von Prag aus die Züge mit tausenden ausreisebegehrender DDR-Bürger unterwegs sind, und dann im Herbst die Bilder von großen Demonstrationen in Leipzig und anderen Städten der DDR. Viele, sehr viele wollten endlich die ersehnte Reisefreiheit. Der Druck auf die Staatsführung war immer stärker geworden.

Am Abend des 9. November 1989 las Günter Schabowski auf einer Pressekonferenz von einem Zettel eine neue großzügige Regelung für Reisen ins westliche Ausland für DDR-Bürger ab. Um 18.53 Uhr antwortete er auf eine Reporterfrage, dass diese Neuregelung seines Wissens **ab sofort, unverzüglich** in Kraft trete. Die Presseleute interpretieren Schabowskis Äußerungen als „Grenzöffnung". Und so wird schon um 20.00 Uhr in der ARD-Tagesschau gemeldet: „DDR öffnet Grenze". Diese Meldung löst einen Massenansturm von Ost- und Westberlinern auf die Grenzübergänge aus, der das gemeldete Ereignis – die angeblich offene Grenze – erst herbeiführt.[46] Denn der Massenansturm ist so gewaltig, dass nach wenigen Stunden der diensthabende Grenzoffizier am Übergang „Bornholmer Straße" mangels Befehlen von oben eigenverantwortlich den Schlagbaum öffnet und damit den Fall der Mauer Wirklichkeit werden lässt – was im TV-Drama „Bornholmer Straße" vergangenen Mittwoch eindrücklich nachzuerleben war.

Der Fall der Berliner Mauer, *ein Glücksfall der Geschichte*, so war in der vergangenen Woche vielfach zu hören, auch in der Bundestags-Debatte am vergangenen Freitag. Der Fall der Mauern Jerichos, *durch Glauben*; weil die Israeliten Gott vertrauten, so unser Predigttext. *Welche Rolle kommt dem Glauben, dem Gottvertrauen, beim Fall der Mauer vor 25 Jahren in unserem Land zu?* Es sind viele Faktoren, die schließlich im Zusammenwirken dazu geführt haben, dass der 9. November möglich wurde. Nicht nur in Deutschland, auch in anderen Ostblockstaaten haben damals bemerkenswerte Veränderungen stattgefunden.

Aber *ein* wichtiger Faktor, der nicht vergessen werden sollte, sind die Friedensgebete der evangelischen Christen in der DDR, die Friedensgebete, die den Glauben wachgehalten und genährt haben, dass Gottes Möglichkeiten weiter reichen als die scheinbar festgefügten Realitäten unserer Tage. Die Friedensgebete der evangelischen Christen in der DDR haben das Vertrauen auf Gott wachgehalten, dass er Veränderungen herbeiführen kann und Unrecht und Bevormundung beenden kann.

---

[46] Vgl. dazu Hans-Hermann Hertle, Die Berliner Mauer – Monument des Kalten Krieges, Berlin 2007, S. 146-151

Die Friedensgebete der evangelischen Christen in der DDR, an denen mehr und mehr auch Kirchenferne und –fremde teilnahmen, stärkten das Vertrauen auf Gott, dass er mit seiner Kraft Veränderungen schaffen kann ohne Gewalt und ohne Blutvergießen – und so kam es zu jener großen friedlichen Demonstration in Leipzig am 9. Oktober 1989, die als „Wunder von Leipzig" auf die Öffnung der Mauer hinführte. **_Welche Rolle kommt dem Glauben, dem Gottvertrauen, beim Fall der Mauer vor 25 Jahren in unserem Land zu?_** Dass an jenem 9. November alles so ineinander griff, dass aus dem berühmten Versprecher bei der Pressekonferenz am Abend das Wunder der Befreiungsnacht wurde, in der die Mauer fiel, dafür kann man Gott nur danken. Und aus solcher Dankbarkeit erwächst Verantwortung, die gewonnene Freiheit zu bewahren und zu gestalten. Aus solcher Dankbarkeit gegenüber Gott erwächst Verantwortung, an einer friedlichen Zukunft und am Aufbau von Vertrauen zu arbeiten.

Bei den derzeitigen Mauerfall-Feierlichkeiten in Berlin hat Michael Gorbatschow mahnend-nachdenklich im Zusammenhang mit dem Ukraine-Konflikt gesagt: „Die Welt ist an der Schwelle zu einem neuen Kalten Krieg. Manche sagen, er hat schon begonnen." In den vergangenen Monaten habe sich ein „Zusammenbruch des Vertrauens" vollzogen. Beten für und Arbeiten am Aufbau neuen Vertrauens ist bitter nötig – zwischen Staaten genauso wie zwischen Menschen im allernächsten Umfeld.

Der christliche Glaube hat also die Gesellschaft, in der ich lebe, mit ihren Gegenwartsaufgaben im Blick; und der christliche Glaube hat den persönlichen Lebensweg im Blick – wo wir unsere Schritte im Vertrauen auf unseren Schöpfer gehen können: _„Der uns in frühen Zeiten das Leben eingehaucht, der wird uns dahin leiten, wo er uns will und braucht. (EG 395,2)"_

Gott schenke unseren Täuflingen Lukas, Angelina und Collin, Gott schenke uns allen solchen Glauben. Amen.

Wir werden bei dem Herrn sein allezeit
Predigt am Toten- und Ewigkeitssonntag, 20.11.2011, über 1. Thessalonicher 4, 13-18 (Württembergische Reihe zum Gedenktag der Entschlafenen), Leonhardskirche und Martinskirche Langenau

[13] Wir wollen euch aber, liebe Brüder und Schwestern, nicht im Ungewissen lassen über die, die entschlafen sind, damit ihr nicht traurig seid wie die andern, die keine Hoffnung haben.
[14] Denn wenn wir glauben, dass Jesus gestorben und auferstanden ist, so wird Gott auch die, die entschlafen sind, durch Jesus mit ihm einherführen.
[15] Denn das sagen wir euch mit einem Wort des Herrn, dass wir, die wir leben und übrig bleiben bis zur Ankunft des Herrn, denen nicht zuvorkommen werden, die entschlafen sind.
[16] Denn er selbst, der Herr, wird, wenn der Befehl ertönt, wenn die Stimme des Erzengels und die Posaune Gottes erschallen, herabkommen vom Himmel, und zuerst werden die Toten, die in Christus gestorben sind, auferstehen. [17] Danach werden wir, die wir leben und übrig bleiben, zugleich mit ihnen entrückt werden auf den Wolken in die Luft, dem Herrn entgegen; und so werden wir bei dem Herrn sein allezeit.
[18] So tröstet euch mit diesen Worten untereinander.

Liebe Gemeinde!

„Was ist mit unseren Toten? Was wird sein, wenn ich einmal sterben werde?", diese Frage trieb die Christinnen und Christen in Thessalonich um, und sie haben sie dem Apostel Paulus vorgelegt. „Was ist mit unseren Toten? Was wird sein, wenn ich sterben werde?", so fragen wir auch heute – am letzten Sonntag im Kirchenjahr, dem Ewigkeitssonntag oder auch Totensonntag. An diesem Sonntag gedenken wir des Todes und der Menschen, die von uns gegangen sind. 93 Gemeindeglieder aus unserer Evangelischen Kirchengemeinde Langenau sind im zu Ende gehenden Kirchenjahr 2010/2011 verstorben. 93 Namen sind es, 93 ganz individuelle Biografien: 98 Jahre umfassten die längsten Biografien, das Licht dieser Welt gar nicht wahrnehmen konnte die jüngste Verstorbene. Mit diesen 93 Biografien verbinden sich ganz unterschiedliche Erfahrungen mit dem Tod. Es gibt den Tod, der ein langes, erfülltes Leben vollendet. Aber ebenso kann der Tod auch als hastiger Eindringling begegnen, der unvermutet in ein Leben tritt und einen Lebensweg jäh abbricht oder die Lebensplanung einer ganzen Familie durchkreuzt.

Wenn wir einzig die harte Realität des Todes sehen, ist es zum Verzweifeln. Unser christlicher Glaube überspielt die Realität des Todes nicht, und er nimmt die Trauer ernst. Aber doch ist der christliche Glaube getragen von der Hoffnung, dass wir nicht wegsterben von Gott, sondern in Gott hineinsterben. Paulus führte damals die Thessalonicher in diese christliche Hoffnung angesichts des Todes ein. Und Paulus stellt auch uns heute Morgen diese Hoffnung vor Augen, als eine Hoffnung für unsere Toten, aber auch als eine Hoffnung, die sich schon in unserer irdischen Lebenszeit auswirkt, die Folgen hat für unseren Alltag.

(1) „Was ist mit unseren Toten? Was wird sein, wenn ich sterbe?", so haben die Thessalonicher den Apostel Paulus gefragt. Und der 1. Thessalonicherbrief, mit dem er ihnen antwortet, ist sein erster und ältester Brief und die älteste Schrift des Neuen Testaments überhaupt. „Wir warten auf das Wiederkommen Jesu, den Gott auferweckt hat von den Toten" (1,10) – unter diese programmatische Überschrift stellt Paulus seine Ausführungen im 1. Thessalonicherbrief.

Paulus war damals noch der Meinung: „Das Wiederkommen Jesu steht so dicht vor der Tür, dass ihr's möglicherweise noch erlebt, dass auch ich's möglicherweise noch diesseits des Grabes erleben werde."
Aber nun waren die ersten Todesfälle unter den Christen in Thessalonich zu beklagen, und Christus war noch nicht wiedergekommen. „Was ist mit diesen unseren Toten?", fragen sie Paulus. Und Paulus antwortet ihnen: „Dass Christus wiederkommt, ist und bleibt gewiss. Und ebenso gewiss bleibt, dass alle die bis dahin Verstorbenen *und* die Lebenden gleichermaßen sein Wiederkommen erleben."

Und dann benützt Paulus ein Bild: Wenn Gott der Geschichte dieser Welt das Ende setzt und Jesus Christus wiederkommt, dann erklingt die Posaune, die bis in die Gräber dringt. Und dann werden die in Christus Verstorbenen auferstehen. Die auferweckten Verstorbenen und die Lebenden sammelt Gott zu einem langen Prozessionszug, der dem wiederkommenden Christus entgegengeht.

So weit das Bild, das Paulus den Thessalonichern vor Augen stellt. In seinen späteren Briefen spricht Paulus nicht mehr von der Möglichkeit, dass er das Wiederkommen Jesu noch zu seinen Lebzeiten erleben könnte. Aber das Ziel der christlichen Hoffnung bleibt unerschütterlich stehen: Diese Welt und jedes einzelne Menschenleben läuft auf die endgültige Begegnung mit Jesus Christus zu - Jesus Christus, der gestorben und auferstanden ist. Weil Jesus vom Tod erstanden ist, hoffen wir für unsere Toten in Gewissheit auf neues, ewiges Leben bei Gott, durch den Tod hindurch. Jesu Auferstehung ist der Grund unserer Hoffnung auf Auferstehung der Toten, die in Christus gestorben sind. Und eben dieser auferstandene Christus wird wiederkommen. Und der Begegnung mit dem wiederkommenden Herrn wird keiner entnommen und entkommen, weder Verstorbene noch Lebende.

In meiner letzten Gemeinde in Bad Urach war ich der Pfarrer, der die letzten hochbetagten Konfirmanden von Karl Hartenstein beerdigt hat – Hartenstein war in den 1920er Jahren dort Pfarrer und wurde einer der ganz großen Prediger und theologischen Lehrer im evangelischen Württemberg. Eines seiner ganz großen Anliegen war, in der Christenheit die biblische Hoffnung auf den wiederkommenden Herrn in ihrer Kraft und ihrem Trost wiederzuerwecken. Und ganz auf der Linie unseres Briefabschnittes hat auch Karl Hartenstein betont: Diese Welt und jedes einzelne Menschenleben läuft auf die endgültige Begegnung mit Christus zu. Nicht das große Nichts oder eine unendliche Tiefe, sondern der wiederkommende Herr, Jesus Christus, steht am Ende. Es geht, mit den Worten des Paulus gesagt, „dem Herrn entgegen". Unsere Verstorbenen nimmt Christus mit hinein in sein ewiges Leben. Und wenn ich selbst einmal sterbe, wird er auch mich in sein ewiges Leben mit hinein nehmen. Die, die vor uns aus diesem irdischen Leben gehen mussten, und wir selber werden in die ewige Gemeinschaft mit Christus hinein genommen werden. Paulus sagt: „Wir werden bei dem Herrn sein allezeit." Liebe Gemeinde, *das* ist das Ziel christlicher Hoffnung angesichts des Todes.

(2) Diese große Hoffnung hat Folgen für unser Leben hier und jetzt. Diese große Hoffnung schärft unseren Blick auch wieder für die Erde und für die, mit denen wir leben. Paulus deutet die Folgen und die Wirksamkeit dieser Auferstehungshoffnung in dem Satz an: „Tröstet – und ermahnt – euch mit diesen Worten untereinander." Das kann heißen:

Erstens: Begleitet einander auf euren Trauerwegen; erinnert euch daran: So nahe, wie Karfreitag und Ostermorgen beieinander liegen, so nahe dürfen wir den auferstandenen Christus und unsere Verstorbenen beieinander sehen.

Zweitens: Wer aus dieser Hoffnung auf die Auferstehung der Toten lebt, wird die Begleitung Sterbender und ihrer Angehörigen als eine der grundlegenden Aufgaben von Kirche und Gemeinde verstehen – und dankbar den Dienst unsrer Hospizmitarbeiter/innen würdigen. Deshalb ist es uns derzeit auch so wichtig, den guten rechtlichen Rahmen für diese Arbeit zu finden.

Drittens: Die Hoffnung, dass Leben bei Gott nicht mit dem Tod endet, verpflichtet dazu, auf der Erde für das Leben einzutreten. Dem Leben zu helfen, dass es kein langgestreckter Tod ist, sondern blühen kann und gedeihen in seiner bunten Fülle. Und ernst nehmen, dass unser Leben begrenzt und darum so unendlich kostbar ist. Wie viel Zeit verschleudern wir mit großen und kleinen Machtkämpfen, Streitereien um letztlich Zweit- und Drittrangiges, anstatt, erfüllt mit der Auferstehungs-Hoffnung, aufzustehen und zu tun, was dem Leben dient?

„Was wird sein, wenn ich sterben werde?" Unser Bibelwort sagt: Dann wird sein die Begegnung und die endgültige, ewige Gemeinschaft mit dem auferstandenen Jesus Christus. Ich denke jetzt in diesem Zusammenhang noch einmal an Karl Hartenstein. Er war als Prälat von Stuttgart 1949 aufs Krankenlager gezwungen worden und dabei in Todesnähe gekommen. Seine Söhne Hermann und Markus schildern in der Biografie, wie ihm seine treue Sekretärin Hedwig Thomä einen einfachen Zettel ans Krankenlager schickte, auf dem das Wort aus der Ostergeschichte von der Erscheinung des auferstandenen Herrn am See Tiberias notiert war: „Da es aber jetzt

Morgen war, stand Jesus am Ufer". Prälat Hartenstein brach in helle Tränen aus und gab das kleine Papier lange nicht mehr aus der Hand.

Nach seiner Genesung schrieb er zu dieser Geschichte eine Auslegung, wo es heißt: „Wer einmal dieses Wort entdeckt hat mit seiner unerschöpflichen Kraft, ist getröstet für ein ganzes Menschenleben und für ein Menschensterben. Denn immer und in jeder Stunde zwischen Geburt und Grab dürfen wir uns in diesem Wort stärken: ‚Da es aber jetzt Morgen war, stand Jesus am Ufer'. Du gehst mit jedem Tag und mit deinem ganzen Leben dieser Stunde entgegen, da es auch für dich heißt: ‚Da es aber jetzt Morgen war, stand Jesus am Ufer.' Und einmal wird es für uns alle so werden, wie diese wunderbare Geschichte es erzählt. Wir werden am Ufer sein. Wir werden bei Jesus sein. Und es wird alles gut werden." Als Hartenstein kurze Zeit später verstarb, regte Hedwig Thomä an, auf seinen Grabstein auf dem Stuttgarter Waldfriedhof eben dieses Wort zu setzen: „Da es aber jetzt Morgen war, stand Jesus am Ufer."

Bis heute kündet diese Grabinschrift davon, was auch unser Predigttext sagt: Die Todesnacht wird sich lichten, und wenn's Morgen wird, steht Jesus am Ufer der Ewigkeit und empfängt uns. „Und so werden wir bei dem Herrn sein allezeit."
Amen.

Die Wonnen des Friedens hochschätzen
Ansprache bei der Toten- und Gefallenen-Gedenkfeier auf dem Friedhof Langenau, 23.11.2014

Liebe Mitbürgerinnen und Mitbürger!

2014 – das ist ein inhaltsschweres Gedenkjahr. Vielfach schon haben wir in diesem Jahr die Gedenkanlässe präsentiert bekommen:

2014, da ist es 100 Jahre her, dass der Erste Weltkrieg ausgebrochen ist.

2014 – da ist es 75 Jahre her, dass der Zweite Weltkrieg entfesselt wurde.

2014 – da ist es 25 Jahre her, dass der Eiserne Vorhang fiel, der ganze Ostblock in Bewegung kam, Ungarn mit dem Abbau der Grenzanlagen den ersten Riss in die Berliner Mauer schlug, die dann in der Nacht des 9. November 1989 fiel.

Aus den vielen Stimmen, die bei all den vielen Gedenkanlässen laut wurden, möchte ich eine für mich sehr eindrückliche Stimme hervorheben.

Zum 100-Jahr-Gedenken an den Ausbruch des Ersten Weltkriegs sind unzählige Bücher und Bildbände erschienen. Eines der bedeutendsten und häufig zitierten Bücher ist das des australisch-stämmigen, in Cambridge lehrenden Historikers Christopher Clark. Es trägt den Titel: „Die Schlafwandler. Wie Europa in den Ersten Weltkrieg zog." Die Entscheidungsträger, wie vernebelt, wie Schlafwandler in die Katastrophe schlitternd – darum geht es in Christopher Clarks Buch. Es hat in den letzten Monaten in Deutschland den „Clark-Effekt" ausgelöst. Christopher Clark vertritt in seinem Buch „Die Schlafwandler" die pointierte und leidenschaftlich-kontrovers diskutierte These: Deutschland trifft nicht die Alleinschuld am Ersten Weltkrieg, wie es im Friedensvertrag von Versailles 1919 festgeschrieben wurde. Der Weg in den Ersten Weltkrieg war vielmehr ein komplexes Zusammenwirken verschiedener Akteure: England, Frankreich, Deutschland, Österreich-Ungarn, Russland, Serbien. In dieser politischen Konstellation 1914 war sehr viel gegenseitiges Misstrauen und Nicht-Wahrnehmen im Spiel. Man setzte zu schnell auf Säbelrasseln und auf die militärische Option. Und so konnte es geschehen, dass die Schüsse in Sarajewo auf das österreichische Thronfolgerpaar Franz Ferdinand und Sofie nicht nur einen regionalen Konflikt auslösten. Vielmehr wuchs sich der regionale Konflikt auf dem Balkan zum Großen Krieg aus. Wie Schlafwandler sind die europäischen Mächte in den Großen Krieg hineingeschlittert.

Ja, was auf die Schüsse in Sarajewo folgte, wissen wir: die Urkatastrophe des 20. Jahrhunderts, der Große Krieg, der Erste Weltkrieg, mit Millionen Toten, Verwundeter, Traumatisierter (z. B. „Kriegszitterer", d.h. Soldaten, die an posttraumatischen Belastungsstörungen litten, unkontrolliertes Zittern und Zuckungen....). Und der Versailler Friedensvertrag legte den Keim zu neuen Auseinandersetzungen, zu Revisionsforderungen und mündete schon 20 Jahre später in den noch verheerenderen Zweiten Weltkrieg.

Und nun ist im Lauf des Jahres 2014 - im Gedenken an 100 Jahre Ausbruch Erster Weltkrieg und 75 Jahre Ausbruch Zweiter Weltkrieg – ein neues brandgefährliches Bedrohungspotenzial entstanden, die Ungeister von Konfrontation, Krieg und Brutalität sind gewissermaßen aus der Flasche gekommen.

Wir erleben den Ukraine-Konflikt und die konfrontative Stimmung zwischen Europa und den USA auf der einen und Russland auf der anderen Seite.

Wir erleben die Zunahme der Spannungen zwischen Israelis und Palästinensern, und wir erleben mit Schaudern die Ausbreitung der Terrormiliz IS, die Angst, Schrecken, bestialische Brutalität verbreitet, die Jagd auf Andersgläubige macht – und so eine riesige Flüchtlingswelle ausgelöst hat.

Liebe Mitbürgerinnen und liebe Mitbürger, auch 100 Jahre nach Ausbruch des Ersten Weltkriegs gibt es also erbitterte kriegerische Auseinandersetzungen, sind Gefallene zu beklagen, Verwundete zu pflegen, Traumatisierte und Trauernde zu begleiten, gilt es, Opfer von Gewalt- und Terrorherrschaft, Kriegsflüchtlinge aufzunehmen und willkommen zu heißen.

Offenkundig brauchen wir mehr Fantasie für den Frieden, auch für ganz andere als militärische Formen, um Konflikte zu bewältigen. Wir brauchen Menschen, die ein klares Friedenszeugnis in der Welt abgeben, die gegen Gewalt und Krieg aufbegehren und sagen: Die Hoffnung auf Gottes Zukunft ermutigt mich schon jetzt und hier, von Alternativen zu reden und mich dafür einzusetzen. Ja, die Hoffnung auf Gottes Zukunft.[47]

Die christlichen Kirchen begehen den heutigen Totensonntag als Ewigkeitssonntag. In der Verkündigung am Ewigkeitssonntag steht im Zentrum die Hoffnung auf den neuen Himmel und die neue Erde, die Gott heraufführen wird. Die Hoffnung auf den neuen Himmel und die neue Erde, in denen Gerechtigkeit und Frieden herrschen, in denen „Gott abwischen wird alle Tränen, und Tod, Leid, Geschrei und Schmerz nicht mehr sein werden." Diese christliche Hoffnung auf den neuen Himmel und die neue Erde macht nicht diesseitsflüchtig und todessüchtig, sondern lebenstüchtig.[48] Die Hoffnung auf den neuen Himmel und die neue Erde ist untrennbar verbunden mit einem intensiven Engagement für eine erneuerte, bessere Erde. Auf dieser alten Erde schon jetzt Zeichen des Friedens und der Gerechtigkeit setzen, dazu können wir alle an je unserem Platz beitragen. Wenn Gott einmal Tränen abwischen und Wunden heilen wird, dann lasst uns jetzt schon Schritte der Versöhnung und des Friedens tun.

Genau das ist auch das Anliegen des Historikers Christopher Clark. Im Januar dieses Jahres hat er sein Buch im Stadthaus in Ulm vorgestellt. Mich hat beeindruckt, wie er die Frage beantwortet hat: „Warum beschäftigt man sich 700 Seiten lang mit dem Ersten Weltkrieg?"

Clark gab eine doppelte Antwort: Er sagte: Damals sind die Entscheidungsträger Schlafwandlern gleich in den Weltkrieg geschlittert. Aber „all diese Entscheidungsträger trugen in sich den Keim für andere, nicht ganz so schreckliche Zukünfte." Und: Wenn man sich klar macht, wie es zum Ersten Weltkrieg kam, dann, so Clark, kann man die Wonnen des Friedens nicht hoch genug schätzen – und es gilt, wachsam zu sein, um die Wonnen des Friedens auch zu bewahren.

Solche Wachsamkeit ist uns im Großen und im Kleinen allen aufgetragen. Solche Wachsamkeit ist Gott sei Dank immer wieder zu erleben. Deutschland als Land in der Mitte Europas hat eine besondere Verantwortung, vermittelnd aufzutreten. In einem

---

[47] Vgl. dazu Margot Käßmann, Fantasie für den Frieden oder: Selig sind, die Frieden stiften, Frankfurt am Main 2010, S. 17
[48] Vgl. dazu Hans-Joachim Eckstein, Ihr werdet den Himmel offen sehen. Über die Wiederentdeckung der Hoffnung. Jahresgabe der Ev. Sammlung in Württemberg, 2001, S. 9

sehr nachdenklichen Interview sagte Außenminister Frank-Walter Steinmeier vor etlichen Monaten, nach einer Woche intensiver Gespräche mit Russland, die noch kein greifbares Ergebnis erbracht hatten: „Wir sind in diesem Jahr, im 100. Jahr nach 1914, wahrscheinlich unterwegs, um viele Reden zu halten. Wir werden in vielen Reden in Erinnerung an 1914 sagen: ‚Da ist ein Krieg ausgebrochen, weil diejenigen, die verantwortlich waren, nicht miteinander ins Gespräch eingetreten sind. Weil sie – wie Christopher Clark in seinem Buch geschrieben hat – schlafwandlerisch in einen Krieg hineingeschlittert sind.' Und deshalb: Ja, ich lasse mir Kritik gefallen, dass wir (noch) nicht zum Ergebnis gekommen sind. Aber es ist *meine* Pflicht und *meine* Verantwortung, dafür zu sorgen - mit den Möglichkeiten, die wir haben -, diese Eskalation, die zum Krieg führen kann, zu vermeiden."

Genau darum geht es, zueinander Brücken zu bauen und miteinander das Gespräch zu suchen, das braucht unsere Gesellschaft im Kleinen und unsere Welt im Großen so dringend. Dazu ruft uns ja auch das Mahnmal der Heimkehrer des Ortsverbands Langenau an der Ostwand unserer Peterskirche auf. Seit bald 30 Jahren, seit 1985, richtet dieses Mahnmal seinen stillen, aber eindringlichen Aufruf an uns alle: „Millionen Kriegstote mahnen die Völker: Entsaget der Gewalt, baut Brücken zueinander." Lassen wir uns heute davon bewegen. Amen.

Ewigkeits-Menschen
Geistliche Besinnung „Auf ein Wort" im Reutlinger General-Anzeiger, 08.07.2000

Gleich nach dem Ersten Weltkrieg erschien eine kleine Schrift mit dem provokanten Titel: „Ist mit dem Tode alles aus?". Verfasser war der Reutlinger Prälat Jakob Schoell (1866-1950), ein gebürtiger Böhringer und einer der bedeutenden Theologen seiner Zeit. Mit seinem Büchlein sucht er das Gespräch mit den Zeitgenossen, von denen viele im Ersten Weltkrieg mitten im Leben mit dem Tod konfrontiert worden waren. In diesem Gespräch macht sich Jakob Schoell für die christliche Auferstehungshoffnung stark. Diese Hoffnung ist für Schoell nicht nur ein Ausblick in eine ferne Zukunft, sondern sie wirkt sich schon heute im alltäglichen Leben aus. Darum endet seine Schrift mit den Spitzensätzen: „Alle diejenigen sind auch für dieses Leben tot, die kein anderes hoffen. Von den Ewigkeitsmenschen gehen die tiefsten und umfassendsten Diesseitswirkungen aus."

Mit seiner Wortwahl gibt Jakob Schoell zu verstehen, dass ihm der Zwischenruf des Religionskritikers Ludwig Feuerbach noch in den Ohren nachklang. Feuerbach hatte Mitte des 19. Jahrhunderts den Heidelberger Studenten pathetisch zugerufen, er wolle die Menschen „aus Kandidaten des Jenseits zu Studenten des Diesseits" machen. Feuerbach war von der Sorge bewegt, wer von der Ewigkeit Gottes rede, vertröste nur auf ein besseres Jenseits, ohne sich für eine Besserung der gegenwärtigen, diesseitigen Zustände einzusetzen. Seine Sorge war insofern berechtigt, als die Kirche seiner Zeit nahezu blind war für die soziale Problematik der aufkommenden Industrialisierung.

Was Feuerbach auseinanderdividiert, so Jakob Schoell, gehört jedoch für recht verstandenen und gelebten christlichen Glauben untrennbar zusammen: Christen sind Kandidaten des Jenseits *und* Studenten des Diesseits.

Unser Christenglaube ist von der Hoffnung getragen, dass hinter den vordergründigen Realitäten unserer Tage sich das Land der Ewigkeit Gottes erstreckt, dem die Geschichte und das einzelne Leben zueilen und in dem das letzte Wort gesprochen wird. Wir leben auf den Tag zu, an dem Leid, Geschrei und Schmerz nicht mehr sein werden und an dem Gott alle Tränen trocknen wird.

Solche Ewigkeitshoffnung macht Christen nicht zu Träumern. Nein, wer auf die neue, ewige Welt Gottes zulebt, wird schon jetzt all dem den Kampf ansagen, was Leid, Geschrei und Schmerzen unter Menschen macht. Wer um die Wirklichkeit der Auferstehung weiß, kann schon jetzt aufstehen und tun, was dem Leben dient.

Jakob Schoell wurde 1933 zwangspensioniert, weil er den Mut hatte, aufzustehen und öffentlich seine Anfragen an den nationalen Rausch der ersten Monate des Jahres 1933 zu äußern. Er wurde hinausgedrängt aus seinem Amt. Aber er resignierte nicht. Als Krankenhaus-Seelsorger in Stuttgart besuchte er Kranke, tröstete er Leidende, hatte er in der Stunde des Todes das Wort des Lebens zu sagen. Als die Stuttgarter Wohnung im Krieg zerstört wurde, kam er zurück in seinen Geburtsort Böhringen. In einer Zeit des Zusammenbruchs und Neubeginns stellte er die todesüberwindende Macht Jesu und ihre wandelnde Kraft für unsere Tage in den Mittelpunkt seines Wirkens.

Wer um Gottes Ewigkeit weiß, hat den Rücken frei, sich ganz dieser Welt zuzuwenden und den Herausforderungen der Gegenwart zu stellen. Denn: „Von den Ewigkeitsmenschen gehen die tiefsten und umfassendsten Diesseitswirkungen aus."

Kirchliche Trauung von Dagmar Masson geb. Rettich und Toby Masson am Freitag, 19.09.2014, 15.00 Uhr, in der Martinskirche Langenau

Wedding ceremony for Dagmar Masson née Rettich and Toby Masson on friday, 19th september 2014, 3 p.m., St. Martin's Church Langenau

Marriage-Sermon about 1 Corinthians 13:4-8.13

Dear Missis Masson ("Missis Rettich"), dear Mister Masson!

Dear Wedding-Community!

As a biblical word for your wedding-ceremony you two have chosen some concise sentences from the first letter of the apostle Paul to the Corinthians, there in the 13th chapter. This 13th chapter of the first letter to the Corinthians has one very important theme: the love. Therefore the Christians call this chapter the "ode of love", the "great song of love", since the origins of the church. The apostle Paul writes the following words:

"Love is patient, love is kind.
It does not envy, it does not boast,
it is not proud.
It is not rude, it is not self-seeking,
it is not easily angered,
it keeps no record of wrongs.
Love does not delight in evil
but rejoices with the truth.
It always protects, always trusts,
always hopes, always perseveres.
Love never fails.
But where there are prophecies,
they will cease;
where there are tongues,
they will be stilled;
where there is knowledge,

it will pass away.
Meanwhile these three remain:
faith, hope and love;
and the greatest of these is love."

(1) Dear Mister Masson, dear Missis Rettich, the central theme of your wedding-bible-text is **love**. When we hear the word "love", our human longings wake up. When we hear the word "love", real, deep experiences will be present. Also the apostle Paul goes into raptures about the love. Paul says: Many, many things will pass away. But love never ends. "So faith, hope, love abide, these three; but the greatest of these is love", with these emotional words he finishes his famous ode of love. It's ***God's*** great, inexhaustible love, which Paul describes with his emotional words in the ode of love. Paul is deeply moved from the experience of God's love, which gives him a deep sense of security for his life. In every true ***human love*** you can recognize something of the ***great love of God***. And so we hear in this wedding ceremony the ode of love, which tells from God's love, and we may tell at the same time your personal love-story, dear Missis Rettich and dear Mister Masson.

Yes, ***your personal love-story***. Dear Missis Rettich, dear Mister Masson, you remember exactly the initial date of your relationship. It was ***January 12th in 2012***. Jodie Cummings, Dagmar's friend and also Toby's friend, sent a SMS to Dagmar - and she sent also a SMS to Toby. Jodie was spending the evening in the night club "Jambase", and she was just having dinner with friends. In the mentioned SMS Jodie invited Dagmar to come also to the night club, and at the same time she also invited Toby to come to the night club as well. Dagmar was very happy about this invitation, because her appointment, she had for that evening, has been cancelled; yes, she was very enjoyed about this invitation, because she was standed up by someone.
Dagmar came to the night club shortly before Toby arrived. After a few minutes they got into a good communication with each other. Quickly Dagmar and Toby had a

lively conversation. Impassioned they discussed about advantages from England and Germany, but also about differences between Germany and England.

With a twinkle in your's eyes, dear Missis Rettich and dear Mister Masson, you told me, that you have this humorous discussion till today!

But you found each other, you won the hearts of each other. Since that time you – both together - got through many situations – pleasing situations, but also difficult situations and even borderline situations. For you and your family, dear Toby, the death of your father in 2013 was such a borderline situation. For you, dear Dagmar, the loss of your job was such a difficult situation. But you could give each other a lot of support. You, Dagmar, could move in the apartment of Toby to give your love a chance.

Now both you are working (happy and cheerful) in jobs with many stress. But *your* great love has given always many power to you.

And *we* all are together today in St. Martin's Church here in Langenau in order to divide with you the great joy, *that* you have found each other, *that* you have discovered your love to each other, *that* you get married today in front of the altar.

To discover, that you love each other, that's a wonderful time - full of passion, full of emotions, full of warmth. May God preserve your love, and may God keep your love on the various stations of your life! Love can get poor and die the slow death of daily routines. But love also can get rich, can grow, also on difficult and hard stretches, also through deep valleys or when we come to the bounds of our energies.

Love is it, which ties you together, which unites you in the binding and reliable community of your marriage – the love, like the apostle Paul says, which is patient and kind, which does not envy, which is not jealous, which does not insist on its own way. So you can rely on each other on the various stations of your marriage way, you can count on each other every day: Dagmar on Toby, and Toby on Dagmar, all your life.

(2) But, Missis Rettich and Mister Masson, your wedding-bible-text is not a harmless word. There may be times on your common way, in which the words of the ode of love will keep pestering you. Because the ode of love in 1 Corinthians 13 holds a mirror up to you and your communion life as married couple. The ode of love makes clear to you, that human love is not perfect and not inexhaustible. How did the apostle Paul write in the verses of your wedding-bible-text? **"Love is patient, love is kind. It does not envy, it does not boast, it is not proud. It is not rude, it is not self-seeking, it is not easily angered, it keeps no record of wrongs."**

What does Paul here say? *Never* envy, *never* be proud, *never* be rude, *never* be self-seeking, *always* be patient, *always* be kind – oh dear, who from us can live like this every day? If you ask me, I also couldn't do it on every day in our marriage! There are days, on which we are for our partners not gifts, but difficult duties. Our human life has its restrictions and its limitations, and our love also.

(3) The love, which connects you and which you give to each other, dear Missis Rettich and dear Mister Masson, is dependent on the circumstance, that this love itself will be showered again and again from outside. You know and you have learned in your studies, that it's important for the *economy of a firm*, that the receipts must be greater than the spending – normally. It's also important for the *economy of the soul*, that the human being cannot always give and give and give, and forgets to receive itself gifts from outside. Concretely: the love, which connects you two and which you give to each other, this love needs a source of power, which is inexhaustible.

Your wonderful wedding-bible-text, dear married couple Masson, shows you the way to the source of love, which is inexhaustible. Your wedding-bible-text shows you the way to that person, which gives your love again and again new power. Because the great words of Paul in his ode of love in 1 Corinthians 13 – they show you the way to Jesus Christ. Jesus Christ brought the love of God into our world. In Jesus Christ is absolutely true, what Paul tells about love in his famous ode of love. Every description, which Paul gives from love in 1 Corinthians 13, holds true of the person and the life of Jesus Christ. Jesus Christ is patient, he is kind. He does not envy, he does not boast, he is not proud. He is not rude, he is not self-seeking, he is not easily angered, he keeps no record of wrongs. Jesus Christ went the way of the love of God till to the end, till to his death on the cross. But God confirmed Jesus, the guarantor of his love, by letting rise him from the dead – him as first.

You have this way of Jesus Christ in your eyes here in St. Martin's Church during my whole sermon. Because you see behind me the wonderful high altar from 17th century. The altarpieces show you *the Holy Communion*, which gives Jesus Christ to his disciples, and *his death on the cross* – Jesus gives himself for us. And on the top of the altar there is Jesus Christ, *the resurrected*, which shows you his right hand and says: "Peace be with you!"

This will say symbolicly: On your common way as married couple it's important, that you show up over and over again to the resurrected Jesus Christ. Common life succeeds, when Jesus Christ is with you and makes you time and again able to give love to each other. If you include Jesus Christ in your relationship, you succeed – not always, but always better – to give your love that form, which describes Paul in the ode of love.

For example you succeed – not always, but always better – not to be jealous, not envy, not insist on your own way. The following story is told about the famous protestant priest and social education worker Johann Friedrich Oberlin, who lived in Alsace. The priest Oberlin had in his parsonage a painting about his desk, which glimmered bluish, if you look from the right side. And it glimmered reddish, if you look to it from the left side. When a marriage couple came to the priest Oberlin, to speak about the wedding ceremony, Oberlin let sit down the groom on the right side of the painting, and he let sit down the bride on the left side of the painting. Then he asked the two, which shade of color they see in the painting. The groom answered: "It is bluish", and the bride answered: "It is reddish." Then Oberlin ordered the two to change her places, and asked them the same question. Both the groom and the bride had to give now the opposite answers: reddish, the groom; bluish, the bride. Priest Oberlin gave then the following recommendation to the marriage couple: "If you have a difference of opinion or a disagreement in your marriage, don't insist on your own point of view, don't be self-seeking. But remember this situation in front of the painting, which glimmers differently from out different sides. Remember to change your seats over and over again and put yourself into the situation of your husband, of your wife." Because often we see the situation only from *our* point of view, and at once we have disagreement or quarrel with our partner. Over and over again to change our places, always again to put ourselves in the situation of the husband or of the wife – that is a good peace-program for married couples!

Your wonderful wedding-bible-text knows, that all will have an end – but faith, hope and love, they remain. The time of our life is not unlimited – but use the time, which is entrusted to you, to give much love to each other. Because whatever happens, love never ends – so wants it our God. For your common way in marriage, Paul gives you the message: **Meanwhile these three remain: faith, hope and love; and the greatest of these is love.**

I wish you many good experiences with love. And I wish you, that you make together over and over again the wonderful experience, which described Luciano de Crescenzo in poetical words like this: "We are angels with only one wing. We can only fly, if we embrace each other." I wish you many embraces and a blessed time. Amen.

500 Jahre Predigt von der Amanduskanzel[49]

Predigt in der spätgotischen Pfeilerbasilika St. Amandus zu Urach geschieht im Angesicht einer jahrhundertelangen Verkündigung. Schon der Kirchenpatron, Bischof Amandus von Maastricht (7. Jh.), war als Missionsbischof Prediger, Lehrer und Kirchen- und Klostergründer. Wohl um 1100 ist die Amandusverehrung durch Vermittlung des Uracher Grafenhauses nach Urach gekommen, Amandus wurde Patron der kleinen romanischen Kirche im eben angelegten befestigten Marktflecken Urach.[50] Der ums Jahr 1475 begonnene Neubau der Pfarr- und bald darauf Stiftskirche St. Amandus war - aus Bodenfunden bei der letzten Innenrenovierung zu schließen - mindestens der vierte Sakralbau an dieser Stelle. Wer als Prediger die Kanzel der ums Jahr 1501 vollendeten Uracher Amanduskirche betritt, hält seine Predigt im Angesicht einer fünf Jahrhunderte umfassenden Predigtgeschichte. Die Amanduskirche konfrontiert den Prediger mit der seelsorgerlichen Langzeitwirkung der Predigtarbeit vieler Generationen von Predigern vor ihm und insbesondere mit den bis auf seine Tage hin überlieferten Predigten berühmter Vorgänger.

Eine ganz prägende Zeit waren die vierzig Jahre von 1477 bis 1517, in denen neben der Amanduskirche im Uracher Brüderhaus vierzehn Brüder vom gemeinsamen Leben, auch Fraterherren genannt, lebten und das kirchliche Leben in der neu entstehenden Amanduskirche prägten. Graf Eberhard im Bart (1445-1496), seit 1459 Regent der südlichen Hälfte der damals geteilten Grafschaft Württemberg, hatte die Brüder vom gemeinsamen Leben zur Erneuerung des geistlichen Lebens und als Träger kirchlicher Reformen ins Land gerufen. Die Brüder vom gemeinsamen Leben traten ab der Mitte des 14. Jahrhunderts am Niederrhein ins Licht der Geschichte. Sie wußten sich intensivem Bibelstudium und ernsthafter Nachfolge Christi verpflichtet. In Brüderhäusern führten sie ein kommunitäres Leben, das sie durch Abschreiben von liturgischen und wissenschaftlichen Büchern finanzierten. Um sie in Urach

---
[49] Vortrag im Rahmen des 500/100-Jahr-Jubiläums der Stiftskirche St. Amandus in Bad Urach 2001 (500 Jahre mittelalterliche Bauvollendung, 500 Jahre Kanzel, 100 Jahre Vollendung Dolmetsch-Renovierung, 100 Jahre Weigle-Orgel)
[50] Vgl. Fritz Kalmbach, Die Kirchenpatrone Amandus und Maria, in: Friedrich Schmid (Hg.), Die Amanduskirche in Bad Urach, S. 53ff.

ansiedeln zu können, genehmigte Papst Sixtus IV. auf Bitten Graf Eberhards in der päpstlichen Bulle vom 1. Mai 1477 die Erhebung der Uracher Pfarrkirche in den Rang einer Stiftskirche. Stiftskirche deshalb, weil Graf Eberhard durch Stiftungen, Pfründen und Steuerprivilegien die materielle Grundlage für die nun größere Anzahl von Geistlichen an der Amanduskirche schuf. Dazuhin wurde die Stadtpfarrei der Stiftskirche inkorporiert (einverleibt), wodurch der Stiftspropst, später der Propst der Chorherren, das Amt des Stadtpfarrers innehatte; ferner wurden ihr sämtliche Uracher Kaplaneipfründen inkorporiert.

Am 16. August 1477 wurde der neu errichtete Chor der Stiftskirche St. Amandus feierlich den Brüdern übergeben. Die Stiftskirche diente ihnen als Kollegiatkirche, in der sie in 'kollegialer' Ordnung ihr gemeinsames geistliches Leben in Stundengebeten und Kapitelsitzungen praktizierten und von der aus sie den Pfarrdienst in der Stadt wahrnahmen. Neben der Amanduskirche entstand auf dem Gelände des aufgelassenen ältesten Uracher Friedhofs in den Jahren 1477-1482 das Uracher Brüderhaus. Von hier aus gründeten die Brüder weitere württembergische Niederlassungen, und zwar in Herrenberg, Dettingen/Erms, Tachenhausen (bei Nürtingen), Tübingen, Sindelfingen und das Stift St. Peter auf dem Einsiedel im Schönbuch bei Tübingen. Ihre führende Persönlichkeit war Gabriel Biel (1410-1495), einer der großen Theologen des späten Mittelalters und Propst (lat. propositus = Vorgesetzter) des Brüderhauses im hessischen Butzbach, wo er mit Eberhard zusammentraf und das Vertrauen des Grafen gewann. Seit 1479 Propst des Uracher Brüderhauses, wirkte er zugleich als Theologieprofessor an der von Graf Eberhard am 3. Juli 1477 gegründeten Universität Tübingen und trug dazu bei, dass sich in Württemberg der Humanismus und eine reformfreudige, biblisch orientierte Frömmigkeit wirkmächtig verbanden. Ab 1492 leitete er das vom Grafen besonders geförderte Brüder-Stift St. Peter auf dem Einsiedel im Schönbuch - sein und des Grafen späterer Begräbnisort.

Nach Graf Eberhards Willen sollten die Brüder in den pfarramtlichen Dienst seiner Residenzstadt treten, d.h. „Gott dem almechtigen gerüwiglich gedienen und dem volk mit meßlesen, predigen, bichthören und anderen sacramenten dienen." Die Predigt spielte also in der pastoralen Existenz der Brüder eine gewichtige Rolle. Entsprechend aufwändig wurde der Ort der Predigt, die Kanzel, in der Amanduskirche von den Brüdern in Auftrag gegeben.

Ausgeführt und im Jahr 1501 vollendet wurde die Kanzel von Steinmetz-Meister Anton aus der Werkstatt des Peter von Koblenz, des langjährigen Baumeisters der Amanduskirche.[51]

In den Nischen der Kanzelbrüstung sitzen die vier Kirchenlehrer der westlichen Kirche an Pulten und wachen über die Reinheit der Lehre, die von der Kanzel gepredigt wird. Von links her sehen wir Ambrosius (339-397), Bischof von Mailand, Papst Gregor den Großen (540-604), Hieronymus (340-420) mit Kardinalshut, begleitet vom Löwen, aus dessen Pfote er einen Dorn gezogen hat, und schließlich Augustinus (354-430), Schüler des Ambrosius und Bischof in Hippo Regius in Nordafrika. Augustin ist vom Rang her der niedrigste und deshalb kleiner als die drei anderen Kirchenlehrer dargestellt. Von seiner geistig-geistlichen Ausstrahlung jedoch ist er der bedeutendste Theologe der christlichen Antike, an dessen Lehrgebäude und Lebensregeln sich die Brüder orientierten. Der Bildhauer hat ihn dadurch hervorgehoben, dass über seiner Nische sieben traubentragende Weinreben ranken. Die Siebenzahl symbolisiert den Heiligen Geist und die Fülle der Geistesgaben. Im fünften Brüstungsfeld steht, der lateinischen Inschrift zufolge, „Can(cellarius) p(ar)isie(nsis) Gerson", also der Pariser Universitätskanzler und Theologe Johannes Gerson (1363-1429). Auf dem Konzil zu Konstanz (1414-1418) hatte er die Brüder gegen heftige Angriffe des Dominikaners Matthäus Grabow verteidigt. Zum Zeichen des Dankes verewigten ihn die Brüder auf Anregung Gabriel Biels an der Uracher Kanzel.

Am hinteren Stuhlbein Augustins, dem 'Haus-Theologen' der Brüder, und in unmittelbarer Nachbarschaft zu ihrem Verteidiger Gerson, fällt die kleine Statuette des Heiligen Georg auf, der mit seiner Lanze den Drachen tötet. Graf Eberhard, der der Rittergesellschaft St.-Georgs-Schild angehörte, vertraute sich nicht nur dem Schutz Georgs an, sondern ließ sich auch selbst in der Georgs-Figur darstellen. Dass Georg = Eberhard dem Sessel Augustins angegliedert ist, über dem der Weinstock Frucht trägt, ist der Schlüssel zur programmatischen Aussage der Uracher Kanzel. Sie

---

[51] Vgl. dazu Karl Halbauer, Predigstül. Die spätgotischen Kanzeln im württembergischen Neckargebiet, Stuttgart 1997, darin: Urach, Amanduskirche, S. 303-322.

thematisiert das fruchtbare Zusammenwirken Eberhards und der Brüder im Kampf gegen das Böse und Chaotische zum Wohl des Landes und der Kirche - durch das biblische Wort, das die Brüder predigen, und durch die staatliche Gewalt, die der Landesherr ausübt. [52]
Durch das vierzigjährige Wirken der Brüder vom gemeinsamen Leben in Urach und in Württemberg wurde das Kanalbett gegraben, in das dann wenige Jahrzehnte später das frische Wasser der Reformation einströmen konnte.

Nach dem Tod des 1495 zum Herzog erhobenen Eberhard (†1496) änderten sich die politischen Verhältnisse grundlegend. Seit 1503 regierte Herzog Ulrich in Württemberg. Seine aufwändige Hofhaltung führte zu einer finanziellen Krise, in der die Landstände, Prälaten und Städte sich ihre Hilfe mit Zugeständnissen vergüten ließen, die 1514 im Tübinger Vertrag festgelegt wurden. In den Durchführungsbestimmungen wurde unter anderem festgelegt, dass die Brüderstifte aufgehoben und in weltliche Chorherrenstifte umgewandelt würden. Dadurch wurde es möglich, die Stifte über Steuern an der Schuldentilgung zu beteiligen und dem Landesherrn die freie Besetzung der Pfründen zu ermöglichen. Ein Teil der freiwerdenden Pfründen wollte Herzog Ulrich zur Finanzierung seiner Hofkapelle verwenden. 1516 bewilligte Papst Leo X. die Bitte Ulrichs, die Einrichtungen und die Lebensweise der Brüder vom gemeinsamen Leben aufzuheben, und die Brüderstifte in Urach und Herrenberg in weltliche Chorherrenstifte umzuwandeln, was im Spätjahr 1517 in die Tat umgesetzt wurde. Fortan sollten die Chorherren für sich ihren eigenen Haushalt führen.

Das neue, weltliche Uracher Chorherrenstift war mit zwölf Personen besetzt - ein Teil davon ehemalige Brüder vom gemeinsamen Leben: An der Spitze stand der Propst, dem als Inhaber des Pfarramts zugleich die Seelsorge der Stadt oblag. Dazuhin sechs

---

[52] Vgl. Monika Ingenhoff-Danhäuser, Die Kanzel, in: Friedrich Schmid (Hg.), Die Amanduskirche in Bad Urach, S. 101-109

Kanoniker oder Chorherren, des weiteren einen Prädikanten/Prediger, der ein siebtes Kanonikat inne haben soll. Und schließlich noch vier Vikare.

Mit der Einrichtung der Stelle eines Prädikanten bzw. (Früh-)Predigers im Spätjahr 1517, die der Rat von Urach zu verleihen hatte, wurde auch in Urach das im späten Mittelalter vorwiegend in süddeutschen Städten aufgekommene Amt des Prädikanten eingeführt.

Dieses Prädikantenamt verdankt seine Etablierung dem Bedürfnis gebildeter Bürger nach qualifizierten und schriftgemäßen Predigten, dem - von etlichen rühmlichen Ausnahmen abgesehen - das Gros der Meßpriester wegen mangelnder Bildung nicht gerecht zu werden vermochte. Zwischen dem Ende des 14. und Anfang des 16.Jahrhunderts wurden im Bereich des damaligen Württemberg insgesamt 45 dieser besonderen Predigtstellen, Prädikaturen genannt, gestiftet, auf die sprachlich und theologisch gebildete Universitätsabsolventen berufen wurden. Die Stiftungsurkunden der Prädikaturen verlangen als Voraussetzung zur Übernahme des Prädikantenamtes einen akademischen Grad und machen dem Prädikanten das Studium der Heiligen Schrift und die theologische Weiterbildung, für die gegebenenfalls Studienurlaub gewährt wird, zur Pflicht. So ist es verständlich, dass nicht wenige der vorreformatorischen Prädikanten den Aufbruch der Reformation sehr früh wahrnahmen und selbst Träger und fähige Verkündiger der neuen Gedanken wurden, wie etwa Alber in Reutlingen, Brenz in Schwäbisch Hall, Ökolampadius und Schnepf in Weinsberg und Mantel in Stuttgart. Und so verwundert es auch nicht, dass in der Reformationszeit in Württemberg die Grundentscheidung getroffen wurde, nicht Luthers Deutsche Messe, sondern den spätmittelalterlichen oberdeutschen Prädikantengottesdienst mit seiner radikalen Konzentration auf die Predigt als sonntäglichen Hauptgottesdienst zu übernehmen, eine Grundentscheidung, die in den Jahrhunderten seit der Reformation dazu führte, dass das evangelische Württemberg und die hier gefeierten Gottesdienste ihre Identität in ganz wesentlichem Maße in der Predigt fanden.

Die Prädikaturen sind meist an der Zentralkirche, der Pfarrkirche der betreffenden Stadt angesiedelt. Der Prädikant ist zwar nicht der einzige Prediger - insbesondere auch der parochus (Pfarrherr) hat das Recht zu predigen, und ihm gegenüber soll der Prädikant zurücktreten -, aber er gilt doch als der „Erst-" oder „Hauptprediger", nach mittelhochdeutschem Sprachgebrauch „Frühprediger". Vornehmste Aufgabe des „Früe predigers" ist eben die „Früepredig", also die Hauptpredigt, an der Hauptkirche (Frühkirche). Diese Frühpredigt konnte zwar - wie es der neuhochdeutsche Sprachgebrauch assoziieren läßt - tatsächlich wie im Falle Reutlingens am frühen Morgen ihren Ort haben, vorwiegend jedoch war die Predigtstunde für die Prädikaturen der Nachmittag „nach dem Imbiss". Es ist ein intensiver Predigtdienst, der im Stiftungsbrief der Prädikatur genau festgelegt ist; bei örtlichen Besonderheiten kann bei den Predigttagen als gewisser Grundstock gelten: die Sonntage, die hohen Feste, die Marientage und die Aposteltage.[53]

Als nach der Rückkehr Herzog Ulrichs nach Württemberg 1534 die Reformation begonnen wurde, wurde eine Bestandsaufnahme aller Pfründen im Land, ihrer

---

[53] Vgl. dazu: Martin Hauff, Theophil Askani, Stuttgart 1998, S. 174ff (Frühprediger an der Marienkirche)

Inhaber und Patronatsherren angeordnet, um für die Neuordnung die nötigen Kenntnisse zu haben. In diesem Zusammenhang wird die Prädikatur bzw. Frühpredigerstelle an der Amanduskirche erwähnt, die der Prädikant Hans Klaß innehatte. [54] 1535 wird das weltliche Chorherrenstift aufgehoben, die Chorherren erhielten, sofern sie der Reformation positiv gegenüberstanden, eine Abfindung, die anderen gingen in katholisch gebliebene Gebiete.

Schon im Jahr 1534 besetzt Herzog Ulrich die Prädikantenstelle neu mit Magister Wenzeslaus Strauß aus Alzey in der linksrheinischen Pfalz. 1508 in Heidelberg immatrikuliert, hatte er 1518 Luthers Disputation in Heidelberg erlebt. 1518/19 war er Dekan der Artistenfakultät und wurde später Hofprediger des Pfälzer Kurfürsten. 1526 wegen seiner reformatorischen Einstellung mit einer Pension entlassen, kam er in Kontakt mit Herzog Ulrich und gewann dessen Vertrauen, so dass dieser ihn schon im September 1534 als Prädikant an der Amanduskirche anstellte und ihn 1540 auf Lebenszeit auf diese Stelle ernannte. Eine interessante Verbindung Heidelberg - Urach! Neben Wenzeslaus Strauß wirkten Diakone, ebenso durch das Interim vertriebene Geistliche, die an der Amanduskirche Zuflucht fanden.
Nach dem Tod von Wenzeslaus Strauß und der Beendigung des Interims 1553 wurde die - bisher vakante - Pfarrstelle an der Amanduskirche mit Johann Otmar Mailänder besetzt, der zugleich Spezialsuperintendent für den Bezirk Urach wurde. Neben ihm amtete ein „Helfer" bzw. Diakon, der spätere Stadtpfarrer. [55]

Am 10. September 1537 hatte in Urach ein theologisches Symposion mit führenden württembergischen und südwestdeutschen Reformationstheologen zur Frage des Umgangs mit Bildern stattgefunden, der später so genannte „Uracher Götzentag". Das Lager um Ambrosius Blarer, den Reformator des Landes ob der Steig, votierte dafür, alle Bilder aus den Kirchen zu entfernen. Das Lager um Erhard Schnepf, den

---

[54] Vgl. dazu Julius Rauscher, Die Prädikaturen in Württemberg vor der Reformation, S. 156.204
[55] Vgl. Hermann Ehmer, Die Amanduskirche in der Zeit der Reformation, in: Die Amanduskirche in Bad Urach, S. 43-52.

Reformator des Landes unter der Steig, darunter Johannes Brenz, der Uracher Stadtpfarrer Wenzeslaus Strauß und der Reutlinger Prädikant Matthäus Alber, nahm eine moderatere Haltung ein und sprach sich dafür aus, nur die ärgerlichen Bilder abzuschaffen, „aber die in der Schrift gegründt und Denkzeichen seynd, die mög man gedulden." Eine Einigung der Theologen war nicht möglich, so dass man die Entscheidung dem Herzog anheimstellen musste, der offensichtlich im Sinne Blarers entschied.

Als Folge des Uracher Götzentages wurden Altäre aus den Kirchen entfernt und Erinnerungen an die katholische Zeit getilgt. Kirchenlehrer-Darstellungen auf spätgotischen Kanzeln wurden entweder ganz rabiat abgeschlagen, mancherorts begnügte man sich mit der Entfernung der katholischen Insignien und drapierte nach Entfernung von Bischofsmütze, Tiara oder Kardinalshut die Haare nach. Aus der Tatsache, dass die Uracher eine besonders liebenswürdige Form des Umgangs mit der Kanzel fanden, darf man vielleicht schließen, dass sie mit der Predigtarbeit, die ihnen bisher von dieser Kanzel zuteilwurde, offenbar zufrieden waren. Jedenfalls schuf um 1540/50 der Uracher Bildhauer Joseph Schmid einen Brüstungsaufsatz, auf dem

Kanzelaufsatz 1540/50

die vier Evangelistensymbole abgebildet waren, und setzte ihn auf den Kanzelkorb. So konnten die vier Kirchenlehrergestalten sekundär als Evangelisten aufgefasst werden - und was könnte ein überzeugter Evangelischer gegen die Evangelisten in seiner Kirche haben? Für den Hengener Pfarrer Gratianus, der 1817 eine Kirchenbeschreibung der Amanduskirche verfasste, lag jedenfalls diese Deutung auf der Hand. Bei ihm lesen wir: „Sonderbare Bildhauerarbeiten im mönchischen Geschmacke des fünfzehnten Jahrhunderts zeichnen den Taufstein und die Canzel aus, welche beede von hartem Sandstein sind...auffallend...sind die Figuren, welche die fünf Nischen der Canzel ausfüllen; die Hauptfiguren sollen nach den über ihnen angebrachten symbolischen Zugaben und Namen die vier Evangelisten vorstellen, womit der Künstler, wahrscheinlich ein Mönch, die Darstellung der vier höchsten geistlichen Würden verband: Matthäus ist im Pabsts-, Johannes im Cardinals-, Marcus im Bischofs-, und Lucas im Prälaten-Habit abgebildet, die fünfte Figur ist endlich ein Geistlicher mit der Unterschrift: S. Pitie Geilan."[56]

Erst nach rund 350 Jahren, bei der großen Innenrenovierung der Amanduskirche unter Oberbaurat Heinrich Dolmetsch, wurde der Brüstungsaufsatz als sekundäre Zutat erkannt und abgenommen und als „Werktagskanzel" im Chor aufgestellt, die einst von den Brüdern vom gemeinsamen Leben konzipierte und in Auftrag gegebene Kanzel wieder in ihren Originalzustand gebracht und um einen Pfeiler nach Osten versetzt - mitsamt dem hölzernen Schalldeckel aus dem Jahr 1632.[57]

Seit der Reformation bestehen zwei Pfarrstellen an der Amanduskirche: die erste Stadtpfarrei, zugleich Superintendenz bzw. Dekanat; und das Diakonat bzw. (seit 1891) die zweite Stadtpfarrei. Dekan und Stadt- bzw. Amanduspfarrer teilen sich den Predigtdienst auf der Amanduskanzel. In regelmäßigen Abständen predigte der Ephorus des Seminars Urach, das bis 1977 im „Mönchshof", dem an die Amanduskirche angebauten einstigen Wohnbereich der Brüder vom gemeinsamen Leben, bestand. In seine Fußstapfen ist der Leiter des Stiftes Urach getreten, des 1980 eingerichteten Einkehrhauses der Landeskirche. Außerdem predigen die dem Dekan zugeordneten Pfarrer und Pfarrerinnen zur Anstellung sowie Ausbildungsvikarinnen, dazuhin eine Reihe von Gastpredigern.

---

[56] C. C. Gratianus, Die Pfarrkirche St. Amandi zu Urach, 1817, S. 23
[57] Vgl. Karl Halbauer, aaO., S. 312f.; vgl. ferner: Monika Ingenhoff-Danhäuser, Die Kanzel, in: Die Amanduskirche in Bad Urach, S. 101ff.

Aus der langen Reihe der Dekane - der gegenwärtige Amtsinhaber ist der 42. seit der Reformation - und der Pfarrer - der gegenwärtige Amanduspfarrer und Verfasser dieser Zeilen ist der 67. seit der Reformation[58] - sei an dieser Stelle nur erinnert an die Wirksamkeit von Karl Hartenstein (1894-1952), der 1923-1926 als Stadtpfarrer in Urach wirkte, dann Direktor der Basler Mission wurde und von 1941-1952 Prälat für den Sprengel Stuttgart war.

In dem von seinen Söhnen verfassten Lebensbild heißt es: „Am 15. Mai 1923 fand die Trauung von Karl Hartenstein mit Margarete geb. Umfrid in der Canstatter Lutherkirche durch den Schwager statt. Schon zehn Tage danach zog das junge Paar in die erste ständige Pfarrstelle, die Karl Hartenstein in Urach, dem wunderschön gelegenen, alten Grafenstädtchen am Fuß der Schwäbischen Alb, angetragen wurde. Von Abordnungen der Gemeinde wurden sie am Bahnhof empfangen und in die Wohnung im ehrwürdigen alten Schloss geleitet. Am Sonntag darauf war die Amtseinführung des neuen Stadtpfarrers in der herrlichen, gotischen, um das Ende des 15. Jahrhunderts erbauten Amanduskirche.

‚Wir predigen nicht uns selbst, sondern Jesus Christus, dass er sei der Herr' war der Text der Eingangspredigt des neuen Pfarrers. Es war das gleiche Bekenntnis wie vor zwei Jahren in dem Brief an die Eltern: Nicht über ihn, sondern Jesus selbst will ich verkündigen!

Schon damals vertiefte er sich mit brennendem Herzen in das letzte Buch der Bibel, die Offenbarung, sie so verhüllt und geheimnisvoll vom Handeln Gottes mit dieser Welt und von der Wiederkunft Christi redet und darum ständig Anlass zu Fragen und Missverständnissen gibt. Karl Hartenstein kam nicht los von diesem rätselhaften Buch mit sieben Siegeln, bis hinein in seine letzte Lebenszeit, und schon dort in seiner ersten Gemeinde wurden die Grundsteine gelegt für das Buch, das ihm am meisten am Herzen lag und den Titel trägt: ‚Der wiederkommende Herr'. Bis tief in die Nächte hinein saß der junge Pfarrer beim Studium; es war über allem Versuch

---

[58] Der Verfasser, Martin Hauff, war bis 2007 Pfarrer an der Amanduskirche; sein Nachfolger wurde 2008 Wilhelm Keller. Dekan Harald Klingler wurde am 2. Advent 2013 verabschiedet; sein Nachfolger, Dekan Michael Karwounopoulos, wurde am 1. Advent 2014 investiert.

einer Deutung und aller Ehrfurcht vor dem Unergründlichen dieses letzten Bibelbuches eine Sehnsucht in ihm, 'dass der Herr komme'. Es lag nichts endzeitlich Schwärmerisches darin; im Gegenteil, diese Sehnsucht erwuchs aus einer Arbeit in nüchterner Klarheit und im Wissen um die Gefahr, dabei in Spekulationen zu verfallen...

Außer der Offenbarung galt seine Arbeit auch dem rechten Verständnis des Alten Testaments. In jener Zeit wurden seine beiden kleinen Hefte „Der Prophet Amos" und „Salomo, der Prediger" gedruckt. Die Theologie Karl Barths hatte unverkennbar auch in Urach ihre Auswirkungen auf den jungen Pfarrer und seine Arbeit. Vor allem in seinen Predigten beeinflusste ihn die Lehre des großen Theologen stark." [59]

Albrecht Goes (1908-2000), der schwäbische Pfarrer, Dichter und Schriftsteller, gehörte der Promotion 1924/26 des von 1818 bis 1977 bestehenden niederen evangelisch-theologischen Seminars Urach an. In seinem Rückblick „Ich denke an Uracher Jahre", schreibt er über Karl Hartenstein:

„Der sonntägliche Gottesdienstbesuch war ungeschriebenes Gesetz, und es gab keine Rebellion. Freilich waren die Primaner keine Engel, sondern mitunter recht scharfzüngige Frechlinge, die beim Mittagessen schon einmal die Predigt verreißen konnten. Aber alle vierzehn Tage stand Karl Hartenstein auf der Kanzel, und da gab es nichts zu persiflieren. Die Predigt: wie entwickelt sich das: erstens, zweitens, drittens? Wann wird das Thema gesagt? Wie steigert sich die Deutung auf den Schluss zu? Wie wird nicht vieles, sondern eines gesagt? Wir hörten zu; wir lernten; und als ich in kleiner Runde einmal dekretierte: 'Predigt? Entweder wie Hartenstein oder gar nicht', widersprach mir niemand." [60]

Der Prediger und die Predigerin in der Amanduskirche stehen in einer langen Reihe von Zeugen des Evangeliums vor und neben ihm. Sie alle haben ihre Spuren in den

---

[59] Hermann und Markus Hartenstein, Im Dienst des unüberwindlichen Herrn. Das Leben Karl Hartensteins, Stuttgart 1953, S. 30-36.
[60] Albrecht Goes, Ich denke an Uracher Jahre, in: Das Evangelisch-theologische Seminar Urach 1818-1977, Metzingen 1991, S. 142-146, dort: S. 144.

Kirchenraum eingezeichnet und auf der Kanzel hinterlassen.[61] Wenn der Prediger sich anschickt, die Kanzeltreppe zu besteigen, blickt ihm die Gestalt des Kanzlers Gerson entgegen, dessen erhobene rechte Hand ihn gemahnt: „Du, Prediger, unsere Zeit ist voll von Belanglosigkeiten. Sei dir bewusst, dass Du mit der Predigt des Evangeliums Belangvolles zu sagen hast." Und oben auf der Kanzel macht ihm die fünfhundertjährige Predigtgeschichte bewusst: „Du bist nicht der Erste, der das Evangelium nach Urach bringt." Brüder vom gemeinsamen Leben, Chorherren und Prädikanten, Pfarrer und Dekane seit der Reformation haben zu je ihrer Zeit zu sagen versucht, was vom Evangelium her zu sagen ist. Bis heute geht es darum, die Ermutigung und den Trost des Textes in der Predigt weiterzugeben, 'mit den Müden zu rechter Zeit zu reden', wie es beim Jesajapropheten einmal heißt. Möchte die Amanduskanzel auch in Zukunft ein Ort sein, an dem das biblische Wort klar und verständlich ausgelegt und sein Trostpotential freigelegt wird.

---

[61] Ich habe vom Heidelberger Ferienseminar 06.-09.09.1998 her den Vortrag von Prof. Dr. Klaus Raschzok im Ohr mit dem Titel: „Spuren im Kirchenraum". Als Beispiele für solche Spuren im Kirchenraum erwähnte er die Pfarrerbilder in so mancher Sakristei. „Wer hat vor mir hier alles gewirkt, wenn ich aus der Sakristei trete? In Nördlingen St. Georg war es insbesondere die ausgetretene steinerne Treppe hinauf zur Kanzel, die seit 1499 benutzt wurde, die diesen Vorgang bewußt machte. Dort auf der Treppe blieben die addierten Spuren auch sinnlich wahrnehmbar, mit den Füßen. Man mußte ungeheuer vorsichtig im Talar auf die Kanzel hochgehen. Die Stufen waren ausgetreten. Sie trugen die Spuren der Vorgängerinnen und Vorgänger, die seit 1499 dort kontinuierlich im evangelischen Sinn verkündigt hatten." (Raschzok, in: Die Predigt der Steine, Reader zum Praktisch-theologischen Ferienseminar 06.-09.09.1998, S. 35-69, dort S. 48).

Sternstunden evangelischer Predigt in der Langenauer Martinskirche [62]

Am Vorabend der Reformation waren in dem seit 1377 zur Reichsstadt Ulm gehörenden Oberamts- und Marktflecken Langenau fünf Geistliche tätig. Drei davon wirkten an der Martinskirche, der zentralen Pfarrkirche, deren Ursprungsbau im frühen Mittelalter auf Resten eines römischen Tempels errichtet worden war. Die drei Geistlichen waren der Pfarrer, der Frühmessner, der die 1445 von der Gemeinde in die Pfarrkirche gestiftete Frühmesspfründe innehatte, sowie der Prediger, der das von Pfaff Vetscheler 1468 in die Pfarrkirche gestiftete Prädikantenamt ausübte. [63] Nachdem sich eine überwältigende Mehrheit der stimmberechtigten Bürger der Reichsstadt Ulm im November 1530 für die Einführung der Reformation ausgesprochen hatte, setzte der Ulmer Rat das Reformationswerk an Pfingsten 1531 in Gang, sehr bewusst am Geburtstag der Urkirche. Die drei fähigsten oberdeutschen Theologen und Kirchenorganisatoren Johannes Oekolampad (Basel), Martin Bucer (Straßburg), und Ambrosius Blarer (Konstanz) sollten auf Geheiß des Ulmer Rats das Ulmer Landvolk von Pfingstsonntag bis Pfingstdienstag mit der Predigt des lauteren Evangeliums erbauen. Ursprünglich waren als Predigtstätten die drei Mittelpunktsorte des Ulmer Landes, Langenau, Leipheim und Geislingen, vorgesehen. Für die praktische Durchführung wurden dann noch die Orte Bernstadt, Weidenstetten, Nellingen und Gingen/Fils hinzugenommen, so dass nach einem genauen Plan die drei auswärtigen Theologen und der Ulmer Prediger Konrad Sam auf sieben Kanzeln die evangelische Lehre in der Predigt erläuterten. Die gesamte Bevölkerung des ausgedehnten reichsstädtischen Territoriums, dessen Durchquerung noch heute mit der Regionalbahn eine Stunde dauert, wurde durch die Amtleute in die Kirche beordert. Eine Geldstrafe wurde angedroht, falls jemand den Gottesdienstbesuch versäume. Nach Langenau wurde Johannes Oekolampad eingeteilt, der Basler Reformator, dessen Statue bis heute vor dem Basler Münster steht.

---

[62] Die Kapitelüberschrift entstand in Anlehnung an Michael Heymel/Christian Möller, Sternstunden der Predigt. Von Johannes Chrysostomus bis Dorothee Sölle, Stuttgart 2010.
[63] Vgl. dazu: Beschreibung des Oberamts Ulm, hg. von Ober-Finanzrath von Memminger, Stuttgart/Tübingen 1836 (Neuausgabe 1974), S. 198f.

Oekolampad betrat am Pfingstmontag, 29. Mai 1531, am Morgen um 6 Uhr, die Kanzel der Martinskirche und hielt im Lauf des Tages mehrere Predigten, in denen er die Langenauer mit den Grundzügen evangelischen Glaubens bekannt machte.

Jedenfalls kann resümiert werden: „So war über Pfingsten 1531 eine große Bewegung, leiblich und geistig verstanden, im Ulmer Land."[64] Mit jedem Prediger ritten ein oder zwei Ratsleute, die Brot mit sich führten, damit man es den von auswärts kommenden Landleuten auf Staatskosten verteile, so dass sie nicht unterwegs schwach würden. Ehe in Langenau Oekolampad mit seiner Predigt anfing, ermahnte der Bürgermeister die Leute zu fleißigem Aufmerken: Es würde ihnen jetzt das klare Evangelium verkündigt werden, was, so sagte der Bürgermeister ganz direkt, die altgläubigen, eigennützigen Pfaffen bisher versäumt hätten.[65]

Als der Reformator Johannes Ökolampad an Pfingsten 1531 in der Martinskirche predigte, sah der Innenraum deutlich anders aus als heute. Es können nur Mutmaßungen angestellt werden, ob die Kanzel seinerzeit am Übergang vom Chor zum Schiff angebracht war – wir wissen es nicht. Was wir wissen, ist, dass im Jahr 1646, in der Schlussphase des 30jährigen Krieges, 300 Franzosen mit ihren Pferden in der Martinskirche übernachteten, Feuer in der Kirche machten und dabei große Teile der hölzernen Ausstattung verbrannten. Im Zuge des barocken Umbaus der Kirche 1668/69 wurde der Großteil des heutigen Inventars geschaffen, darunter die beeindruckende Kanzel mit einem Engel, der den Kanzelkorb trägt, und einem Schalldeckel mit den Aposteln Petrus und Johannes.[66] Johannes steht in tänzerischer Leichtigkeit auf der Spitze des Schalldeckels, bewegt vom Wort, das im Anfang war und durch das alles geschaffen wurde. Petrus sitzt im Schalldeckel, er hat die Schlüssel aus der Hand gelegt.[67] Hans-Ulrich Agster, Pfarrer von 1996 bis 2007 an der Martinskirche, schreibt dazu in einer Meditation:

„Über der Kanzel sitzt du / sympathischer Petrus / ohne Schlüsselgewalt. / Durch keine Gewalt / nur durch Worte / soll sich etwas lösen / von hier sollen Menschen

---

[64] Julius Endriß, Das Ulmer Reformationsjahr 1531 in seinen entscheidenden Vorgängen; Ulm 1931, dort S. 23f; ferner: Monika Hagenmaier, Vom hohen Turm. Ausblicke auf 500 Jahre kirchliches und politisches Leben in Langenau. Festvortrag zum Jubiläum 500 Jahre Turm der Martinskirche Langenau am 21. Juni 1991, Langenau 1992, S. 8-12; Uwe Schmidt, Die Geschichte der Stadt Langenau von den Römern bis heute, Stuttgart 2000, S. 450ff.
[65] Julius Endriß, a.a.O., S. 24
[66] Vgl. Horst Palm, Die Martinskirche, das Wahrzeichen Langenaus, in: Ulrich Klemm u.a., Langenau, Ulm 2009, S. 58f.
[67] Vgl. Hans-Ulrich Agster, Die Martinskirche in Langenau, Langenau 2003, S. 5-9

etwas hören / was ihnen den Himmel öffnet / auf dieser Erde / mitten unter uns / und jenseits unseres begrenzten Horizonts." [68]

Dass die Worte von dieser Kanzel etwas in den Hörerinnen und Hörern lösen, ihre Seelen berühren und ihnen ein Stück Himmel eröffnen, ist mein Wunsch und meine Bitte.

Zweier Prediger sei abschließend gedacht, die mit ihren Predigten auf der Martinskirchen-Kanzel die Gemeinde Sternstunden evangelischer Predigt erleben ließen.

1975 bis 1986 wirkte Gerhard Keitel als Pfarrer an der Martinskirche. Sein Schwiegervater **Ernst Fuchs**, der 1961 bis 1970 als Professor für Neues Testament und Hermeneutik in Marburg gelehrt hatte, führte in seiner Predigt über 1. Korinther 9, 19-23 im Juni 1977 aus: „Die Freiheit des Glaubens ist gleichzeitig Freiheit zum

---

[68] Hans-Ulrich Agster, Die Martinskirche in Langenau, Langenau 2003, S. 8

Glauben. Sie führt uns nicht aus dem Reich der Angst heraus, sondern wird uns inmitten aller Angst beschert wie ein Glockenläuten. Jetzt verstehen wir, dass wir nicht dies und das, auch nicht den Tod, zu fürchten hatten, sondern den richtenden Gott. Da schwindet Menschenfurcht, um der Gottesfurcht Platz zu machen. Wir werden nicht furchtlos – sonst wäre die neue Erde da –, sondern in jeder Furcht sind wir gefragt, ob wir Gott für uns oder gegen uns haben. Wer das weiß, der kann seinen Nächsten nicht mehr übergehen oder gar verlassen, sondern ist gehalten, ihm zur Seite zu stehen und bei ihm zu bleiben. Angesichts des Evangeliums sind wir alle Schicksalsgefährten, nicht bloß aufeinander, sondern miteinander auf Gnade restlos angewiesen."[69]

Mehrfach hat in der ersten Hälfte der 1970er-Jahre der damalige Ulmer Dekan *Theophil Askani*, dessen Leben und seelsorgerlichem Predigtwerk ich zu Beginn dieser Sammlung zwei Betrachtungen gewidmet habe, in Langenau auf der Kanzel der Martinskirche gepredigt[70], was vor Ort noch gut im Gedächtnis ist und was mich umso mehr freut, als ich den Predigten Theophil Askanis viele weiterführende Impulse für mein eigenes Predigen verdanke. Bei meiner Investitur in der Langenauer Martinskirche am 9. September 2007 sagte mir Dekan i.R. Gottfried Dinkelaker als Zeugenwort: „Lieber Martin Hauff, Sie dürfen heute mit getrostem und festem Schritt den Weg in Ihr neues Amt beginnen. Von diesem festen Schritt und besonders von der Gnade des festen Herzens hat unser väterlicher Freund und Lehrer Theophil Askani hier in Langenau gesprochen – es war in seiner Silvester-Predigt Ende 1974, also auch wie jetzt bei einem Schritt vom Alten zum Neuen: ‚Das feste Herz hängt mit dem Gefasstsein zusammen. Und Gefasstsein kann ja ein Doppeltes heißen: Mut

---

[69] Ernst Fuchs, Predigt über 1. Korinther 9,19-23, gehalten in Langenau am 5. Juni 1977, abgedruckt in: Ernst Fuchs, Freude an der Predigt, herausgegeben von Gerlinde Hühn, Christian Möller und Kristlieb Adloff, Neukirchen 1978 (zum 75. Geburtstag von Ernst Fuchs am 11. Juni 1978), S. 226-230, dort S. 228f.; ferner: Eva-Maria Keitel geb. Fuchs, Die letzten Jahre meines Vaters in Pfullingen und Langenau (1973-1983), in: Christian Möller (Hg.), Freude an Gott. Hermeneutische Spätlese bei Ernst Fuchs (Beiträge eines Symposions zum Gedenken an den 100. Geburtstag von Ernst Fuchs, 20.-22. Juni 2003 auf Burg Beilstein bei Heilbronn), Waltrop 2003, S. 115f.
[70] Ausfindig machen konnte ich Askanis Predigt vom 26.12.1974 über Johannes 8,12 in Langenau (Martinskirche); sie wurde tags zuvor im Ulmer Münster gehalten. Im Predigtband: Theophil Askani, Da es aber jetzt Morgen war, stand Jesus am Ufer. Predigten, Reutlingen o.J., S. 252-257, findet sich Askanis Predigt über Hebräer 13,8-9, die er am 31.12.1974 in Langenau (Martinskirche), am 01.01.1975 im Ulmer Münster gehalten hat.

und Zuversicht haben, aber auch gefasst sein, wie ein Edelstein gefasst ist – ganz gefasst und getragen, wie ein Kleinod, durch Gottes Erbarmen.'"[71]

Jüdischer Grabstein in der Martinskirche (zur Predigt auf S. 131ff)

Fotonachweis
S. 45: Turm der Christkönigskirche Göppingen (Martin Hauff, Langenau)
S. 46: Gedenktafel an der Christkönigskirche Göppingen (Martin Hauff, Langenau)
S. 183: Kanzel in der Stiftskirche St. Amandus, Bad Urach (Martin Hauff, Langenau)
S. 188: Kanzelbrüstungs-Aufsatz ebendort (Martin Hauff, Langenau)
S. 193: Martin Hauff auf Amanduskanzel (Tobias Hauff, München)
S. 195: Statue Johannes Ökolampad, vor dem Basler Münster (Martin Hauff, Langenau)
S. 197: Kanzel der Martinskirche in Langenau (Rainer Schulz, Langenau)
S. 199: Jüdischer Grabstein in der Martinskirche (Martin Hauff, Langenau)
Cover: Porträt Martin Hauff (Amrei Groß, Altheim/Alb)

---

[71] Zeugenwort Dekan i.R. Gottfried Dinkelaker (1973 vom Ulmer Dekan Theophil Askani als Pfarrer an der Martin-Luther-Kirche in Ulm investiert; 1979 vom Reutlinger Prälaten Theophil Askani als Schuldekan für die Kirchenbezirke Freudenstadt und Sulz investiert); Predigtzitat aus Askanis Silvesterpredigt 1974, a.a.O. (Anm. 69), S. 255.

Printed by Books on Demand GmbH, Norderstedt / Germany